30 Questions 부모가 하나님에 대하여 답하다

나타샤 크레인 저 / 신형섭 역

추천사 }

    당신은 자녀를 신앙 안에서 양육하고 있는가? 혹시 이 시대의 문화가 자녀들의 마음과 생각을 사로잡을까 두렵지는 않은가? 만일 그렇다면 이 책은 바로 당신을 위한 것이다.

    이 글의 저자 나타샤 크레인은 이러한 고민을 갖고 있는 부모들이 건강한 기독교적 세계관으로 자녀들을 바르게 양육하도록 돕는 일에 헌신해 왔다. 세 자녀의 부모인 나 역시도 그녀의 노력과 섬김에 큰 도움을 받고 있다.

    믿음의 부모들을 위한 많은 책들이 있지만, 이 책은 우리 자녀들이 세상에서 마주하게 되는 질문에 대해 믿음의 부모들이 바르게 안내하고 대화하는 것을 돕기 위한 '신앙교육을 위한 변증서'이다. 이 책은 믿음의 부모로서 답하기 꽤 까다로운 질문들과 이에 대한 성경적이고 신학적인 답변들을 쉽게 이해할 수 있도록 쓰였으며, 이 내용들을 자녀들에게 보다 효율적으로 전달할 수 있는 실제적인 방법들을 이야기해 주고 있다.

    자녀들에게 있어서 부모는 언제나 큰 존재이고, 우리 자녀들은 부모로부터 막대한 영향을 받고 자라난다. 어떤 연예인보다도, 운동선수보다도, 청소년 사역자보다도, 선생님보다도, 친구들보다도 우리 자녀들에게 가장 큰 영향을 끼치는 존재는 바로 부모이다. 문제는 그러한 부모가 자녀들에게 올바른 영향을 끼치고 있는가이다. 오늘날의 많은 연구들은 자녀들과 유익한 대화를 하는 것이 부모의 중요한 책임 중의 하나라고 말하고 있다. 우리 자녀들은 그들의 인생에서 가장 중요한 영역인 신앙과 하나님에 대하여 늘 까다로운 문제들에 직면한다. 이런 문제들에 대해 부모가 자녀들과 합당한 대화를 하는 것이 바로 믿음의 부모로서 가장 중요한 걸음 중의 하나가 아닐까?(신 6 : 4-9)

이러한 관점에서 이 책은 매우 시의적절하고 중요하다. 나타샤는 오늘날 아이들이 신앙적으로 중요한 질문들에 대하여 알맞은 답변을 듣지 못하고 있는 현실을 말하고 있으며, 우리가 단지 그러한 문제에 대한 지식만을 준비하는 것이 아니라, 아이들과 어떻게 의미 있는 대화를 나눌 수 있는지에 대한 실제적인 팁도 제시해 주고 있다.

나는 이 책을 읽으며 기억해야 할 세 가지 중요한 점들을 제안하고 싶다.

첫째, 당신이 전문가가 될 필요는 없다. 이 책은 자녀와 신앙적으로 의미 있는 대화를 나누도록 돕는 책이다. 만일 그러한 대화가 더욱 깊이 있는 질문으로 나아가게 된다면, 그때 전문가의 도움을 받아서 함께 대화를 나누기 바란다. 만일 당신이 자녀와 이러한 대화를 나누기 시작했다면, 그것만으로도 이미 절반의 성공을 거둔 것이다.

둘째, 가능하면 자녀와 빨리 대화를 시작하기 바란다. 우리는 대화를 미루려는 경향이 있는데 그것은 매우 큰 실수이다. 이 책이 제시하는 질문과 변증으로 자녀들이 세상에서 부딪힐 신앙적 고민들에 대해 먼저 고민하고 답을 찾아간다면, 그들은 세상 앞에서 더욱 깨어 있는 신앙인으로 성장할 가능성이 높다.

셋째, 당신이 할 수 있는 만큼 하기 바란다. 책의 모든 질문들을 독파하여 잘 준비한다면 가장 이상적이겠지만, 당신이 할 수 있는 방법으로 시작하는 것 자체가 크게 가치 있고 유익할 것이다. 이 책의 많은 내용 중에 일부라도 대화하는 것이 아무것도 안 하는 것보다 훨씬 낫다.

믿음의 부모로서 우리 자녀들의 마음과 생각에 몰려드는 모든 신앙적 의문들에 의해 당황스러워하는 것은 어찌 보면 자연스러운 것이다. 나 역시 어렸을 때부터 부모님과 하나님에 대하여 이야기를 나누었고, 그것은 나의 신앙에 큰 변화를 가져왔다. 바로 이러한 과정을 이 책에서 제시하고자 하는 것이다.

이 책을 통하여 내가 경험했던 부모님과의 대화를 여러분의 자녀들과 나누게 되기를 소망한다. 그리하여 믿음의 부모이자 지혜로운 부모로서 자녀들이 훌륭한 신앙인으로 잘 자라도록 돕기를 기도한다. 자, 이제 시작하라!

션 맥도웰 교수
바이올라 대학교

감사의 글 }

가장 먼저 나에게 기독교 변증학에 대하여 글을 쓰고, 강연할 수 있는 기회를 주신 하나님께 감사를 드린다. 이 책이 나올 수 있게 해 준 블로그를 시작했을 때, 사실 나는 이 걸음을 어떻게 내디뎌야 할지 몰랐지만, 하나님께서는 내가 생각한 어떤 그림보다도 가장 멋진 계획으로 인도해 주셨다.

내가 글을 쓸 때마다 늘 신실한 지원자가 되어 준 남편 브라이언에게도 감사의 마음을 전한다. 브라이언은 내가 쓴 글의 첫 번째 편집자가 되어 주었으며, 그의 변함없는 격려와 사랑이 이 책의 출판을 가능하게 했다.

각자의 전문 영역에서 이 책을 감수해 주고 열정으로 섬겨 준 레베카 구즈먼, 채드 알렌, 탁월한 편집으로 섬겨 준 리즈 히니, 그리고 베이커 출판사의 모든 직원분들에게도 감사를 드린다. 이분들과 함께 동역함은 늘 나에게 큰 기쁨이었다.

추천사를 기쁨과 격려로 써 주신 맥도웰 교수님께도 감사를 드린다. 맥도웰 교수님의 지원은 나에게 특별한 힘과 의미가 되었다.

글 다듬는 것을 도와준 마크 스위니에게도 감사하다. 또한 나의 블로그를 보고 책을 쓰도록 권면해 준 나의 첫 번째 편집자 스티브 밀러에게도 감사를 드린다. 그는 책 출판을 위해서 처음 만났을 때부터 지속적으로 나에게 집필에 대한 격려와 용기를 주었음은 물론이고 부모들을 위한 기독교 변증학이 얼마나 중요한지 상기시켜 주었다.

내가 기독교 변증학에 대한 강연을 하고 글을 쓰는 여정 동안 변함없는 멘토가 되어 주신 짐 월레스에게도 감사를 드린다. 월레스를 알게 되고 지속적으로 많은 것을 배울 수 있는 기회는 내 삶의 특별한 축복이다.

마지막으로 그러나 결코 마지막이 될 수 없는 분들, 이 책의 초고에 대하여 너무나 귀중한 피드백을 주셨던 분들에게도 감사를 드린다. 제이슨 비얼리, 트로이 카야, 엘리사 칠더스, 레이 시어보, 그리고 딕 디튤리오가 귀중한 시간을 내어 섬겨 준 동역은 나에게 대단히 큰 힘이 되었다. 또한 이 책이 나오기까지 탁월한 철학적 통찰과 신학적 지식으로 나에게 도움을 주고, 세심한 감수로 섬겨 준 도우 비몬트에게도 특별한 감사를 드린다.

들어가는 말 }

　나는 해마다 봄이 되면, 우리 동네에 있는 가게에 가서 화분에 담긴 식물들을 산 뒤 뒤뜰에 옮겨 심으며 기대했다. 이미 잘 자란 푸른 잎과 열매까지 달려 있는 이 토마토를 뒤뜰에 심어서 잘 키우겠다고 말이다. 그런데 너무나 슬프게도 매번 한 달이 채 되지 않아 토마토가 죽어 버리는 것이었다. 내가 무엇을 심든지 우리집 뒤뜰의 식물들은 잘 자라지 못했다.
　사실 나는 그 이유를 잘 안다. 왜냐하면 내가 물을 제때 주지 않았기 때문이다. 물론 처음에는 물을 잘 줬다. 하지만 시간이 지나면서 그 식물이 거의 말라 죽어 갈 때쯤에야 기억하고 다시 물을 주곤 했다. 심지어 그동안 물을 잘 주지 않았다는 생각에 한꺼번에 많은 물을 주기도 했다. 하지만 그것을 회복시키기에는 이미 때를 놓쳐 버린 경우가 대부분이었다. 그래서 곧 식물은 죽고, 쓰레기통에 버려지게 되었다.
　지난해에도 나는 새롭게 다짐했다. 열정을 가지고 고추, 토마토, 그리고 바질나무를 사서 심고 매일 물을 주기 시작했다. 그러나 나의 노력에도 불구하고 토마토 잎은 곧 노랗게 변했고, 바질나무는 뜨거운 태양에 말라 버렸으며, 고추의 잎은 애벌레에게 여기저기 먹혀 버렸다.
　이러한 경험을 하고 난 뒤, 나는 식물을 잘 기를 수 있는 방법이 담긴 책을 구입했다. 이 책을 읽으며 깨달은 것은 식물을 잘 기르기 위해서는 고려할 사항이 매우 많다는 것이었다. 책을 읽기 전에는 나는 그저 흙과 씨앗과 물 주기 정도면 식물이 잘 자라는 줄 알았다. 그런데 현실은 매우 달랐다. 식물이 잘 자라기 위해서는 내가 알지 못하여 놓쳐 버린 중요한 원리가 있었다.

- 첫째, 식물은 그 종류마다 필요한 사항들이 각기 다르다. 내가 매일 식물들에게 물을 줄지라도 각 종류별로 필요한 물의 양이 다르다는 것이다. 나는 토마토에게 너무 많은 양의 물을 주었던 것이다.
- 둘째, 식물의 성장에는 하나 이상의 영양분이 필요하며, 또한 그 영양분들은 적정한 양이 필요하다. 바질나무가 말라 버린 것은 햇빛을 너무 많이 받은 결과였다.
- 셋째, 식물이 자라는 환경은 매우 중요한 역할을 한다. 식물을 잘 자라게 하기 위해서는 물과 영양분의 공급뿐만 아니라 병충해를 입지 않도록 신경써 주어야 한다. 하지만 이것을 몰라 나의 고춧잎은 벌레들의 먹이가 되었다.

이를 계기로 식물을 기르는 것과 자녀를 영적으로 기르는 것 사이에는 상당히 유사한 면이 있음을 발견했다. 내가 식물이 잘 자라길 원했다면, 당연히 키우는 방법에 대하여 열심히 공부했어야 했다. 그것은 당연한 것이다. 이러한 관점에서 내가 믿음의 부모로서 나의 자녀가 예수님을 알도록 인도하는 것이 얼마나 중요한지 안다면, 자녀가 신앙을 갖도록 최선을 다해 보겠다는 결단만으로는 부족하다. 그들의 인생에 앞으로 무슨 일이 일어날지 지켜보겠다는 굳은 의지만으로도 여전히 부족하다. 우리는 부모로서 자녀에게 무엇을 해야 하는지를 분명히 알아야 한다. 부모인 우리에게 필요한 것은 믿음의 부모가 되기 위한 방향(direction)과 신앙교육을 위한 훈련(discipline), 이 두 가지 영역이다.

믿음의 부모가 되기 위한 핵심 키워드, 방향과 훈련

만일 부모인 우리에게 신앙교육의 방향과 훈련이 모두 없다면, 아이들을 영적으로 무기력하게 방치하는 것이 된다. 이것은 마치 우리가 자녀들의 삶에 물을 주지 않는 것과 같다. 또한 자녀들이 성장하는 데 어떤 요소들이 필요한지에 대하여 무지한 것과 같다. 우리는 바쁜 일상에 갇혀 기껏해야 아이들이 밥 먹기 전에 기도하게 하는 교육에 그치며, 교회 식당에서 봉사하는 정도에서 믿음의 부모로서 역할을 다하고 있다고 착각할 수도 있다. 그러다가 죄책감이 들면 일시적으로 교회활동에 아이들을 열심히 참여시키기도 하지만, 결국 그러한 활동만으로는 여전히 부족하며, 이미 때를 놓치는 경우도 있다.

만일 자녀를 양육함에 있어서 훈련은 있는데 교육의 방향이 없다면, 우리는 열심히 무언가는 하는데 우리 아이들이 정작 필요로 하는 것을 놓치는 경우가 생긴다. 이 실수가 바로 내가 매일 식물들에게 물은 주었지만, 잘 자라기 위해 필요로 하는 다른 요소들을 채워 주지 못한 것과 같다. 나의 의도와는 다르게 식물들이 필요한 영양분을 정상적으로 공급받지 못한 것이다. 자녀의 신앙교육도 이와 유사하다. 부모는 자녀의 신앙교육을 위해 열심히 애를 쓰지만, 정작 자녀의 성장단계에 꼭 필요한 영적 지식들과 신앙적인 환경들이 무엇인지 잘 알지 못한다. 최근 자료에 따르면 기독교 가정에서 자라난 다음세대들 중에서 약 60%의 아이들이 성인이 되자마자 신앙을 버리고 있다고 한다.[1] 이렇듯 영적 방향을 상실한 수고는 위험한 것이다.

자녀를 양육함에 있어서 가장 바람직한 것은 부모인 우리에게 바른 신앙교육의 방향과 훈련이 모두 자리잡혀 있는 것이다. 즉, 자녀들의 신앙이 바르게 성장하기 위해서 그들의 성장단계에 필요한 것이 무엇인지 알며, 이에 대하여 신실히 헌신하는 부모의 모습이다. 가정 안에서 영적인 성장을 위한 시간을 거룩하게 구별하여 세워 놓고 삶으로 신앙을 바르게 전수할 때, 우리의 자녀들은 그러한 삶을 통하여 신앙이 매일매일 성장하는 것을 경험하게 된다. 물론 우리는 우리가 절대로 완벽한 부모가 될 수 없다는 것을 잘 안다. 그러나 우리의 진정한 소망과 능력은 우리를 통하여 일하시는 하나님께서 공급하여 주신다는 것 또한 알고 있다. 그렇기에 우리의 역할은 우리의 능력 되시는 하나님을 의지하며 신앙의 부모로서 최선을 다하여 이 사명을 감당하는 것이다.

우리는 위의 조건들 중에서 어떤 것이 우리집에 적용되어야 하는지 너무나도 잘 알고 있다. 이 책이 그 일을 도와줄 것이다. 이 책은 부모인 당신에게 자녀를 양육함에 있어서 올바른 신앙교육의 우선순위와 방향성을 알려 줄 것이다.

신앙교육의 방향성

내가 처음 NatashaCrain.com이라는 블로그를 시작했을 때, 나는 바른 신앙교육의 방향성을 갖지 못한 채 그저 열심만 있던 부모였다. 가정 안에서 늘 신앙을 우선순위에 두고 자녀를 가르치려 노력해 왔지만, 사실 무엇을 해야 하는지 잘 몰랐었다. 그렇기에 블로그를 시작할 때 나의 바람은 그저 나와 같은 마음을 가진 부모들과 함께 대화하고 싶었고, 신앙 안에서 자녀를 바르게 양육한다는 것이 무엇인지 다양한 생각들을 나누고 싶었다.

그러나 온라인을 통하여 사람들과 함께 자료도 읽고 대화도 하면서 예상하지 못한 일들이 생겨나기 시작했다. 그것은 바로 신앙에 회의감을 가진 사람들의 댓글이었고, 나는 그들에게 어떻게 답해야 할지 몰랐다. 대표적인 질문은 아래와 같은 것들이었다.

- 하나님이 정말 존재하시나요?
- 과학적으로 성경을 증명할 수 있나요?
- 이방 민족을 무참히 살해하는 구약의 하나님을 사랑의 하나님이라고 할 수 있나요?
- 성경에 나오는 기적이 정말 사실일까요?
- 하나님께서 살아 계신다면 어떻게 세상에 이런 끔찍한 일들이 벌어지는 건가요?
- 지옥은 정말 있나요?

평생을 기독교인으로 살아왔고, 많은 시간을 교회 주일학교에서 보내 왔지만, 사실 나는 이러한 질문들 앞에 대답할 준비가 되어 있지 않았다. 이러한 경험을 통해서 나는 나의 자녀가 살아가고 있는 이 시대는 내가 살아왔던 예전의 시대와 상황이 다르다는 것을 깨닫게 되었다. 자녀들에게 기독교를 가르친다는 것은 단지 필요한 흙과 씨앗과 물만 있다고 해서 가능한 것이 아니었다. 그들에게는 부모로부터 들어야 할 더 많은 것들이 필요하며, 나는 그것이 무엇인지 찾아내야만 했다.

그 시점이 내가 좀더 역량 있는 정원사가 되어 가는 때였기에 나는 기독교 변증학에 대하여 공부하기 시작하였고, 나의 블로그가 이런 대화를 나눌 수 있는 공간이 되도록 노력했다. 그 결과 나의 블로그를 찾는 사람들의 수가 일 년에 25만 명을 넘어서게 되었다.

이런 부모들의 요구를 담아 출간한 책이 "Keeping Your Kids on God's Side : 40 Conversations to Help Them Build a Lasting Faith" 이다.[2] 이 책에는 하나님, 진리와 기독교 세계관, 예수님, 성경, 과학 등에 대한 주제들을 담았다. 출간 이후에 나는 여러 가지 주제를 다루는 것보다는 적더라도 한 주제에 대한 다양한 질문들을 깊이 있게 다루는 것이 더 필요함을 느꼈다. 이것이 바로 이 책을 집필하게 된 계기이다. 세속적인 세계관의 도전 앞에서 하나님을 바르게 알고 이해해야 하는 우리 자녀들에게 바른 신학적인 안내자 역할을 하기 원하는 부모들을 위한 책 말이다. 나는 이 책을 통하여 당신이 자녀를 신앙으로 양육할 때 필요한 신앙적인 방향성과 그에 따르는 기준들을 분별하는 데 도움을 얻을 수 있을 것이라 확신한다.

이 책의 활용법

앞에서도 언급했듯이, 이 책은 믿음의 부모가 자녀와 신앙적인 대화를 할 때 도움을 주는 책이다. 다시 말하자면, 이 책은 자녀에게 직접 읽어 주는 책이 아닌, 부모를 위한 신앙적인 대화 안내서이다.

도전적인 질문과 주제를 자녀와 함께 나눌 때, 우리는 어떻게 자녀들과 대화하면 좋을지 당황스러울 수 있다. 그럴 때 각 장의 뒷부분에 제시되어 있는 "대화 가이드"를 활용하면 좋을 것이다. 대화 가이드는 세 가지 순서로 되어 있는데, "대화 시작하기", "대화 진행하기", 그리고 "대화 적용하기"이다.

"대화 시작하기"에서는 먼저 자녀가 궁금해 하는 것과 관련된 한두 가지 질문들을 정한다. 중요한 것은 내가 하고 싶은 말을 하려는 유혹을 참아야 한다는 것이다. 대신, 자녀들이 어떤 생각을 하는지 잘 듣고, 그들의 생각을 이해하기 위한 질문을 해야 한다.

"대화 진행하기"에서는 당신이 이 책을 통하여 알게 된 중요한 내용 중에서 자녀와 대화할 때 다루기 적합한 한두 가지 질문을 선정한다. 그 질문들은 당신이 발견한 요점을 강조할 수 있는 기회를 제공할 것이며, 상황에 따라 자녀와 더 깊이 있는 이야기를 나눌 수도 있을 것이다.

"대화 적용하기"에는 기독교 회의론자들이 말한 인용문들이 있다. 이 인용문들은 주로 기독교인들과 기독교 회의론자들 간의 대화로부터 나온 것이다. 이 인용문을 자녀와 함께 읽고 (그들에게 앞에서 함께 대화하였던 내용에 근거하여) 어떻게 생각하는지 물어보라.

물론 처음에는 이런 대화가 어색할 수 있다. 하지만 자녀가 응답한 내용을 자신의 삶에 적용할 수 있도록 돕는다면, 바로 그 자리야말로 가장 아름다운 신앙의 교육이 이루어지는 장소가 될 것이다.

자, 여러분은 자녀의 영적 성장을 돕는 좋은 정원사가 될 준비가 되었는가?

30 부모가
Questions 하나님에
대하여
답하다

차 례

추천사 _ 2
감사의 글 _ 6
들어가는 말 _ 8

제1부. 하나님이 정말 존재하실까?
  1. 하나님이 존재하신다는 것을 우리는 어떻게 알 수 있을까? _ 24
  2. 우주는 어디서 왔을까? _ 33
  3. 생명은 어디서 왔을까? _ 41
  4. 인간의 도덕적 이해는 어디서 왔을까? _ 50
  5. 하나님과 '날아다니는 스파게티 괴물'과의 차이점은 뭘까? _ 58
  6. 얼마나 많은 증거가 있어야 하나님의 존재를 믿을 수 있을까? _ 64

제2부. 과학과 하나님은 어떤 관계일까?
  7. 과연 과학이 하나님의 존재를 증명할 수 있을까? _ 77
  8. 과학과 종교는 서로 모순될까? _ 85
  9. 과학과 종교는 서로를 보완할 수 있을까? _ 91
  10. 하나님은 과학이 알지 못하는 것을 설명하기 위해 만들어진 개념일까? _ 98
  11. 인간이 하나님을 믿는 이유를 과학이 설명할 수 있을까? _ 106
  12. 과학자들은 하나님을 얼마큼 믿을까? _ 114

제3부. 하나님의 본성은 무엇일까?

13. 하나님에 대하여 성경은 무엇을 말해 주고 있을까? _ 128
14. "하나님은 사랑이시다."라는 말은 무엇을 의미할까? _ 138
15. "하나님은 정의로우시다."라는 말은 무엇을 의미할까? _ 146
16. 구약성경에 나타난 하나님은 왜 그렇게 잔인할까? _ 155
17. 어떻게 삼위일체 하나님이 가능할까? _ 164
18. 왜 하나님은 성경에서 자신을 더 드러내시지 않을까? _ 173

제4부. 하나님을 믿는다는 것은 뭘까?

19. 사람들은 왜 같은 하나님을 서로 다르게 믿을까? _ 186
20. 모든 종교는 같은 신을 숭배할까? _ 196
21. 우리의 믿음은 단순히 자라난 환경의 영향을 받아 형성된 것일까? _ 203
22. 왜 기독교인들은 종종 하나님에 대한 믿음을 의심할까? _ 212
23. 하나님이 우리의 기도에 응답하신다는 것을 어떻게 알 수 있을까? _ 223
24. 볼 수도, 들을 수도 없는 하나님과의 관계를
    어떻게 발전시킬 수 있을까? _ 232

제5부. 기독교적 세계관으로 세상을 바라보면 어떤 차이점이 있을까?

25. 삶은 우리에게 어떤 의미일까? _ 248
26. 우리에겐 정말 자유의지가 있을까? _ 257
27. 우리는 어떤 삶을 살아야 할까? _ 265
28. 기독교인으로서 우리의 책임은 뭘까? _ 274
29. 우리는 악의 존재를 어떻게 이해해야 할까? _ 284
30. 성경적 소망이 왜 중요할까? _ 293

제1부

하나님이 정말 존재하실까?

몇 년 전, 나는 남편과 함께 자녀가 다니고 있는 기독초등학교 학부모 식사모임에 참석했었다. 우리는 잠시 일상적인 대화를 나눈 뒤에 곧 신앙에 관한 이야기를 하기 시작했다. 학부모 중에 한 분은 아들과 어떻게 자신이 사랑하는 예수님과 기독교 신앙에 대하여 대화를 나누어야 할지 몰라서 너무 힘들었다고 말했다. 그래서 결정한 것이 바로 그 아들을 기독초등학교에 입학시키는 것이었다고 말했다.

 그 말을 들은 어느 학부모는 이렇게 말했다. "나는 내 신앙을 자녀에게 말하는 것에 대하여 크게 부담이 없어요. 나는 산타클로스를 믿듯이 하나님을 믿으면 된다고 말하곤 합니다. 그것에 대하여 믿고 안 믿고는 결국 그 아이의 몫이겠죠." 나는 산타와 하나님을 같은 범주에 놓고 말하는 그 학부모의 말에 한 번 웃어 주려고 했는데, 놀랍게도 그녀는 그 말을 농담으로 한 것이 아니라 진심으로 말하고 있었다. 그녀는 자신의 딸에게 하나님의 존재를 믿도록 설명하기 위하여 나름의 방법을 이야기한 것이고, 다른 부모들은 그 이야기에 어느 정도 동조하는 분위기였다. 나는 산타와 하나님을 거의 동등하게 놓고 신앙을 이야기하는 것이 너무나 불편했다. 아마도 무신론자가 우리의 식탁에 함께 앉아서 산타와 하나님의 존재에 관한 이 이야기를 들었다면, 그는 매우 흥미롭게 여겼을 것이다. 왜냐하면 많은 무신론자들에게 산타와 하나님은 모두 그 존재를 증명할 증거가 없는 같은 범주의 존재이기 때문이다.

한 예로 무신론자이자 철학자인 대니얼 데넷(Daniel Dennett)은 하나님에 대하여 다음과 같이 말한다. "신은 우리의 상상 속에서나 만들어지는 어떠한 대상이다. 상상 속에서 만들어지는 별과 함께 공존하는 하늘과 같은 존재이다. 마치 산타클로스가 어린아이들의 세계 안에 있는 신화이듯, 정상적인 성인이라면 신은 믿을 수 없는 그러한 존재이다."[1]

이와 같이 많은 무신론자들이 우리의 자녀들에게 하나님의 존재에 대하여 근거가 없다는 주장을 하고 있는 이때에, 우리는 더욱더 우리 자녀들에게 그러한 말들이 어떤 의미를 가지며, 어떤 비판적인 사고로 대해야 하는지 생각하고 응답하도록 적극적으로 가르치고 양육해야 한다. 이 장에서 우리는 먼저 실존하시는 하나님에 대한 증거를 탐구할 것이며, 그러한 탐구가 무신론자들의 주장과 어떻게 다른지 살펴볼 것이다.

하나님의 존재를 어떠한 증거와 논리로 설명하려고 하는 변증적 방법이 이 책을 읽는 많은 부모들에게 어색하게 느껴질 수 있다. 사실 많은 믿음의 부모들이 하나님의 존재에 대하여 설명하려고 할 때, 실존하시는 하나님에 관한 객관적인 증거를 연구하는 일은 꽤나 드문 접근이기 때문이다. 하지만 우리의 개인적인 경험 안에서 고백되는 하나님에 대한 경험들은 너무나 다양하기도 하고, 심지어는 서로 모순이 되는 경험들도 있음을 인정할 때, 바로 이러한 객관적인 증거를 수집하고 더불어 성경의 증언들을 함께 연구하는 것은 하나님의 존재를 인정하는 매우 중요한 여정이 될 것이다. 예를 들면, 무신론자들은 그들의 경험을 근거로 하나님이 존재하지 않는다고 믿고 있다. 그렇기에 우리 믿음의 부모들은 자녀들에게 실존하시는 하나님에 대한 객관적인 증거들을 가르침으로, 산타와 하나님이 다르지 않다고 말하는 이 세상의 도전 앞에서 우리 자녀들을 복음과 진리로 잘 준비된 믿음의 제자들로 양육해야 한다.

성공적인 대화를 위한 세 가지 핵심 포인트

첫째, 실재하시는 하나님의 존재에 관한 객관적인 증거에 대하여 배우는 것이 얼마나 중요한지 설명해 주어야 한다. 많은 아이들이 하나님에 대한 자신들의 개인적인 경험을 통하여 하나님을 안다고 생각하는 경우가 많다. 이러한 자녀들에게 다음과 같이 질문해 보자. "하나님이 존재하신다는 것을 우리는 어떻게 알 수 있을까?" 기독교인으로서 개인적인 삶에서의 경험이 매우 중요한 것은 분명하지만, 동시에 우리가 잊지 말아야 할 것은 하나님이 존재하신다는 분명한 근거에 대해 누군가에게 할 말을 준비하는 것 또한 매우 중요하다는 것이다.

둘째, 대화를 나눌 때는 단어를 아주 조심해서 사용해야 한다. 그들의 눈높이에서 그들이 알아들을 수 있는 단어들을 사용하는 것이 중요하다. 참고로 이 책은 무신론자, 불가지론자, 회의론자, 그리고 유신론자와 같은 단어들을 포함하고 있다. 우리가 잘 아는 대로 무신론자는 하나님이 존재하시지 않는다고 믿는 자들이고, 불가지론자는 하나님의 존재나 성품에 대하여 알 수 없다고 믿는 자들이며, 회의론자는 기독교의 주장을 거부하는 사람들을 포함하는 더 넓은 범주의 사람들이다.[2] 유신론자는 신을 믿으며, 그 신은 창조물과 상호 교통한다고 믿는 자들이다.

셋째, 궁극적으로 하나님이 존재하신다는 증거를 자녀들이 마음에 새기도록 돕는 대화를 하는 게 중요하다. 이 책에서 다루는 세 가지 중요한 질문들이 자녀들에게 잘 이해되고 기억되게 도우라. "2. 우주는 어디서 왔을까?", "3. 생명은 어디서 왔을까?", "4. 인간의 도덕적 이해는 어디서 왔을까?" 하나님의 실존에 대한 증거를 토론하기 위해서 다른 많은 주제들을 다룰 수 있지만, 앞의 세 가지 질문은 매우 중요하고 자주 다루어져 온 내용들이다.

비록 자세한 내용들을 우리 자녀들이 다 기억하지 못할지라도, 이러한 질문들은 우리가 앞으로 자녀들과 함께 다루어야 할 핵심적인 신앙의 열쇠를 찾아가는 데 매우 중요한 영적 이정표가 될 수 있을 것이다.

1
하나님이 존재하신다는 것을 우리는 어떻게 알 수 있을까?

어느 날 오후, 나의 세 자녀들이 집 뒤뜰에 있다가 집 안으로 들어왔다. 세 아이 중 5살짜리 딸이 큰 스파이더맨 공을 보여 주면서 말했다. "엄마, 보세요. 우리가 이 공을 찾아냈어요. 바비큐장 옆에 있었다고요!" 사실 뒤뜰에는 많은 다른 공들이 있었지만, 아이들이 흥분해서 내게 말을 한 이유는 전에는 없던 이 큰 공이 갑자기 뒤뜰에 나타났기 때문이었다. "그건 아마도 옆집 메이슨네 집에서 날아온 공 같으니, 옆집 뒤뜰로 다시 던지면 어떨까?" 이때 딸은 나에게 간청하며 말했다. "하지만 엄마, 사실 이 공이 진짜 메이슨의 것인지 아닌지 우리는 모르잖아요. 이 공이 누구의 것이며, 어디서 왔는지 알 수 없다고요."

딸의 말이 맞다. 우리는 그 공이 누구의 것인지 정확히 알 수 없다. 공의 주인이 나타나서 그 공이 자신의 것이라는 증거를 대기 전에는 우리는 어떤 것도 확신할 수 없다. 하지만 나는 딸에게 이렇게 말했다.

"네 말이 맞아. 우리는 그것이 메이슨의 것인지 아닌지 확실하게 알 수가 없지. 어떻게 저 공이 우리집 뒤뜰에 떨어졌는지 수백만 가지도 넘는 다양한 가능성이 있다는 것을 엄마도 안단다. 하지만 이번 주말에 메이슨네 집에 다른 아이들이 방문한다는 말을 들었어. 엄마는 아마도 이 공이 그 아이들의 것이라고 생각해. 혹시 그것이 아니라면, 멀리 있는 어떤 집에서 바람을 따라 날아왔는지도 모르지. 아니면 비행기에서 떨어졌을 수도 있고, 심지어 그 공이 스스로 갑자기 펑 하고 나타났을 수도 있어." 딸은 이렇게 말하는 나를 진지하게 바라보았다.

"그 공이 어디서 왔는지에 대한 가능성은 수도 없이 많지만, 메이슨네 집이 가장 가까이에 있고, 메이슨은 스파이더맨을 매우 좋아하고, 뒤뜰에서 공놀이를 하는 유일한 아이라는 것을 생각한다면 우리는 이 공을 그의 뜰로 다시 던져 주는 것이 맞는 것 같아." 나의 말이 끝난 후에 아이들은 그 공을 옆집 메이슨네 뜰로 다시 던져 주었다.

그 스파이더맨 공처럼, 우주는 그것이 어디서 왔으며, 왜 여기에 있으며, 우리가 그 안에서 무엇을 해야 하는지 우리에게 말해 주지 않는다. 하지만 이러한 상황이 우주를 설명하는 모든 배경 지식과 그로 인한 평가가 불가능하다는 것을 의미하지는 않는다. 이러한 관점에서 우리는 우주와 생명과 우리 안에 있는 도덕적 양심에 대해 살펴볼 것이며, 바로 그러한 과정을 통하여 이 세상이 이미 얼마나 강력하게 하나님의 존재를 말하고 있는지 탐구해 갈 것이다.

자, 그렇다면 우리는 하나님이 존재하신다는 것을 어떻게 알 수 있을까?

하나님은 말씀을 통해 자신을 세상에 드러내신다.

우리는 성경의 저자이신 하나님이 말씀을 통하여 자신을 우리에게 계시하셨다고 믿는다. 사실 성경은 피조물인 우리가 창조주이신 하나님에 대하여 알 수 있는 가장 확실하고도 방대한 원천이 된다. 동시에 우리가 간과할 수 없는 것은 하나님은 세상과 자연이라는 일반계시를 통해서도 우리에게 자신을 드러내시는 분이라는 것이다.

시편 19 : 1~2은 "하늘이 하나님의 영광을 선포하고 궁창이 그의 손으로 하신 일을 나타내는도다 날은 날에게 말하고 밤은 밤에게 지식을 전하니"라고 말한다. 사도 바울 역시 로마서 1 : 18~20 말씀을 통하여 하나님이 자연을 통해 자신을 드러내신다는 사실을 분명하게 선언한다.

"하나님의 진노가 불의로 진리를 막는 사람들의 모든 경건하지 않음과 불의에 대하여 하늘로부터 나타나나니 이는 하나님을 알 만한 것이 그들 속에 보임이라 하나님께서 이를 그들에게 보이셨느니라 창세로부터 그의 보이지 아니하는 것들 곧 그의 영원하신 능력과 신성이 그가 만드신 만물에 분명히 보여 알려졌나니 그러므로 그들이 핑계하지 못할지니라"

바울은 계속해서 로마서 2 : 14~16 말씀을 통하여 하나님이 인간에게 윤리적인 인식을 주셔서 옳고 그름에 대한 내재적인 지식을 주셨음을 설명한다.

"(율법 없는 이방인이 본성으로 율법의 일을 행할 때에는 이 사람은 율법이 없어도 자기가 자기에게 율법이 되나니 이런 이들은 그 양심이 증거가 되어 그 생각들이 서로 혹은 고발하며 혹은 변명하여 그 마음에 새긴 율법의 행위를 나타내느니라) 곧 나의 복음에 이른 바와 같이 하나님이 예수 그리스도로 말미암아 사람들의 은밀한 것을 심판하시는 그날이라"

이렇듯 하나님의 말씀은 하나님이 자신을 세상과 자연을 통하여 드러내심을 전하고 있으며, 따라서 우리는 세상과 자연을 통해서도 하나님이 자신을 드러내신 증거를 발견할 수 있다.

자연과 세상이 알려 주는 하나님의 실재 증거는 뭘까?

우리가 자연을 주의 깊게 관찰하기 시작할 때, 하나님이 실재하신다는 증거들을 발견하게 된다. 예를 들어 뒤에서 다루게 될 우주의 기원을 연구하다 보면, 우리는 우주의 시작점이 있었음을 발견하게 된다. 그 우주는 결코 스스로 우연히 나타난 것이 아니라 반드시 우주보다 더욱 크시며, 이 세상의 자연을 초월하신 존재가 있어야만 시작될 수 있었다. 그분은 시간과 공간을 초월하시는 분이며, 창조물보다 뛰어나셔야 하고, 스스로 존재하셔야 한다. 바로 이러한 개념은 성경에서 증언하는 전능하신 창조주 하나님에 대한 설명과 일치한다.

또한 뒤에서 다룰 물리학과 생물학에서 생명이 목적을 가지고 창조된 결과라고 하는 내용과도 연결된다. 인간 안에 있는 도덕성 자체가 우리의 삶을 다스리시는 권위를 갖고 계시고, 도덕성을 부여하시는 하나님의 존재를 인정하게 하는 것도 같은 맥락이다.

물론 자연이 하나님에 대하여 모든 것을 말해 주지는 않지만, 자연은 하나님의 존재하심에 대하여 우리에게 단서와 증거들을 제시해 주고 있다. 그러나 오늘날의 세속적인 세계관은 자연과 과학으로는 하나님이 설명되지 않는다는 이유로 하나님에 대한 대화나 토론을 포기하라고 한다. 하나님의 백성 된 우리는 이러한 증거를 도리어 이 세상에 계시는 하나님을 신뢰하고 믿는 데 활용해야 한다.

그렇기에 이제 우리는 이렇게 질문할 필요가 있다. "자연에는 초월적인 근거 혹은 원인이 있다는 논의들이 밝혀지고 있는데, 왜 세상 사람들은 하나님을 그 초월적 근거라고 생각하지 않을까?"

세상 사람들이 창조주 하나님을 인정하지 않는 이유는 뭘까?

만일 사람들에게 하나님이 존재하신다는 증거를 제시해 보라고 한다면 무신론자와 기독교인은 어떤 반응을 보일까? 아마도 무신론자는 전혀 없다고 할 것이고, 기독교인들은 하나님이 존재하신다는 세상의 수많은 증거를 제시할 것이다. 우리는 이 전혀 다른 해석 앞에 어떻게 반응해야 할까? 무신론자들과 다른 결론에 도달하는 우리에게는 어떠한 기준이 있어야 할까? 해석되기 이전의 자연, 그 자체로는 구체적인 답을 내릴 수 없는 현실 속에서 우리는 다음의 네 가지 핵심 사항을 기준으로 삼고 해석해 보고자 한다.

첫째, 모든 증거는 결코 스스로 무언가를 말하지 않고, 반드시 해석의 과정을 필요로 한다. 앞에서 말했던 뒤뜰에 들어온 스파이더맨 공을 생각해 보자. 공은 스스로 자신이 어디서 왔는지 말하지 않는다. 나와 나의 딸이 그것이 온 경로에 대하여 설명을 덧붙여 해석한 것이다. 동일한 공을 함께 보았지만, 다양한 추측, 각자의 경험, 우리의 동기들이 각각 다른 해석을 하게 하였기에 각자 다른 결론에 다다르게 된 것이다. 같은 이치로 볼 때, 사람들은 동일한 자연을 보지만 각자 다른 해석을 통하여 다른 결론에 이르게 되는 것이다. 물론 서로 다른 결론들이 그 증거 자체의 가치를 결코 훼손할 수는 없겠지만 말이다.

둘째, 모든 증거는 반드시 해석을 필요로 하기 때문에, 그것을 향한 다양한 설명들이 늘 존재할 수 있다. 무신론자는 하나님 없이도 세상을 설명할 수 있는 증거들이 너무도 많기 때문에 하나님에 대하여 믿지 않는다고 말하지만, 이것은 사실 하나님을 믿지 않는 이유라고 하기에는 근거가 빈약하다. 나는 많은 가능성 중에서 하늘에서 갑자기 공이 생겨났을 가능성에 대해서도 말했지만, 옆집인 메이슨의 집에서 날아왔을 것이라는 추측이 훨씬 믿을 만했다. 그렇기에 우리에게 보다 필요한 것은 얼마나 많은 가능성이 있느냐보다 어떤 설명이 그 증거를 잘 드러내게 도와주느냐는 것이다.

셋째, 만일 어떠한 증거를 실제로 고려하기도 전에 그것과 관련된 몇 가지의 가능성 있는 설명들을 배제해 버리게 된다면, 우리는 결국 그 증거가 드러내고 있는 진정한 사실을 온전히 설명하고 이해하는 데 실패할 것이다. 많은 사람들이 하나님이 실제로 존재하신다는 사실을 배제한 채 하나님 없이 설명하는 자연주의자들의 설명만을 고려하려고 한다. 만일 하나님을 배제한 채 세상을 설명하려고 한다면, 우리는 결코 하나님에 대하여 바른 설명을 할 수가 없다. 이것은 마치 나의 자녀들이 스파이더맨 공이 결코 메이슨의 집에서 왔을 리가 없다고 전제하고, 충분히 가능성 있는 증거가 있음에도 불구하고 메이슨의 공이라고 생각하지 말자고 억지를 부리는 것과 같다.

넷째, 그렇기에 증거에 대한 최선의 설명은 늘 논쟁의 여지가 있다. 눈에 보이지 않기에 중요한 요소에서 배제시키는 것은 문제를 풀기에 쉬워 보일 수 있다. 예를 들면, 비행기에서 떨어진 공이 뒤뜰에 있게 되었을 가능성은 배제하기 쉽다. 눈으로 확인된 사실이 아니기 때문이다. 게다가 만일 우리 옆집에 공을 가지고 노는 아이들이 있는 상황이라면, 우리는 그 공이 옆집에서 넘어왔을 가능성을 거의 확실하게 믿게 된다. 그러나 여전히 그 공이 100퍼센트 확실하게 옆집에서 왔는지에 대한 결론은 나지 않는다. 이 세상에 대한 증거를 가지고 세상을 설명하는 분야에서는 이러한 가능성에 대한 논쟁이 더욱 복잡하고 또한 결론이 쉽게 나지 않는다. 우리는 늘 최선의 설명을 할 수는 있지만, 그 설명이 사실을 100퍼센트 보장할 수는 없다.

위와 같은 관점을 가지고 우리는 자연과 세상이라는 증거 자체에 보다 주목해야 한다.

핵심 포인트

- 성경은 하나님의 계시의 말씀이지만, 더불어 하나님은 자연을 통해서도 자신을 드러내신다.
- 우주, 생명, 인간의 내재적 도덕성 등과 같은 자연을 관찰할 때 얻게 되는 많은 증거들은 하나님이 존재하신다는 사실을 드러내는 좋은 근거가 된다.
- 세상 사람들이 하나님을 드러내는 증거들에 동의하지 않는 데는 다음과 같은 네 가지 이유가 있다.
    ① 모든 증거는 반드시 해석의 과정을 필요로 한다.
    ② 모든 증거는 반드시 해석을 필요로 하기 때문에, 그것을 향한 다양한 설명들이 늘 존재할 수 있다.
    ③ 만일 어떠한 증거를 실제로 고려하기도 전에 그것과 관련된 몇 가지의 가능성 있는 설명들을 배제해 버리게 된다면, 우리는 결국 그 증거가 드러내고 있는 진정한 사실을 온전히 설명하고 이해하는 데 실패할 것이다. 그러나 무신론자들은 하나님의 존재에 대한 가능성을 배제한다.
    ④ 그렇기에 증거에 대한 최선의 설명은 늘 논쟁의 여지가 있다.

💬 대화 가이드

대화 시작하기

- 만일 네가 성경에 나오는 어떤 이야기도 듣지 못한 채로 자라났다고 생각해 보자. 그렇다면 너를 둘러싸고 있는 세상에서 하나님의 존재를 무엇으로 알 수 있을 것 같니?

대화 진행하기

- 시편 19 : 1~2, 로마서 1 : 18~20, 2 : 14~16을 읽어 보자. 이 말씀들은 자연이 하나님에 대하여 무엇을 증언하고 있다고 말하니? (본문이 말하는 개념이 바로 일반계시라는 것을 잘 설명해 주자.)
- 우리가 하나님에 대하여 알고 있는 것들은 대부분 성경을 통하여 왔지만, 이 세상의 자연도 하나님을 증언하고 있어. 하나님을 믿는 사람들이나 그렇지 않은 사람들 모두에게 자연이 말하고 있는 하나님에 대한 증언이 왜 중요할까? 또한 왜 각자가 느끼는 하나님에 대한 경험이 중요할까? (이러한 것들이 바로 기독교인들에게 하나님에 대한 믿음을 강화시켜 주며, 하나님을 믿지 않는 자들과 대화할 수 있는 문을 열어 주기 때문임을 설명해 주자.)
- (이 장의 서두에서 나오는 공 이야기를 함께 나누어 보자.) 이 이야기에 등장하는 부모와 아이들처럼 공에 대한 다양한 결론들이 나올 수 있어. 자연에서 드러나는 다양한 현상들로 어떻게 하나님이 존재하신다는 것을 이야기해 줄 수 있을까? (자녀들과 토론해 보고, 위에서 언급한 무신론자들이 하나님을 인정하지 않는 네 가지 이유에 대하여도 함께 이야기를 나누어 보자.)

대화 적용하기

- 무신론자 댄 베이커는 "내가 무신론자인 이유는 하나님이 존재한다는 증거가 세상에 없기 때문이다. 나는 증거가 있어야 믿을 것이다. 증거가 없으면 믿음도 없다!"[1]라고 말했어. 넌 이 사람에게 어떤 말을 해 주고 싶니? (본 장에서 나눈 논제를 적용하여 이야기를 나누어 보자.)

2

우주는 어디서 왔을까?

교회에 나오는 아이들에게 "우주는 어디서 왔을까?"라고 물으면 대부분 "하나님"이라고 답할 것이다. "그것을 어떻게 알았니?"라고 물으면, 많은 아이들이 성경에 나와 있다고 말할 것이다. "태초에 하나님이 천지를 창조하시니라"(창 1 : 1).

우리는 이 성경구절을 수도 없이 들어 왔지만, 사실 이 말씀 안에는 우리가 생각해 보아야 할 중요한 두 가지 논제가 있다. 첫째, 우주는 시작점이 있다는 것이며, 둘째, 하나님이 그 시작의 원인이 되신다는 것이다. 성경이 우리에게 친절히 말해 주지 않는 것들이 많지만, 우주가 어디에서 유래되었는지에 대하여는 우리에게 분명히 말해 주었다.

그렇다면 우주가 어디서 왔는지를 우리는 무엇으로 알아낼 수 있을까? 이것이 바로 이 장에서 다루고자 하는 내용이다. 나는 창세기 1 : 1

에서 시작된 중요한 두 개의 질문으로 이 대화를 진행하고자 한다. 첫째, 우주는 시작점이 있을까? 둘째, 무엇이 우주를 시작되게 했을까?

우주는 시작점이 있을까?

이것은 매우 단순하지만 심오한 질문이다. 단순한 이유는 사실 두 가지 가능성 중 하나이기 때문이다. 시작점이 있었든지 혹은 시작점이 없었든지 말이다. 또한 그것이 매우 심오한 질문인 이유는 거기에는 신학적인 암시들이 포함되어 있기 때문이다. 어떤 이들은 어떤 물건이든 어떤 삶이든 반드시 그 시작점이 있어야 한다고 주장한다. 만일 우주가 언제나 존재해 왔다면 거기에는 창조자가 있을 이유가 없기 때문이다.

이러한 이유로 영원한 우주에 대한 개념은 철학적으로 무신론자들에게 편안한 안식처를 제공해 왔으며, 수백 년간 대부분의 과학자들에게도 실제로 우주는 영원하다는 신념이 있어 왔다. 무신론자들에게 "우주는 어디서 왔는가?"라고 물으면, "우주는 어디서 온 것이 아니라 언제나 거기에 있어 왔다."라고 대답해 왔다.

그러나 1900년대 초에 우주가 언제나 존재해 온 것이 아니라 과거에 어떠한 시작점이 있었다는 것을 증명하는 과학적 증거들이 발견되면서부터 많은 것이 변화하였다. 오늘날 많은 과학자들이 우주학자 알렉산더 빌렌킨(Alexander Vilenkin)의 말에 동의한다. "우주 과학자들은 과거의 영원한 우주에 대한 가능성 다음에 발견된 지금의 증거들을 더 이상 숨길 수 없다. 이제 우리는 우주가 시작되었다는 사실에 직면하여 피할 길이 없는 상태이다."[1) 그렇다면 현재까지 이들이 주장하는 우주의 시작에 관한 중요한 세 가지 논점들을 알아보자.

첫째, 우주의 팽창

1917년 알버트 아인슈타인(Albert Einstein)은 전체 우주의 모델을 발표하였다. 그러나 문제가 있었다. 그의 방정식은 우주가 팽창하든, 수축하든 정적일 수 없다고 예측했는데, 당시에는 우주가 정적인 존재라는 믿음이 지배적이었기 때문에 아인슈타인은 그 방정식에 상수를 더하여 그 이론을 계속 지지할 수밖에 없었다.[2] 그리고 몇 년 뒤 1920년대에 천문학자 에드윈 허블(Edwin Hubble)은 우주가 실제로 팽창하고 있다는 직접적인 증거를 발견했다. 허블은 그 당시 세계에서 가장 큰 망원경으로 은하계가 우리로부터 멀어지고 있다는 것을 감지하였다. 같은 시기에 다른 많은 증거들을 바탕으로 아인슈타인도 결국, 우주는 정적이라는 이론을 억지로 지지하기 위해 사용했던 과학적 주장을 철회했다. 이로 인해 우주에는 시작점이 있으며, 지속적으로 팽창하고 있다는 것이 현재 과학 분야에서 사실로 받아들여지고 있다.

둘째, 우주배경복사

팽창하는 우주에 대한 생각들이 퍼지기 시작했을 때, 과학자들은 이것을 입증하려는 이론을 발전시키기 시작했다. 이 중 하나가 우주가 시작될 때에는 오늘날보다 훨씬 뜨겁고 밀도가 높은 상태였으며, 팽창하고 또한 냉각되기를 반복했을 것이라는 이론이다. 1940년대의 과학자들은 우주가 만일 그러한 조건에서 발생했다면 우주배경복사(우주에 남아 있는 열)를 찾을 수 있을 것이라고 예측했고, 그것은 1965년에 전파 천문학자인 아노 펜지어스(Arno Penzias)와 로버트 윌슨(Robert Wilson)에 의해서 우연히 발견되었다. 펜지어스와 윌슨은 우주가 매우 뜨겁고 밀도가 높은 상태에서 시작되었다는 증거를 발견하여 노벨상을 받았다.[3]

셋째, 열역학 제2법칙

열역학 제2법칙에 따르면 닫힌 시스템 안의 에너지 양은 언제나 그대로 유지되지만, 그 안에서 사용 가능한 에너지의 양은 점차적으로 줄어든다. 사용 가능한 에너지는 생산, 성장, 회복 등에 활용되고, 이러한 과정에서 결국 사용할 수 없는 에너지로 변환된다. 우주가 외부로부터 유입되어서 들어오는 새로운 에너지가 없는 닫힌 시스템이라면, 사용 가능한 에너지는 결국 바닥이 드러나야 한다. 그러나 우리가 뚜렷이 보고 있듯이 오늘날 우주에는 여전히 사용 가능한 에너지가 많이 존재한다. 이것은 곧 우주가 영원히 존재하지 않았음을 의미한다. 만약 우주가 영원하다면, 사용 가능한 에너지는 남아 있지 않을 것이다.

그밖에도 우주의 시작에 대한 여러 가지의 해석이 있다. 그중 가장 보편적인 이론 하나가 바로 우리가 사는 우주는 전체 우주를 구성하는 이른바 '다중우주'(multiverse) 중 하나에 불과하다는 것이다. 그러니 우리의 우주는 시작점이 있더라도, 다중우주는 영원할 수 있다고 주장하기도 한다. 그러나 이러한 다중우주 모델 역시 수학적으로 설명이 불가능하다는 것이 이미 증명되었기에, 이 주장도 많은 과학자들에게 격렬하게 공격을 받고 있다.[4] 만약 우리가 스스로 시작된 다중우주에 속해 있다고 가정할지라도, 우리는 똑같은 질문에 부딪히게 된다. 그 다중우주는 또 어디서 온 것일까?

무엇이 우주를 시작되게 했을까?

만일 우주에 시작점이 있다고 한다면, 우리는 과연 무엇이 우주를 시작되게 했는지 질문해야 한다. 우주는 아무것도 없는 상태에서 시작됐을까? 혹은 무언가 또는 누가 우주를 존재하게 했을까?

만일 우주에 시작점이 있다는 것을 받아들이는 무신론자가 있다면, 그에게는 이 질문이 매우 불편할 것이다. 그들은 우주가 원인과 결과의 법칙을 무시하고 무로부터 나왔다고 주장해야 하거나, 아니면 무언가 또는 누군가가 우주를 존재하게 했다고 말하여 결국 창조주 하나님의 가능성을 인정해야 하기 때문이다.

철학자 쿠엔틴 스미스(Quentin Smith)는 우주가 실제로 무로부터 존재하게 되었다고 주장하는 무신론자 중 한 사람이다. 그는 "인간은 아무것도 없는 무로부터 왔고, 무에 의해서 존재하고, 주어진 목적 없이 살아간다."고 주장한다.[5] 미국 인본주의자협회는 우주를 "창조되지 않고 스스로 존재하는 것"으로 간주한다.[6] 물리학 박사 스티븐 호킹(Stephen Hawking)과 같은 사람들은 '무'의 본질에 대해 다음과 같이 설명하기도 한다. "중력과 같은 법칙이 존재하기 때문에, 우주는 무로부터의 존재도, 창조도 가능하다. …… 그렇기에 우리는 종이에 불이 붙고, 우주가 지속되는 데 굳이 하나님을 언급할 필요가 없다."[7]

호킹 박사의 말은 대담한 주장이지만 여기에는 분명한 결점이 있다. 그가 말하는 중력의 법칙은 어디에서 왔는가? 그것도 어딘가에서 온 것이 틀림없다. 게다가 그 법칙 자체는 아무것도 창조하지 않는다. 법칙은 단지 특정 상황에서 일어나는 일을 간단하게 묘사할 뿐이다.[8] 따라서 설령 법칙을 통하여 어떤 외부의 원인 없이도 무언가가 존재할 수 있다고 하더라도, 그것은 여전히 우주가 어떻게 생겨났는지에 대해서는 설명하지 못한다.

이러한 '무'에 대하여 재정의하려고 시도한 또 다른 물리학자 로렌스 크라우스(Lawrence Krauss)는 자신의 책 「무로부터의 우주」에서 다음과 같이 말한다. "무는 양자물리학의 법칙에 의해서 지배된 빈 공간이다."[9] 그러나 이 설명 역시 호킹이 갖고 있는 문제와 같은 한계를 갖는다. 그가 말하는 '무' 역시 완전한 없음이 아니라 어떤 것으로서의 실존이기 때문이다.

요약하자면, 우주가 어떻게 하여 진정한 무로부터 생겨날 수 있었는지에 대하여 성공적으로 증명한 사람은 없다. 왜냐하면, 자연계에는 그러한 것을 증명해 줄 알려진 메커니즘이 없기 때문이다. 만일 스미스처럼 "우주는 원인 없이 존재하기 시작했다."라고 주장하거나 호킹과 크라우스처럼 무에 대하여 재정의한다고 할지라도, 우리는 하나의 논리적 결론만을 남겨 놓고 있다. 만일 우주가 존재하기 시작했다면, 그것은 초자연적인 어떤 존재가 그러한 일을 일어나게 했을 것이다. 그런데 공간과 시간과 다른 물질들을 창조하기 위해서 그 존재는 초공간적이어야 하고, 초시간적이어야 하고, 초물질적이어야 하며, 스스로 존재해야 하고, 게다가 무한한 능력이 있어야 한다. 이러한 초자연적인 원인이 성경에 나오는 하나님이라고 직접적으로 말해 주지는 않지만, 그것은 분명히 하나님에 대한 설명과 일치한다는 것을 우리는 알고 있다.

이렇듯 시작점을 가진 우주의 존재는 창세기 1 : 1에서 말하고 있는 창조주 하나님에 대한 매우 중요한 증거가 된다.

💬 핵심 포인트

- 성경은 첫 장 첫 절부터 우주는 시작점이 있고, 하나님이 그것을 존재하게 하셨다고 말한다.
- 수백 년 동안 과학자들은 우주가 영원하다고 믿었으나, 1900년대 초에 우주가 시작점을 가지고 있다는 과학적 증거로 이것에 대한 인식이 바뀌었다. 오늘날 우주가 시작점을 가지고 있다는 이해는

널리 받아들여지는 과학적 사실이다.
- 이 사실은 무언가 혹은 누군가가 우주를 시작되게 했는가에 대한 질문으로 이어진다.
- 무언가 혹은 초자연적인 존재가 우주를 존재하게 했다고 말하는 것이 옳다. 공간과 시간과 물질들을 창조하기 위해서 그 존재는 초공간적이어야 하고, 초시간적이어야 하고, 초물질적이어야 하며, 스스로 존재해야 하고, 게다가 무한한 능력이 있어야 한다. 이러한 초자연적인 원인이 성경에 나오는 하나님이라고 직접적으로 말해 주지는 않지만, 그것은 분명히 하나님에 대한 설명과 일치한다는 것을 우리는 알고 있다.

💬 대화 가이드

대화 시작하기
- 창세기 1 : 1을 읽어 보자. 이 말씀이 우주에 대해 어떤 사실을 말해 주는 것 같니? (우주의 시작에 대하여, 그리고 그 원인이 하나님이시라고 말해 주고 있음을 알 수 있도록 이끌어 준다.)

대화 진행하기
- 우주에는 그 시작점이 있고, 항상 존재해 온 것이 아니라고 말하는 것은 성경뿐만이 아니야. 그것은 과학적으로도 입증되었어. (이 장에서 언급한 우주의 시작에 대한 과학적 발견을 자녀가 이해할 수 있도록 토론하자.) 그런데 하나님이 존재한다는 증거에 대한 토론에서 우주에 시작점이 있는가 하는 질문이 왜 중요하다고 생각하니? (우주가 영원한 것이라면 창조주에 대한 언급이 논리적으로 필요하지 않을 수

도 있음을 일깨워 준다.)
- 세상에 무언가가 존재한다는 것은 곧 그것을 존재하게 한 무언가가 있다는 걸 뜻해. 예를 들어 자동차, 꽃, 호수를 생각해 봐. 이것들 중 하나라도 스스로 생겨난 게 있을까? (대화를 하는 자녀들이 처음부터 모든 원인을 추적해서 생각할 수 있도록 돕는다.)
- 우주가 시작점을 가지고 있고, 존재하기 시작하는 모든 것이 다른 무언가로 인하여 존재하게 된다면, 무엇이 우주를 존재하게 했을까? 그리고 세상의 모든 것을 존재할 수 있게 한 존재는 어떠한 면을 꼭 갖춰야 할까? (공간과 시간과 물질을 창조하기 위해서는 그 존재가 초공간적이어야 하고, 초시간적이어야 하며, 초물질적이어야 함에 중점을 두고 대화한다.)

대화 적용하기

- 한 온라인 포럼에서 어떤 사람이 무신론자들에게 어떻게 우주가 '무'로부터 왔다고 주장할 수 있는지 물었어. 그러자 한 무신론자는 "개인적으로 나는 우주가 그 무엇으로부터 생겨났다고 주장하지 않는다. 우주는 단지 존재하는 것이다. 거기에 창조 이야기는 굳이 필요하지 않다."[10]라고 했지. 이 장에서 배운 것을 바탕으로 넌 이 사람에게 어떤 말을 해 주고 싶니?

3

생명은 어디서 왔을까?

어느 날 오후, 남편은 재미있고 교육적인 일이 될 것이라며 수십 마리의 개미를 넣을 수 있는 개미농장집을 인터넷으로 구입하였다. 아이들은 개미농장집이 배달되기를 손꼽아 기다렸고, 드디어 개미농장집이 집에 도착하자 개미들을 정성껏 새로운 집에 넣어 주었다. 개미농장집은 개미들의 모든 필요를 충족시켜 줄 것만 같은 파란색 젤리로 가득 채워져 있었다. 아이들은 개미농장집을 보며 개미들의 다양한 터널활동을 관찰했다. 남편과 나는 훌륭한 자연관찰 학습이라고 생각하며 매우 흡족해 하였다.

    그러나 몇 주가 지나자 개미들이 한꺼번에 죽는 끔찍한 사태가 벌어졌다. 살아 있는 개미들과 죽은 개미들을 어떻게 분리해야 하는지 몰랐던 우리는 그냥 아무런 조치도 하지 않고 개미집을 방구석에 놓아두었다. 하루가 더 지나자 개미농장집은 개미무덤집으로 변했다. 아무도 쳐다보려고 하지 않는 상황이 되자 나는 그것을 쓰레기통에 버렸다.

나는 이 사건을 통해 '생명'에 대해 깊이 생각해 보게 되었다. 지구의 생명은 어디서 왔는가를 시작으로 두 가지의 의문이 들었다. 첫째, 생명이 존재하고 번성하려면 어떠한 조건이 필요한가? 개미집 이야기에서 보듯이 생명은 아무 곳에서나 살 수 없다. 생명은 그들이 생존하기 위한 특별한 조건을 필요로 한다.[1] 둘째, 생명은 어디서 온 것인가? 개미농장집 회사가 완벽한 개미 서식지를 우리에게 제공했다 할지라도, 개미들이 그곳에 나타난 것이 아니라 우리가 개미들을 개미집 안으로 넣어 주어야 했다. 이와 마찬가지로 우주가 생명이 존재하는 데 필요한 조건들을 충족시켰다고 하더라도, 생명이 잉태되고 번성할 수 있는 조건까지 완벽하게 충족시켰다고 볼 수는 없다. 적절한 '집'이 주어질 때조차도 생명이 번성하기 위해서는 많은 것들이 필요하다.

자, 이제 이 두 가지 질문을 더 자세히 살펴보고, 그 답들이 어떻게 하나님의 실재하심을 설명할 수 있는지 확인해 보자.

생명이 존재하기 위해서는 어떤 조건이 필요할까?

앞에서 우리는 우주의 존재가 어떻게 하나님의 존재를 설명하는지 살펴보았다. 즉, 우주와 여러 행성들은 우리에게 하나님이 존재하신다는 많은 증거가 된다. 우리가 사는 우주라고 하는 이 공간은 우리가 여기서 살아가는 데 필요한 모든 조건이 정확하게 계획되고 만들어진 곳이다. 과학에서는 이러한 현상을 "우주의 미세조정"이라고 부른다.

이러한 미세조정은 두 가지로 해석된다. 첫째, 자연의 상수는 매우 정확한 가치를 지니고 있다. 만약 이 숫자들이 약간이라도 달랐다면, 우리가 알고 있는 삶은 존재할 수 없을 것이다. 예를 들어, 중력을 생각해 보라. 만일 중력이 너무 약하면 별들이 서로를 붙들기 힘들 것이다. 반대로 중력이 너무 강하면 별들이 서로 붙들기는 하겠지만, 그 끌어당기는 힘이 너무나 강해서 결국 불타 버릴 것이다. 다른 예로, 자연의 네 가지 근본적인 힘 중에서 원자력과 전자기력의 관계를 생각해 보자. 탄소는 생명체에 필요한 핵심 요소이지만, 강력한 원자력과 전자기력의 힘이 정교하게 균형을 이루지 못한다면 필요한 만큼 존재할 수 없다. 이러한 사실들은 수십 가지가 더 있으며, 대부분의 회의론자들조차도 자연의 물질 자체에 대한 우주의 미세조정을 인정한다.[2]

우주의 미세조정은 지구와 태양계에서도 볼 수 있다. 예를 들어, 지구는 액체 상태의 물이 존재할 수 있는 좁은 범위 내에서 태양을 공전한다. 만일 지구가 태양에 지금보다 약간이라도 더 가까이 가면 물은 증발할 것이다. 또한 지구가 태양으로부터 약간 더 멀리 떨어진다면 물은 얼음으로 변할 것이다. 그러나 행성의 거주 가능성을 결정하는 것은 별과 별 사이의 거리나 에너지의 양뿐만이 아니다. 행성의 대기 또한 중요한 요소이다. 금성과 화성은 우리 태양계의 거주 가능 지역 안에 있지만, 둘 다 우리가 살아가는 데 필요한 대기권을 갖추고 있지 않다. 금성의 두꺼운 대기는 태양으로부터 많은 에너지를 가두어 너무 뜨겁고, 화성의 얇은 대기는 에너지를 적게 가두어 너무 춥다. 반면에 지구는 생명체가 번성할 수 있도록 산소와 질소가 적절히 혼합된 대기를 가지고 있다.

이것은 지구가 생명체를 지원하기 위해 정교하게 조정되어 있는 것처럼 보이는 이해하기 쉬운 몇 가지 예일 뿐이다. 천체물리학자 휴 로스(Hugh Ross)는 행성, 행성 동반자, 달, 별, 그리고 은하계의 150개 이상의 매개변수를 목록으로 만들었다. 그 목록은 은하 크기, 은하 질량 분포, 은하 유형, 은하 위치, 다른 행성의 질량, 그리고 태양의 질량과 같은 실제 생명체가 살기 위해서 필요한 조건들로서의 변수들에 대한 목록이다.[3] 로스는 우주 어디에서나 생명유지체가 단 하나라도 발생할 가능성이 10^{282}분의 1보다 적을 것으로 추정했다.[4] 물론 확률은 모든 종류의 가정에 따라 달라지지만 계산된 값에 관계없이 우리에게 주어지는 핵심은 한 가지이다. 즉, 생명체가 존재하고 번성하기 위하여 이 모든 요소들이 적절히, 그리고 우연히 갖춰질 가능성은 거의 없다는 것이다. 다시 말하자면, 이렇게 섬세한 미세조정에 대한 보다 합리적인 설명은 생명이 자연 너머 지혜자의 목적이 있는 산물이라는 것이다.

물론 회의론자들은 이러한 의견에 동의하지 않는다. 어떤 사람들은 우주가 우연히 만들어졌다고 말하고, 만일 그렇지 않다면 우리는 그것을 알아차릴 수 없었을 것이라고 말한다.[5] 이론적으로 미세조정이 우연히 일어났다는 것은 가능할 수도 있지만, 앞에서 논의한 '가능성 있는' 설명과 '그럴듯한' 설명의 차이점을 기억해야 한다. 이러한 방식으로 우주를 의도적으로 설계할 수 있는 초자연적인 지혜자의 존재를 인정하는 것이 회의론자들이 주장하는 단순한 우연보다는 훨씬 더 이치에 맞는 설명이다.

다른 회의론자들은 가능한 다중우주(2장 참조)의 개념을 받아들이며 만일 무한한 다른 우주가 존재한다면, 생명체가 살 수 있는 정확한 조건을 우연히 갖춘다는 것은 놀랄 일이 아니라고 말한다. 그러나 많은 논쟁의 여지가 있는 다중우주가 존재한다고 해도, 계획되지 않은 과정이 모든 가능한 물리적 매개변수의 가치를 가진 우주를 자연적으로 만들어 냈을 것이라고 기대하기는 어려우며, 우주가 필연적으로 구조화된다고 가정할 이유도 없다.

많은 회의론자들은 우주의 구조를 필연적으로 있게 한 아직 발견되지 않은 법칙이 필요하다고 말한다. 하지만 우주의 다른 법칙을 미세조정한 상위의 법칙은 어디에서 왔을지 생각해 보면, 우리는 우리가 가지고 있는 모든 정보를 바탕으로, 우리의 생명을 유지하는 이 우주가 자연 너머 지혜자의 목적이 있는 산물이라고 결론 내릴 수 있다.

그렇다면 이제 생명 자체가 어디서 왔는지 생각해 보자.

생명은 어디서 왔을까?

생명기원 과학자들은 생명체가 자연적 과정을 통해 무생물로부터 유래할 수 있는 방법을 연구했으며, 그 이론이 바로 '자연 발생'이라고 하는 가설이다. 그런데 수십 년 동안 진행된 이러한 연구는 도리어 그들을 좌절시켰다. 왜냐하면 가장 단순히 살아 있는 세포조차도 자연스럽게 발생할 수 있는 가능성이 지극히 적었기 때문이다.

이것은 매우 복잡한 주제이지만, 작은 단백질을 하나 만드는 데 필요한 것이 무엇인지 생각해 보면 쉽게 이해할 수 있다. 예를 들면, 아주 작은 세포조차도 함께 결합하여 작용하기 위해서는 적어도 100개 이상의 단백질을 필요로 하기 때문이다.[6]

단백질은 탄소, 수소, 산소, 질소, 그리고 때로는 황으로 만들어진 아미노산 사슬에서 만들어진다. 생명기원 과학자들이 직면한 가장 어려운 질문 중 하나는 어떻게 이들 아미노산이 처음 형성되었는지이다. 그들은 초기 지구의 상태와 대기가 오늘날의 조건과 매우 달랐기 때문에 아미노산이 자연적으로 형성되기에 부적절했을 거라고 분석한다. 이 중요한 단백질이 어떻게 그러한 조건에서 처음 등장할 수 있었는지를 알아내기 위한 광범위한 연구가 60년째 이루어졌지만, 실행 가능한 경로는 아직 발견되지 않았다.[7]

이것은 분명히 중요한 문제이다. 아미노산이 서로 연결되어 있지 않으면 단백질 사슬을 만들 수 없기 때문이다. 더군다나 100개의 아미노산으로 구성된 단백질 한 개를 얻는 것은 쉬운 일이 아니다. 과학철학자 스티븐 C. 메이어(Stephen C. Meyer)는 그 과정을 다음과 같이 구체적으로 설명했다.[8]

- 모든 아미노산은 펩타이드 결합이라 불리는 화학결합으로 서로 연결되어야 한다. 그러나 아미노산 사이에는 자연적으로 여러 가지 화학결합이 가능하기 때문에 펩타이드 결합을 수반하는 100개의 아미노산 사슬을 만들 가능성은 10^{30}분의 1이다.
- 모든 아미노산은 '왼손잡이'와 '오른손잡이' 형태의 거울 이미지를 가지고 있다. 기능하는 단백질은 왼손잡이 단백질만을 사용하지만, 두 가지 버전은 자연적으로 거의 동일한 빈도로 발생한다. 이러한 상황에서 100개의 아미노산 길이의 펩타이드 사슬로부터 왼손잡이 아미노산만을 무작위로 얻을 확률은 다시 10^{30}분의 1밖에 안 된다.
- 왼손잡이 아미노산은 단백질이 제대로 기능하기 위해 올바른 순서로 결합되어야 한다. 이는 의미 있는 문장을 만들기 위해 문자의 순서가 올바르게 지정되어야 하는 것과 같은 이치이다. 단백질에 사용되는 20개의 다른 아미노산이 있는데, 그 순서와 각 위치가 이들 20개 중 하나에 의해 유지될 수 있다고 가정하면, 이 가상의 사슬이 자연스럽게 형성될 확률은 10^{65}분의 1이다.

즉, 단 하나의 단백질조차도 형성될 가능성이 매우 낮다는 것이다. 그리고 단백질은 복잡한 세포의 한 구성요소일 뿐이다. 생명의 유전정보인 DNA와 RNA는 생물체가 존재하고 기능하기 위해 필요한 정보를 보유하고 활용하는 매우 복잡한 핵산이며, DNA와 RNA는 단백질을 만들기 위해 꼭 필요한 요소이다. 그런데 이것들도 특정 단백질의 도움 없이는 기능을 다할 수 없다. 그렇다면 단백질을 만드는 DNA와 RNA가 먼저 생겨났는가? 아니면 DNA와 RNA가 단백질을 만드는 데 필요한 또 다른 단백질이 먼저 생겨났는가?

세포란 워낙 복잡한 시스템이기 때문에 이것들은 과학자들이 직면하는 수수께끼의 일부일 뿐이다. 이러한 관점에서 보면 첫째, 초기 지구가 생겨날 수 있는 최적화의 조건이 우연히 만들어지고 둘째, 최초의 생물체를 만드는 데 필요한 조건들이 우연히 만들어져서 생명이 시작되었다는 것을 믿기에는 그 우연성을 받아들이기가 쉽지 않다. 메이어는 "이런 이유로 세포의 복잡성에 대한 정량적 평가는 1960년대 중반 이후 생명기원 생물학 내에서 우위를 차지한 의견을 단순히 강화시켰을 뿐이며, 우연 혹은 가능성으로 생물학적 복잡성과 특이성의 기원에 대하여 설명하는 것은 적절한 설명이 아니다."라고 결론지었다.[9]

물론 이러한 우연성이 완전히 불가능하다는 것은 아니다. 하지만 분명한 것은 이러한 연구를 통하여 우리는 생명이 우연히 만들어졌다기보다 지혜자의 목적이 있는 산물이라고 믿을 만한 충분한 이유를 발견하게 된다는 것이다.

핵심 포인트

- 지구상의 생명체가 어디서 왔는지에 관해 이야기할 때 두 가지 핵심 질문이 생긴다. 첫째, 생명이 존재하고 번성하기 위해 필요한 조건은 무엇인가? 둘째, 생명 자체는 어디서 왔는가?
- 우리가 살고 있는 이 우주는 우주의 미세조정이라고 불리는 현상, 즉 생명체들이 살아가는 데 필요한 조건대로 맞추어져 정밀하게 구조화되어 있다.

- 우리는 우주의 미세조정 현상을 중력과 같은 자연의 상수, 태양과 지구의 거리와 같은 행성과 태양계의 매개변수 모두에서 볼 수 있다.
- 생명체가 존재하기 위해서는 많은 것이 요구된다. 최초의 생명체가 자연적인 과정을 통해 무생물 물질에서 나올 수 있는가를 연구하는 과학자들은 매우 많은 한계를 경험했다. 왜냐하면 세포 자체가 단백질, DNA, RNA와 같은 매우 복잡한 구성요소로 이루어져 있기 때문이다.
- 도리어 우주의 미세조정과 복잡한 생명의 체계와 본질을 고려할 때, 우리는 생명이 우연의 산물이라기보다는 지혜자의 목적이 있는 산물이라고 믿을 만한 충분한 이유가 있다.

💬 대화 가이드

대화 시작하기

- 네가 개미농장집을 샀다고 상상해 봐. 그리고 개미를 그곳에 넣고 먹이만 주었는데, 며칠 후에 개미들이 모두 죽었다고 가정해 보자. 그렇다면 개미가 살아가기 위해서는 먹이 외에 어떤 조건들이 필요했던 걸까? (생명체는 존재하고 번성하기 위하여 특정한 생활조건을 필요로 한다는 사실에 중점을 두어 이야기하자.)

대화 진행하기

- 개미가 살기 위해서 필요한 조건들이 있듯이, 우리 인간에게도 우리만의 꼭 필요한 조건들이 있어. 어떤 것들이 있을까? (중력, 태양과 지구의 거리 등 앞에서 언급한 우주의 미세조정 현상들을 예로 들어 대

화해 보자.)

- 여러 해 동안 과학자들은 하나님의 개입 없이 어떻게 최초의 생명이 지구상에서 우연히 만들어질 수 있었는지 증명하려고 노력해 왔어. 그러나 그들은 생명체의 기초인 세포가 만들어지고 발달하는 데도 매우 복잡한 조건들이 필요하다는 것을 발견했지. 그 가능성은 마치 레고 조각들이 우연히 주변의 것들과 결합하여 자기 자신을 움직이는 차로 만들기를 기대하는 것과 같아. 너는 이러한 일이 가능하다고 생각하니? (필요한 경우 세포가 무엇인지 설명하고, 자녀가 적절한 나이라면 하나의 단백질을 만드는 데 필요한 조건들을 설명해 준다.)

- 생명체가 존재하도록 우주가 구조화되어 있고 생명체가 발전하기 위해 얼마나 많은 것이 필요한가를 감안할 때, 어떤 방식이 생명체가 존재하게 된 이유를 합리적으로 설명하고 있다고 생각하니? 생명체가 우연히 생겨났다는 것일까, 아니면 지혜자인 하나님이 목적을 갖고 창조하셨다는 것일까? (자녀가 어리면, 시간을 두고 합리적, 우연, 지혜자의 의미를 설명하고 대화를 나누어 보자.)

대화 적용하기

- 한 온라인 기사의 댓글에 다음과 같이 주장하는 사람이 있어. "만일 우주의 미세조정이 일어나지 않았다면, 우리는 살아 있을 수 없거나 다른 형태로 살아 있을 것이다. 그렇다고 해서 미세조정을 일으킨 요정이 있다고 말할 수는 없다. 또한 미세조정이 있기에 우리가 계속 살아갈 수 있다는 것이 반드시 하나님이 우주와 우리를 창조했다는 것을 뜻하지는 않는다."[10] 이 사람에게 넌 어떻게 말해 주고 싶니?

4

인간의 도덕적 이해는 어디서 왔을까?

어느 날 오후 나의 블로그에 한 10대 소녀가 다음과 같은 댓글을 남겼다.

> "나는 기독교의 가치에 대해 완전히 다른 시각을 가지고 있어요. 이 시대에 종교가 정말로 필요한가요? 옳고 그름의 차이를 이미 안다면, 왜 종교가 필요하죠? 존경심을 표할 수 있다면 왜 종교가 필요하죠? 누군가의 삶에 긍정적인 변화를 줄 수 있다면 왜 종교가 필요하죠? 중요한 것은 당신이 누군가를 어떻게 대하느냐예요."

나는 지난 몇 년간 이와 비슷한 이야기들을 많이 들었다. 이들은 기독교가 단순히 도덕적으로 살 수 있도록 안내하는 시스템이라고 말하며, 그들은 옳고 그름의 차이를 이미 알고 있기 때문에 그 시스템을 필요로 하지 않는다고 주장한다. 다시 말하자면, 그들은 옳고 그름을 판단하는 데 이미 숙달되었기 때문에 굳이 종교라고 하는 교사가 필요하지 않다는 것이다.

아이러니하게도, 이 주장은 매우 많은 것을 증명한다. 거의 모든 사람들이 인간은 선천적으로 옳고 그름을 아는 존재로 태어난다고 인식한다는 사실은 하나님이 존재하신다는 것에 대한 중요한 증거가 되는데, 우리는 이것을 '도덕적 논증'이라고 부른다. 도덕적 논증은 두 가지를 핵심논의로 삼는데, 첫째는 객관적인 도덕적 가치가 존재하는가에 대한 논의이며, 둘째는 이러한 객관적인 도덕적 가치관이 존재한다면 이것은 어디서 온 것일지에 대한 논의이다.

그렇다면 이 장에서 위의 두 가지 질문에 대해서 좀더 자세히 생각해 보자.

객관적인 도덕적 가치가 존재할까?

나의 블로그에 댓글을 남긴 소녀처럼, 대부분의 사람들은 우리 모두가 옳고 그름을 알고 있다고 생각한다. 예를 들어, 아이가 납치되거나 무고한 사람이 살해되었을 때, 아무도 이렇게 묻지 않는다. "이봐요, 이 일에 대한 당신의 의견은 어떻습니까? 그것이 좋은 일입니까? 나쁜 일입니까?" 왜냐하면, 모두가 똑같은 가치 판단을 내릴 것이기 때문이다. 납치나 살인은 도덕적으로 옳지 않다라고 말이다.

만일 누군가의 의견에 관계없이 정말 옳고 그른 것이 있다면, 그것은 객관적인 도덕적 가치가 존재함을 의미한다. 이는 "인간은 공기로 호흡한다."처럼 현실에 존재하는 많은 사실들 중 하나이다. 하지만 겉보기에는 객관적인 도덕적 진리는 그저 환상일 뿐이라고 주장하는 사람들도 있다. 그들은 우리가 단지 사회규범에 너무 익숙해져서 객관적인 도덕적 가치가 존재한다는 잘못된 생각을 가지고 있다고 믿는다.

회의론자들은 도덕성은 객관적인 것이 아니라 개개인의 지극히 주관적인 것이라고 주장하며 다음의 두 가지를 언급한다.

첫째로, 그들은 문화와 도덕에는 차이가 있다고 말한다. 예를 들어, 일부 문화권에서는 노인에 대한 공적 살인 행위를 허용했다. 그러나 다른 문화권에서는 이것이 부도덕한 것으로 간주된다. 그것은 "살인은 나쁘다."와 같은 객관적인 도덕적 가치가 존재할 수 없다는 것을 암시하며, 종종 문화 간의 명백한 도덕적 차이는 가치관의 차이가 아니라 상황에 대한 평가의 차이를 반영한다고 주장한다. 예를 들어, 모든 문화는 정당화되지 않은 살인이 잘못되었다는 데 동의한다. 그러나 때때로 다른 사람을 죽이는 것이 정당한가 아닌가는 문화에 따라 다르다. 어떤 문화는 병든 노인의 고통을 덜어 주기 위해 그들을 죽이는 일을 보통의 살인과는 다른 애정 어린 자비의 행위라고 정당화할 수 있다. 즉, 문화들 간의 도덕적 차이는 근본적인 도덕적 가치의 차이가 아니라는 주장이다.[1]

하지만 이렇게 가정해 보자. 논쟁의 여지는 있지만, 만일 언제든지 사람들을 죽이는 것이 용납될 수 있다고 진정으로 믿는 문화를 찾을 수 있다면, 그것이 이 세상에 객관적인 도덕적 가치가 없다는 것을 증명하는 걸까? 다시 말하지만, 전혀 그렇지 않다. 예를 들어, 어떤 사람들이 2 더하기 2가 5라고 주장할지라도, 결코 객관적인 정답이 없다는 것을 의미하지는 않기 때문이다. 도덕적 가치의 판단 기준에 대한 불일치의 예가 우리의 삶에서 발견될지라도, 여전히 거의 모든 문화에 걸쳐 객관적인 도덕적 가치가 통용되며, 이것은 객관적인 도덕적 가치가 존재함을 강력히 시사하는 증거가 된다.

둘째로, 회의론자들은 옳고 그름에 대한 우리의 인식이 단지 진화의 부산물이라고 말한다. 이 주장은 우리 자녀들이 생물학 수업에서 마주치게 될 가능성이 높다. 나는 최근에 근처 교회에서 변증론 수업을 하면서 이것을 경험했다. 객관적인 도덕성에 대해 논의한 첫 번째 모임이 끝나고 난 후, 한 10대 소녀가 나에게 다가와 그녀의 생물학 수업에 관해 이야기했다. 소녀는 동물들이 서로 협력하고 도움을 주어야 생존할 수 있으므로 진화를 통해 그렇게 되었음을 배웠다고 말했다. 예를 들어 한 코끼리가 다른 코끼리를 위험으로부터 구할 경우, 그 코끼리는 자신의 그룹과 종족들을 위하여 자기를 희생하게 된다는 것이다. 그 소녀는 나에게 이렇게 물었다. "이러한 것들은 도덕이 객관적이라는 것을 증명하는 것처럼 보이나요? 아니면, 그러한 자기희생적인 행동들이 수백만 년 동안 종족을 생존시키는 데 도움이 되었기에 그렇게 행동했다고 보이나요?"

진화가 우리의 도덕심을 설명해 준다는 주장에 대해 이해해야 할 두 가지가 있다. 첫째, 이 주장은 진화론이 사실이라는 가정하에서 만들어졌다는 것이다. 따라서 진화론이 정확하지 않다면, 이 주장도 합당하지 않다. 둘째, 동물의 행동을 도덕적 측면에서 묘사하는 것은 합리적이지 않다. 예를 들어, 돌고래는 '무작위적인 친절'을 행하는 것으로 알려져 있다. 돌고래들은 수영하는 사람들을 상어로부터 구하고, 고래가 바다로 다시 돌아가도록 안내한다. 그러나 도덕이란, 단순히 무엇이 좋고 나쁜지에 대한 설명은 아니다. 그것은 우리가 해야 할 것과 하지 말아야 할 것들에 대한 가치판단의 기준이다. 우리는 무작정 살인이 나쁘다고만 말하지는 않지만, 여기에는 살인을 해서는 안 된다는 도덕적 의무가 내재되어 있다. 그러나 어느 누구도 동물에게 도덕적 의무를 적용하지 않고, 도리어 그들의 행동을 본능에서 나온 것으로 본다. 동물들이 서로를 죽일 때 도덕적 분노가 있을까? 백번 양보하여 진화론이 생존을 돕기 위해 특정 행동이 어떻게 진화했는지 정확하게 설명한다 할지라도, 그것은 더 높은 차원의 인간의 도덕적 의무감에 대하여 설명하지는 못한다.

그렇다면, 우리는 객관적인 도덕적 가치가 존재한다는 것을 증명할 수 있을까? 불행히도 그렇지 않다. 하지만 적어도 인간의 심연에 있는 직감과 문화적 관찰에 근거하여 보면, 어떤 객관적인 도덕적 가치들이 인간 개개인의 의견을 초월하여 모든 사람들을 함께 묶어 내고 있다는 것을 확인할 수 있다.

그렇다면 객관적인 도덕적 가치는 어디서 온 걸까?

만일 객관적인 도덕적 가치가 존재한다면, 우리는 그 객관적인 도덕적 가치가 어디에서 왔는지 스스로에게 물어야 한다. 다시 말해서, 우리가 갖고 있는 도덕적 책임은 누구를 향한 것이며, 무엇에 대한 것인지 생각해 봐야 한다. 보편적인 도덕법은 논리적으로 그러한 법을 만들 수 있는 권한을 가진 도덕적인 입법자를 필요로 한다. 윤리학자 리처드 테일러(Richard Taylor)는 다음과 같이 말한다. "의무는 무언가를 빚진 것이다. …… 그런데 어떤 것은 오직 어떤 사람 혹은 사람들에게만 빚질 수 있으며, 고립된 상태에서의 의무라는 것은 존재할 수 없다. …… 결국, 도덕적 의무의 개념은 하나님과 별개로 이해할 수 없다."[2]

이렇듯, 객관적인 도덕적 가치의 존재와 도덕적인 입법자 사이의 필연적인 관계는 너무나 분명하지만, 대부분의 무신론자들은 객관적인 도덕적 가치의 존재 자체를 부인하고 있다. 흥미롭게도, 몇몇 무신론자들은 하나님 없이도 객관적인 도덕이 존재한다고 믿는다. 예를 들어, 무신론자 신경과학자이자 작가인 샘 해리스(Sam Harris)는 도덕적 질문은 객관적으로 옳고 그른 답을 가지고 있지만, 그 답의 원천은 과학이라고 주장한다. 해리스는 자신의 저서 "The Moral Landscape : How Science Can Determine Human Values"(도덕적 풍경 : 과학이 인간의 가치를 결정할 수 있는 방법)에서 다음과 같이 말한다.

"의식이 있는 생물에 있어서 그들 인생의 의미, 도덕, 더 큰 삶의 목적에 대한 가치문제는 매우 중요하다. 그리고 과학은 이러한 가치들을 해석하고 판단하는 기준을 제공한다."[3] 그러나 일부 무신론자들은 해리스의 노력이 객관적인 도덕적 가치가 존재할 수 있음을 말해 준다고 하더라도, 반드시 과학이 도덕적인 입법자임을 암시하지는 않는다고 지적한다.

이제 해리스가 말한 것을 보다 자세히 살펴보도록 하자. 그는 도덕을 '의식 있는 생물의 행복'이라고 정의하면서, 과학이 생물의 행복에 어떻게 영향을 주는지에 따라 어떤 행동이 좋은지 혹은 어떤 행동이 나쁜지 말해 줄 수 있다고 주장한다. 이것은 우리가 일반적으로 논의해 온 도덕성과는 전혀 다른 개념이다. 그가 말하는 '생물에게 행복을 주는 것'은 도덕이라기보다는 '가장 좋은 무엇' 혹은 '가장 편안한 무엇'을 주는 것을 말한다.[4] 이것은 엄밀히 말해서 객관적인 도덕적 가치의 존재 사례가 되기는 무리가 있다. 심지어 많은 저명한 무신론자들조차 여러 논점으로 해리스의 주장을 공개적으로 비판해 왔다.[5]

이러한 관점에서 볼 때, 만일 객관적인 도덕적 가치가 이 세상에 존재한다면, 그 가치에 대한 가장 좋은 설명은 우리가 하나님이라고 부르는 도덕적 입법자가 존재한다는 결론이 자연스러울 것이다.

핵심 포인트

- 인간의 가장 기본적인 인식은 모든 사람들이 옳고 그름을 알 수

있으며, 이는 결코 개개인의 판단에 종속될 수 없다는 것이다. 이것이 사실이라면, 객관적인 도덕적 가치와 의무는 존재하는 것이다.
- 어떤 사람들은 객관적인 도덕성의 실존에 대하여 이의를 제기한다. 왜냐하면, 때로는 문화마다 다른 기준으로 판단되기 때문이다. 그러나 이것은 근본적인 도덕적 가치보다는 상황에 대한 의견 차이인 경우가 많다.
- 또한 어떤 사람들은 진화론이 인간의 도덕적 이해의 발전에 대하여 설명해 주고 있으며, 객관적인 도덕적 가치가 존재한다는 것은 단지 착각일 뿐이라고 주장하기도 한다. 그러나 인간의 도덕성과 연관시켜 동물의 행동을 분류하는 것은 아무도 동물이 도덕적 의무를 가지고 있다고 생각하지 않기 때문에 무리가 있다.
- 객관적인 도덕적 가치가 존재한다는 것을 증명할 수는 없다. 그러나 문화적 관찰과 인간의 심연에 있는 직감에 근거한 많은 연구들은 인간 개개인의 의견을 초월하여 모든 사람들을 함께 묶어 내는 도덕법이라는 가치가 실제로 존재하고 있다는 것을 말해 주고 있다.
- 만약 도덕법이 존재한다면, 그에 대한 가장 좋은 설명은 도덕적 입법자(하나님)가 존재한다는 것이다.

대화 가이드

대화 시작하기
- 네가 알고 있는 누군가가 너의 집에 침입해서 방에 있는 물건들을 훔쳤다고 상상해 봐. 그런데 그 사람이 "내 생각에 도둑질은 나쁘

지 않은 것 같아요. 당신의 방에 있는 것을 훔치는 것이 즐거웠거든요."라고 말했다고 가정해 보자. 넌 이 사람의 말에 어떻게 대답할 것 같니? ('객관적인 도덕적 가치'라는 용어를 소개하고 설명해 준다.)

대화 진행하기

- 만일 전 세계의 사람들이 잘못된 행동을 하고 있다고 상상해 봐. 하지만, 만일 그들 모두가 자신의 행동이 잘못되었다고 생각하지 않는다면, 이러한 그들의 옳고 그름에 대한 판단이 단지 개인의 선택의 문제라고 할 수 있을까? 왜 그럴까? 혹은 왜 그렇지 않을까?
- 동물도 때때로 서로 돕고, 특이한 경우이긴 하지만 사람을 도와주기도 해. 예를 들어, 코끼리가 위험에 처한 다른 코끼리를 구해 주는 경우도 있고, 돌고래가 상어에게 공격받는 인간을 구해 줄 때도 있어. 그런데 이것을 도덕적인 행동이라고 말할 수 있을까? 만약 그렇지 않다면 그 이유는 뭘까?
- 만일 객관적인 도덕적 가치가 실제로 존재한다면, 그 도덕적 가치들이 어디서 왔는지에 대해 어떻게 설명할 수 있을까? (자녀의 답변에 대해 토론하되, 왜 객관적인 도덕법이 도덕적 입법자로부터 온 것이라고 결론을 내리는 것이 가장 합당한지 그 이유를 설명해 준다.)

대화 적용하기

- (이 장의 시작 부분에 나오는 10대 소녀의 글을 읽어 준다.) "옳고 그름의 차이를 이미 안다면, 왜 종교가 필요하죠?" 넌 이 소녀에게 어떤 말을 해 주고 싶니?

5

하나님과 '날아다니는 스파게티 괴물'과의 차이점은 뭘까?

'날아다니는 스파게티 괴물'(Flying Spaghetti Monster)에 대해 들어 본 적이 없다면 이 장의 제목이 이상하게 보일 수 있다. 여기서 말하는 날아다니는 스파게티 괴물은 단지 임의의 가상생물이 아니라, 회의론자들이 하나님에 대한 믿음이 어리석고 부당하다는 생각을 적극적으로 홍보하려고 만들어 낸 가상의 캐릭터이다.

날아다니는 스파게티 괴물은 2005년 24살의 바비 헨더슨(Bobby Henderson)이 진화와 지적 설계를 생물학 수업에서 동등하게 가르쳐야 한다는 캔자스 주 교육위원회의 주장에 항의하여 보낸 풍자적 편지를 통해서 인기를 얻게 되었다. 헨더슨은 창조론을 비꼬면서 우주가 날아다니는 스파게티 괴물에 의해 만들어졌으며, 많은 진화와 그 과정에 관한 증거들은 그저 우연일 뿐이라고 주장했다.[1]

헨더슨의 핵심주장은 진화는 물론이고 신의 존재 역시 어떠한 증거도 없다는 것이다.[2] 그의 편지는 문화적 현상이 되었다. 오늘날 날아다니는 스파게티 괴물 교회는 전 세계에 수만 명의 '회원'을 보유하고 있으며, 심지어 서품 증명서를 제공하고, 장신구와 범퍼 스티커를 판매하며, 사람들이 날아다니는 스파게티 괴물을 목격한 것에 대해 보고하도록 장려하고 있다. 이러한 현상의 결과로 날아다니는 스파게티 괴물은 대중문화에서 더 폭넓은 자리를 차지하게 되었으며, 하나님의 존재에 대한 증거가 없으며, 하나님에 대한 믿음이 어리석은 것이라는 만연한 생각을 상징하게 되었다.

존재한다는 증거가 없는 것은 하나님일까? 날아다니는 스파게티 괴물일까?

날아다니는 스파게티 괴물의 존재에 대한 증거가 없는 것처럼, 하나님의 존재에 대한 증거가 없다고 주장하는 것이 바로 헨더슨의 주장이다. 이 비교를 평가하기 위해 1장에서 배운 것을 다시 살펴보자.

증거 그 자체는 아무 말도 하지 않는다는 것을 상기하자. 우리는 증거를 해석해야 한다. 그러나 날아다니는 스파게티 괴물의 추종자들이 주장하는 것처럼, 만일 해석할 만한 증거가 전혀 없다면 어떻게 될까?

만일 "내가 당신의 집에 있고, 내가 그 집의 방 중 하나에 무언가를 넣을 수도 있고 넣지 않을 수도 있다."라고 당신과 친구에게 말한다고 상상해 보자. 만일 내가 그 방에 무엇을 넣었다는 어떤 단서나 증거도 없는 상황에서 당신의 친구가 내가 넣은 것은 장난감이라고 말한다면, 그 주장은 말 그대로 터무니없을 것이다. 그러나 만일 거기에 내가 무언가를 넣었다고 고려할 만한 몇 가지 증거가 발견되었다면 어떻게 될까?

방 안에 무엇이 있는지 추측하기 전에 그 주변을 조사한다고 가정해 보자. 만일 집에서 강아지를 키우지 않는데도 당신의 집 현관문 안쪽에 강아지의 털 같은 것과 발자국이 보이고, 이어서 몇 분 후 방 안에서 마치 살아 있는 무언가가 내부를 긁는 것 같은 소리가 들린다면? 이 증거를 염두에 두고 당신은 친구에게 방에 강아지가 있다고 확신하며 설명하는데, 친구가 그건 말도 안 된다며 다음과 같이 대답한다. "그것들은 방 안에 있는 것과 아무런 관련이 없어 보이는데? 그 털은 아마도 내 셔츠에서 떨어진 우리 강아지의 털일 거야. 그리고 그 발자국은 누군가의 신발 자국일 수도 있어. 또한 그 소리들은 에어컨이 덜컥거리는 소리일 거야. 한마디로 강아지가 그 방에 있다는 아무런 증거가 없기 때문에 그 방에 무엇이 있는지 알 수 있는 방법이 전혀 없다고 생각해."

사실 이러한 대화는 소위 말하는 유신론자와 무신론자 사이의 논쟁과 유사하다. 유신론자들은 우주의 기원, 생명의 기원과 발전, 그리고 우리의 도덕적 이해의 본질은 우리가 하나님이라고 부르는 창조적이고, 도덕적이며, 율법적인 것의 근원이 되는 존재에 의해서 가장 잘 설명된다고 말한다. 반면, 무신론자들은 이러한 것들 중 어느 것도 하나님과 아무 관련이 없다고 말하며, 도리어 아직 알려지지 않은 자연적 메커니즘(우주의 기원의 경우)이나 진화론(생명과 도덕적 이해의 경우)에 의해 더욱 잘 설명된다고 믿는다.

실제로 무신론자들과 유신론자들은 우주에 관한 똑같은 증거들을 보고 다르게 설명한다. 무신론자들이 증거가 없다며 신이 없다고 주장하는 것과 대조적으로 유신론자들은 무신론자들이 보고 있는 똑같은 과학적 사실을 보며, 그 사실에 대한 가장 좋은 설명이 바로 신(하나님)의 존재라고 주장한다. 이러한 해석학적 관점에서 보면, 무신론자들이 신이 없다고 주장할 수는 있지만, 유신론자들이 신이 존재한다고 말하는 것을 근거 없는 주장이라고 하는 것은 합당하지 않다. 도리어 무신론자와 유신론자가 다르게 설명하는 우주에 관한 중요한 사실이 있다는 점을 인식하는 것이 중요하며, 그것에 대한 가장 좋은 설명이 하나님이라는 것을 우리 아이들이 인식할 때 세속적인 세상의 도전에 잘 대처할 수 있음을 기억해야 한다.

날아다니는 스파게티 괴물의 존재가 어떠한 것도 설명하지 못한다는 사실을 놓치지 말자. 하나님과 날아다니는 스파게티 괴물을 비교하는 것은 터무니없다. 기독교인 철학자 윌리엄 레인 크레이그(William Lane Craig)는 다음과 같이 말한다.

"날아다니는 스파게티 괴물의 사례로부터 배워야 할 진정한 교훈은 현대의 대중문화가 우리가 그동안 기독교에서 이해해 왔던 자연 신학의 위대한 전통과 얼마나 어긋나고 있는지 보여 준다는 것이다. …… 사람들은 판타지 괴물에 대한 전제를 하나님에 대한 믿음과 비교하는 어리석음을 보이고 있다."[3]

핵심 포인트

- 날아다니는 스파게티 괴물은 하나님의 존재에 대한 증거가 없으며, 따라서 하나님에 대한 믿음이 어리석은 것이라는 만연한 생각을 상징하게 되었다.
- 그러나 유신론자들은 맹목적으로 하나님이 존재한다고 추측하지 않는다. 유신론자들 또한 우주에 대한 일련의 사실들을 살펴보고 있으며, 그러한 사실들에 대한 가장 좋은 설명이 하나님의 존재라고 주장하고 있다.
- 반면, 무신론자들은 동일한 사실들을 보고 있으나, 하나님의 존재

보다 더 합리적이고 자연스러운 설명이 있다고 주장하고 있다.
- 무신론자들과 유신론자들이 각자의 입장에서 증거에 대하여 해석을 다르게 할 수는 있지만, 무신론자들이 일방적으로 유신론자들은 합당한 신념을 근거로 하지 않는다고 주장하는 것은 솔직하지 못하다.

💬 대화 가이드

대화 시작하기

- 엄마가 너와 네 친구가 있는 방에 몰래 무언가를 넣고 문을 닫았다고 상상해 봐. 주변을 둘러봐도 어떤 단서도 보이지 않고, 아무런 증거도 없는 거야. 그런데 너는 그것이 장난감이라고 추측하고, 네 친구는 베개라고 추측하고 있어. 누구의 추측이 더 나은 추측일까? (고려할 증거가 전혀 없는 경우 어떤 것도 더 나은 추측이 될 수 없음을 설명하자.)

대화 진행하기

- 이제 날아다니는 스파게티 괴물이 세상과 모든 것을 창조했다는 말을 떠올려 보자. 만약 이게 사실이라면, 날아다니는 스파게티 괴물의 존재에 대한 어떤 증거를 우주에서 찾을 수 있다고 생각하니? (옳고 그른 답은 없으므로, 창의력을 발휘해서 말할 수 있도록 도와주고, 토론의 끝에서 날아다니는 스파게티 괴물이 존재한다는 증거가 없다는 것을 확인시켜 준다.)
- 어떤 사람들은 존재한다는 증거가 없기 때문에 날아다니는 스파게티 괴물을 믿는 것이나, 하나님을 믿는 것이나 별 차이가 없다고

말하기도 해. 이 비교에 대해 어떻게 생각하니? (증거가 없는 것과 증거에 대한 해석이 다른 것에 대한 차이점을 명확히 알 수 있도록 도와준다.)

대화 적용하기

- 무신론자 리처드 도킨스(Richard Dawkins)는 자신의 책 「만들어진 신」(The God Delusion)에서 "나에게 무신론자인지 질문할 때, 질문하는 사람 역시 무신론자임을 드러내기 위해서 제우스, 아폴로, 아몬라, 미트라스, 바알, 토르, 보탄, 황금 송아지, 날아다니는 스파게티 괴물을 언급하곤 한다. 나는 거기에 하나의 신을 더 추가하고자 한다."[4]라고 말했어. 그런데 왜 도킨스는 하나님을 신화에 나오는 신들과 비교하는 걸까? 넌 도킨스에게 뭐라고 말하고 싶니?

6

얼마나 많은 증거가 있어야 하나님의 존재를 믿을 수 있을까?

라티오 크리스티(Ratio Christi)는 오늘날 젊은 기독교인들에게 복음을 전하기에 가장 어려운 환경 중 하나인 대학 캠퍼스에서 그리스도를 전하는 단체이다. 그들의 사명은 "대학생들과 교수진이 예수 그리스도를 따르기 위한 역사적, 철학적, 과학적 이유를 제시할 수 있도록 준비시키는 것"이다.[1] 라티오 크리스티는 이러한 주제에 대한 대화를 촉진시키기 위해 대학교에 지부를 운영하고 있다.

에릭 차봇(Eric Chabot)은 오하이오 주립대학교의 라티오 크리스티 지부 창립자 겸 책임자로, 2004년부터 기독교 진리에 관해 학생들과 교제하고 있다. 차봇은 수년 동안 캠퍼스 봉사활동에 참여해 왔으며, 다른 어떤 것보다도 하나님의 존재에 관한 하나의 질문을 집중적으로 들어 왔다고 말한다. "왜 하나님은 자신이 존재한다는 직접적인 표시를 나에게 보여 주지 않는가?" 다시 말해, 학생들은 이론적으로 하나님의 존재를 가리키는 증거가 있음에도 불구하고 그것이 충분하지 않다고 느낀다.

우리는 앞에서 살펴본 하나님의 존재에 대한 증거들을 많은 학생들이 잘 알지 못해서 그렇다고 생각할 수 있다. 그리고 그것은 의심할 바 없는 사실이기도 하다. 그러나 다른 사람들에게 있어서 중요한 문제는 하나님의 존재에 대한 증거의 양과 그 유형들이다. 실제로 사람들은 믿기 위해 더 많은 것을 원한다.

한 예로, 차봇의 블로그에 있는 인터뷰 비디오를 보자. 이 인터뷰에서 차봇은 한 학생에게 "성경 속의 하나님이 실제로 존재한다고 믿을 만한 설득력 있는 증거가 있을까요?"라고 물었다. 학생은 다음과 같이 대답했다.

"나는 명확하고 직접적인 증거를 말해야 한다고 생각해요. 어떤 사람들은 자신도 잘 모르면서 무언가 잘 포장된 말로써 설명하려고 하지만, 그것은 나에게 별로 도움이 되지 않아요. 사실 더욱 실제적이고 직접적인 증거를 갖기 원합니다. 하나님의 어떤 직접적인 증거여야죠. 다른 것으로부터의 증거를 바탕으로 추정한 것이 아니라요."[2]

사실 신의 존재를 입증할 증거가 충분하지 않다는 주장은 전혀 새로운 것이 아니다. 사람들은 항상 더 많은 것을 원해 왔다. 유명한 무신론자 철학자 버트런드 러셀(Bertrand Russell)은 "언젠가 하나님 앞에 설 때, 하나님이 왜 자신을 믿지 않았냐고 묻는다면, 나에게 왜 더 분명한 증거를 보여 주지 않았냐고 대답할 것이다."[3]라고 말했다.

우리가 원하는 것 vs 우리가 가진 것

우리가 잊지 말아야 할 것은 하나님의 존재에 관하여 우리가 갖고 싶은 증거와 우리가 현재 가진 증거에 대한 해석이 구별되어야 한다는 것이다. 회의론자들이 하나님이 존재하신다는 충분한 증거가 없다고 말할 때, 그들은 우리가 가지고 있는 증거의 해석과 의미에 대하여 별로 관심을 두지 않는다. 그들은 하나님을 믿기 위해서는 그들이 원하는 종류의 증거가 더 필요하다고 말한다.

그러한 주장이 왜 헛된지를 알기 위해 형사들이 하는 일에 대해 잠시 생각해 보자. 형사들은 매일 범죄 현장을 조사하고, 증거를 토대로 용의자를 확인함으로써 궁극적으로 범죄를 해결한다. 용의자가 스스로 그 일을 했다고 말하거나 자신의 전화번호를 적은 종이를 남긴다면 정말 좋겠지만, 그러한 일은 거의 일어나지 않는다. 그러므로 형사들에게 중요한 것은 그들이 갖고 싶어 하는 증거가 있느냐가 아니라 가지고 있는 증거를 어떻게 해석해 내느냐이다.

마찬가지로 우리가 하나님의 존재에 관하여 논의할 때 우리의 관심은 더 이상 우리가 원하는 증거가 있느냐에 있지 않다. 우리에게 중요한 질문은 우리가 현재 가지고 있는 증거에 관한 해석이며, 그 증거가 하나님이 존재하신다고 확신할 만큼 우리에게 충분한 증거가 되느냐일 것이다.

우리가 가지고 있는 증거만으로도 충분할까?

이 질문에 답하기 위해, 우리는 '충분하다'라는 단어를 정의해야 한다.

한 사람이 하나님을 믿기에 충분한 증거가 다른 사람에게는 충분하지 않을 수도 있다. 예를 들어, 한 무신론자 블로거가 말한 신이 존재한다는 '충분한' 증거는 다음과 같은 수준이다.

"내가 신으로부터 온 확실한 메시지를 보았다면, 나는 그의 존재에 대해 설득당했을 것이다. 하늘에서 갑자기 '나는 신이다. 나는 존재한다.'라고 말하면서 100피트 높이의 글씨가 하늘에 나타나고, 이것을 모든 사람들이 각자의 언어로 보고 똑같이 이해한다면, 나는 신이 존재한다고 확신할 것이다."[4]

만약 이 블로거가 이러한 '충분함'의 기준을 자신의 삶의 다른 부분들에도 적용한다면, 그녀가 충분히 알고 있다고 말할 수 있는 것은 거의 없을 것이다. 분명히 이것은 일관성 없는 증거 기준이다. 그렇다면 왜 하나님은 자신의 존재에 관한 확실한 증거를 보여 주시지 않는가? 그것은 바로 하나님께서는 우리가 자유의지로 그를 찾기 원하시기 때문이다. 우리가 진정으로 하나님을 사랑하기 위해서는 어느 정도의 자유의지가 필요하다. 그렇지 않으면, 우리는 애정이 강요된 로봇과 같을 것이며, 강제된 사랑은 진정한 사랑이 아니기 때문이다. 만약 하나님이 자신을 완전히 드러내신다면, 그것은 그를 찾아 사랑할 우리의 자유를 없애시는 것이 된다.

17세기의 기독교 철학자 블레즈 파스칼(Blaise Pascal)은 이렇게 말했다.

"하나님은 온 마음을 다하여 그를 찾는 사람들에게 자신을 드러내시기 원하며, 반대로 하나님으로부터 도망치려고 하는 사람들에게서는 자신을 감추시는 분이다. 자신을 찾으려고 하는 자에게는 충분히 하나님을 볼 수 있는 빛을 주시며, 그렇지 않은 자에게는 매우 모호한 것으로 나타내신다."[5]

많은 무신론자들이 하나님의 존재에 대한 확실한 증거가 필요하다고 주장하지만, 우리가 기억해야 할 것은 하나님께서는 우리에게 그러한 증거를 주시는 분이 아니라는 것이다. 그렇다면 이제 우리는 이렇게 질문해야 한다. 우리는 하나님이 존재하신다고 확신할 수 있는 충분한 증거를 가지고 있는가? 이 질문에 답하기 위해, 우리가 지금까지 살펴본 것을 요약해 보자.

- 우주(2장) : 우주가 존재한다는 것은 그 시작점이 있었다는 것을 의미한다. 그러므로 공간을 초월하고, 시간을 초월하고, 엄청난 능력이 있는 창조자만이 우주의 모든 것을 존재하게 하는 원인자가 되실 수 있다.
- 우주의 미세조정(3장) : 우주는 자연이 생명을 지속할 수 있는 조건들로 유지되어 왔으며, 지구와 태양계의 수많은 복잡한 변수들로 가득한 상황 중에서도 가장 적절하게 미세조정되어 있다. 이것은 우연히 그렇게 된 것이 아니라, 우주가 지혜자의 목적이 있는 산물임을 강하게 나타내고 있다.
- 생명의 기원(3장) : '우연'은 복잡하고 특별한 생명의 기원에 대한 타당한 설명이 아니다. 이러한 관점에서 볼 때, 생물체는 지혜자의 목적이 있는 산물이라고 믿을 만하다.
- 인간의 객관적인 도덕적 이해(4장) : 인간은 누구나 특정 상황에 대한 보편적인 도덕성을 가지고 있다. 객관적인 도덕적 '법률'이 있다면, 이는 인간의 권위보다 더 상위의 도덕적 입법자가 있으며, 그로부터 이러한 도덕 이해가 왔다고 결론짓는 것이 합리적이다.

이러한 증거 중 어느 하나도 하나님이 존재하신다고 느낄 수 있는 충분한 근거가 되기는 어려울 수 있다. 그러나 모든 것이 우리가 주목하는 하나님의 존재에 관하여 같은 방향을 가리키고 있음을 인식할 때, 이러한 증거들은 우리에게 하나님의 존재를 강력하게 알려 준다. 전직 살인 사건 담당형사이자 무신론자였으나, 위와 같은 증거들을 형사의 관점에서 조사하면서 하나님의 존재를 받아들이게 된 J. 워너 월리스(J. Warner Wallace)는 위와 같이 누적된 증거들을 더 이상 무시할 수 없었다고 말한다.

"나는 내 인생의 선장으로서, 무신론자로서 하나님이 없다고 믿는 것이 매우 편했습니다. …… 그러나 나는 지금 하나님의 존재를 믿는 기독교인이 되었습니다. 그 이유는 내가 필요한 무언가를 얻기 위해서나, 지옥에 가는 것을 피하기 위해서가 아닙니다. 하나님이 나에게 남겨 놓으신 하나님 존재의 증거들을 통하여 그를 인정했기 때문입니다. 이러한 증거들은 그 자체로 하나님의 존재를 구체적으로 가리키고 있습니다."[6]

우리가 이 책의 첫 장에서 언급했듯이, 사람들은 어떠한 증거를 말할 때 반드시 그와 관련된 정황들과 함께 설명한다. 그러나 동시에 우리가 인정해야 할 것은 그러한 다양한 설명 중 어떤 것이 가장 좋은 설명인지 확증하기 쉽지 않다는 것이다. 그렇기에 이러한 상황에서 우리가 할 수 있는 것은 그러한 증거들이 드러내고 있는 보다 공통적이고 합당한 설명들에 주목하는 것이다.[7] 우리는 증거에 대한 보다 합리적인 해석에 대하여 자신감을 가져야 한다.

💬 핵심 포인트

- 사람들은 종종 하나님의 존재를 믿을 만한 충분한 증거가 없으므로 하나님이 우리에게 보다 직접적으로 증거를 드러내야 한다고 말한다. 그러나 우리에게 필요한 것은 우리가 갖기 원하는 하나님의 존재에 대한 증거라기보다 우리가 현재 가지고 있는 증거들에 대한 합당한 해석이다.
- 그렇기에 우리가 더 집중해야 할 것은 이미 우리가 가지고 있는 하나님의 존재에 관한 증거들과 그에 대한 해석이다.
- 하나님이 누구도 부정할 수 없는 방법으로 자신을 완전히 드러내시지 않는 이유는 우리가 자유의지로 그를 찾고 사랑하기 원하시기 때문이다.
- 우리가 가진 하나님의 존재에 관한 많은 증거들은 모두 하나님의 존재를 강력하게 설명하고 있다. 왜냐하면 하나님의 존재를 제외하고는 그 증거들을 합당하게 설명할 수 없기 때문이다.

💬 대화 가이드

대화 시작하기

- 만일 하나님이 자신을 드러내시기 위해서 뭘 하면 좋을지 묻는다면, 넌 어떤 것을 말씀드릴 것 같니? ("우리집 거실에 짠 하고 나타나 주세요, 하늘에 메시지를 크게 써 주세요." 등 자유롭게 의견을 들어 본다.) 그리고 그렇게 말씀드리고 싶은 이유는 뭐니?

대화 진행하기

- 혹시 하나님이 네가 방금 말한 방법대로 자신을 드러내지 않으셔서 때때로 하나님의 존재를 의심하고 있지는 않니? (하나님의 존재에 대한 의심이 내가 원하는 증거를 보여 주시지 않기 때문인지, 아니면 하나님의 존재에 대한 증거가 없어서인지를 구별하라.)

- 많은 사람들은 하나님이 모든 사람의 거실에 나타나는 것과 같은 너무나 명백한 방법으로 하나님 자신을 우리에게 알리기 원한다. 그러나 하나님이 그렇게 하지 않으시는 이유는 뭘까? (하나님은 우리가 자유의지로 그를 찾고 진정으로 사랑하기 원하신다는 것을 아이의 눈높이에 맞춰 설명해 준다.)

- 우리가 지금까지 다루어 온 우주와 자연을 통하여 드러난 증거들, 즉 우주의 기원, 생명의 기원과 발달, 그리고 우리의 도덕적 이해에 대해 생각해 보자. 넌 이런 것들이 하나님이 존재하신다는 걸 말해 주는 충분한 증거들이라고 생각하니? 그렇다면 그 이유는 뭐니? (모든 증거를 함께 살펴보고, J. 워너 월리스의 인용문을 다시 읽으며 대화한다.)

대화 적용하기

- (이 장의 시작 부분에 있는 하나님의 존재를 믿지 않는 학생과의 인터뷰 내용을 다시 읽어 준다.) 너라면 그 학생에게 어떻게 대답할 것 같니? 네가 그와 대화를 나눌 수 있다면, 그가 믿고 있는 것은 무엇이고, 왜 그것을 믿는지에 대해 어떤 것을 질문하고 싶니?

제2부

과학과 하나님은 어떤 관계일까?

"이성과 과학이야말로 우리가 세상을 이해하는 가장 좋은 방법이며, 더불어 우리가 세상의 다른 사람들을 대할 때 그들에 대한 존중과 긍휼이 바탕이 되어야 한다."[1] 이러한 미국인본주의자협회(AHA)의 주장은 수백 개의 지역 지부와 60만 명이 넘는 소셜미디어 팔로워들, 광범위한 정치운동과 TV, 라디오, 입간판과 버스 등의 광고 캠페인들을 통하여 매우 강력하게 세상에 전해지고 있다.

그들은 "하나님 없는 다음세대"(kidswithoutgod.com)라는 인터넷 웹사이트를 운영하는데, 홈페이지에는 다음과 같은 글로 방문자들을 환영하고 있다. "하나님 없는 다음세대에 온 여러분들을 환영합니다. 종교신화를 거부하고, 과학을 받아들이며, 하나님 없이 살아가는 것이 얼마나 좋은지에 대해 고백하는 전 세계 수백만 명의 다음세대와 함께합니다." 이곳에서 어린아이들은 다윈에 관한 온라인 책들을 읽고, 관련 과학 동영상을 보고, 다양한 과학실험에 대한 설명을 듣는다. 그들은 하나님보다 과학을 믿고 살아가는 것이 더욱 바르게 세상을 이해하는 것이라고 강조한다.

오늘날 많은 사람들이 하나님과 과학의 관계를 이원론적으로 받아들이고 있다. 많은 젊은이들이 신앙에서 떠나가는 주된 이유 중의 하나가 기독교를 반과학적인 것으로 이해하고 있기 때문임을 부모세대가 인지하고 있어야 한다. 설문기관인 바나 그룹은 기독교 신앙 안에서 자라난 18~29세 사이의 청년을 대상으로 설문조사를 실시하였다. 그 결과 설문에 응답한 청년들 중에서 약 29%는 오늘날의 기독교는 과학적인 이 시대에 뒤떨어져 있다고 대답하였고, 25%의 청년들은 기독교가 반과학적이라고 대답했다.[2] 기독교 신앙 안에서 자라난 아이들 중 4분의 1 이상이 이 해롭고 거짓된 이야기를 받아들였다는 사실은 오늘날 기독교 부모들이 각성해야 하는 부분이 무엇인지 알려 준다. (바나 그룹의 연구에 따르면, 청소년 목회자의 1%만이 그해에 과학에 관한 내용을 다루었다고 한다. 이 문제를 교회에서 대신 다루어 줄 거라고 생각하지 마라.)[3]

그렇다면 우리 부모들은 하나님과 과학의 관계에 대해 질문하는 자녀들에게 어떻게 답해 주어야 할까? 그것이 바로 이제 다루고자 하는 제2부의 내용이다. 제1부에서는 특정한 과학적 연구 결과와 하나님의 존재에 대한 질문과의 관련성에 대해 논의했지만, 제2부에서는 하나님과 과학의 관계에 관한 보다 광범위한 철학적 질문을 다루고자 한다. 이러한 논의를 통해서 하나님과 과학의 관계에 대해 더 깊이 생각하는 기회가 되고, 자녀들에게 올바르게 설명할 수 있는 길을 찾게 되길 기대한다.

과학과 하나님에 대한 효과적인 대화의 세 가지 핵심

1. 과학과 하나님에 대한 토론은 어린아이들부터 시작할 수 있다. 이 주제가 어느 정도 성장한 아이들만 이해할 수 있다고 생각할지도 모르지만, 사실은 그렇지 않다. 미국의 무신론자 중에서 성인들

의 수가 점점 증가함에 따라, 과학과 하나님에 대한 잘못된 정보들을 듣는 아이들도 증가하고 있다.[4] 최근 나는 친구의 8살짜리 아들이 학교에서 돌아와 하나님이 아니라 과학을 믿겠다고 말했다는 것을 들었다. 그러므로 대화의 대상에서 어린아이들을 제외하지 말고, 그들의 연령에 맞추어 토론할 수 있는 방법을 택해야 한다.

2. 대화하는 동안 지나치게 단순화하거나 혹은 이분법적으로 대화하는 방식은 피하는 것이 좋다. 자녀와 대화할 때 좀더 세밀하게 대화를 이끌어 갈 필요가 있다. 단순하게 하나님과 과학을 대조하고 빠른 답을 주려고 하기보다는 대화의 내용이 오늘날의 세상과 어떠한 관련이 있는지 사려 깊은 인도가 필요하다.

3. 한 가지 인정해야 하는 것은 기독교인들 역시 과학과 관련된 문제에 대해 다양한 견해를 가지고 있다는 것이다. 기독교인들도 하나님과 과학의 관계에 대한 몇몇 질문에 서로 다른 견해를 가지고 있다. 이 책은 이러한 불일치에 대한 입장을 밝히는 것이 목적이 아니라, 오히려 불일치가 존재하는 이유를 설명하여 자녀들이 관련된 내용들에 대하여 충분한 정보를 듣고, 토론할 수 있도록 인도하고자 한다.

7

과연 과학이
하나님의 존재를 증명할 수 있을까?

미국에서는 성인 무신론자들의 수가 증가함에 따라 어린 무신론자들을 위한 프로그램들도 다양해지고 있다. 그중 하나가 '캠프 퀘스트'(Camp Quest)라는 여름 캠프로, 미국 전역에 15개 지부가 있다. 여기에 참여하는 아이들은 주로 8~17세로서 하나님이 존재하지 않는다는 무신론적 세계관을 기반으로 하는 다양한 활동에 참여하게 된다.[1]

이 캠프에서 인기 있는 활동 중 하나는 눈에 보이지 않는 유니콘을 찾는 것이다. 캠프에 참가한 어린이들은 캠프장에 살고는 있으나 볼 수도 없고, 들을 수도 없고, 만질 수도 없는 두 마리의 유니콘이 있으며, 이 유니콘의 존재에 대한 유일한 근거는 오래된 문서에 기록된 설명이 전부라고 안내를 받는다.

이러한 경험을 통하여 아이들은 유니콘이 그들이 그동안 들어 왔던 하나님과 같다고 생각하게 된다. 보이지 않는 하나님은 캠프장에서 경험하였던 어떠한 근거도 없는 유니콘과 같은 존재라는 것이다. 캠프 퀘스트의 의도는 '비판적이고 이성적으로 생각하라'고 가르침으로써 하나님의 존재에 대하여 의심하게 하는 것이다.[2]

대부분의 무신론자들이 과학만으로는 하나님의 존재를 반박할 수 없다는 것에 동의할 것이다. 그럼에도 불구하고 많은 사람들은 마치 과학이 하나님이 존재하신다는 것을 반증하고 있다고 오해하고 있다. 수학자 아미르 악젤(Amir Aczel)은 그의 저서 *Why Science Does Not Disprove God*(왜 과학은 하나님을 부정하지 않는가?)이라는 책을 통해서 다음과 같이 말한다.

"인기 있는 무신론자 작가들은 증거 한 조각 없이 과학은 하나님이 없다는 것을 증명한다고 주장한다. 그리고 대중들은 이러한 과신에 찬 주장에 취약하다."[3]

우리는 기독교인 부모로서, 자녀들이 세속적인 시대 흐름에 휩쓸려 가는 것을 원치 않기에 아이들과 이러한 주제에 대하여 토론하는 것이 중요하다. 그러기 위해서 두 가지 질문을 고려해야 한다. "과학은 우리에게 어떤 의미인가? 하나님은 우리에게 어떤 의미인가?" 이 장에서는 세상이 오해하고 있는, 즉 과학이 하나님이 존재하신다는 것을 반증(反證)할 수 있다는 주장을 기독교적 입장에서 언급하며, 반대로 과학이 하나님의 존재를 증명할 수 있다는 내용도 함께 다루어 볼 것이다.

과학은 우리에게 어떤 의미인가?

넓게 보면 과학은 관찰과 실험을 통해 자연계의 구조와 행동을 체계적으로 연구하는 학문이다. 과학에는 생물학, 화학, 물리학 등 많은 분야가 있다. 사람들은 과학의 특정 분야 중 하나를 언급할 때에도 과학이라는 단어를 광범위한 의미로 사용하기도 한다. 과학이라는 단어를 어떻게 사용하든 우리가 여기서 한 가지 분명히 확인할 수 있는 것은 과학은 절대적으로 확실한 지식을 제공하는 영역이 아니라는 것이다. 즉, 과학의 본질은 절대적으로 확실한 지식을 제공하기보다는, 합당한 증거를 근거로 하여 어떠한 결론에 다다를 수 있도록 높은 수준의 확신을 제공해 주는 것이다. 생물학자이자 성악가인 무신론자 제리 코인(Jerry Coyne)은 다음과 같이 설명한다.

"과학적 진리는 결코 절대적이고 변하지 않는 진리가 될 수 없다. 당신이 절대적인 진리를 증명하기 위해 과학을 하려 한다면 당신은 목적을 잘못 설정한 것이다. 절대적이고 변하지 않는 진리는 경험에 근거한 과학이 아니라 정확한 수치와 논리이다."[4]

과학은 하나님의 존재를 증명하거나 반증할 수 있는가? 결론부터 말하자면, 결코 그럴 수 없다. 왜냐하면, 과학의 본질은 절대적인 확실성에서부터 무엇을 증명하거나 반증하는 것이 아니기 때문이다. 그러나 종종 사람들이 과학적 탐구의 이러한 본질을 오해하여 과학을 통하여 하나님의 존재를 반증하려고 시도하기도 한다.

하나님은 우리에게 어떤 의미인가?

기독교인들은 성경에 적혀 있는 하나님에 대한 말씀을 기초로 하나님을 이해하고 받아들인다. 그러나 기독교인이 아닌 사람들에게 '하나님'이라는 단어는 다른 의미를 가질 수도 있음을 생각해 보아야 한다. 다음의 두 가지 관점에서 하나님이라는 단어를 살펴보도록 하자.

- 첫 번째 관점은 광범위한 신이다. 여기서 말하는 신(하나님)은 존재할 수도 있고 존재하지 않을 수도 있는 초자연적인 존재로서, 어느 한 종교의 특정한 신의 개념이 아니다. 범종교적인 의미로 이해한 신(하나님)이다. 존재할 수도 있고 존재하지 않을 수도 있으며, 세상을 창조했을 수도 있고 그렇지 않을 수도 있다.
- 두 번째 관점은 기독교에서 언급하는 하나님이다. 종종 어떤 사람들은 하나님이라는 단어를 기독교의 신념에 대하여 말할 때 확대해서 사용하기도 한다. 예를 들어, 어떤 사람이 '하나님'을 믿지 못하겠다고 말할 때, 그가 말하는 하나님은 기독교에서 믿어 온 신념과 세계관을 의미하는 것이다.

이제 위의 두 가지 의미를 전제로 우리가 오해해 온 전제인 "과학은 하나님의 존재를 거부한다."는 내용을 좀더 구체적으로 다루어 보자.

과학은 정말 하나님이 존재하지 않는다고 강력하게 말하고 있을까?

위에서 언급한 하나님의 두 가지 의미를 따라 과학이 정말 하나님이 존재하지 않는다고 말하고 있는지 살펴보도록 하자.

의미 1 : 존재할 수도 있고 존재하지 않을 수도 있는
   초자연적인 신(하나님)

앞에서 우리는 과학이 자연계의 특정하고 제한된 범주 안에서 다루어진다는 것을 언급했다. 만일 우리가 말하는 하나님이 자연계 너머에 존재하거나 혹은 존재하지 않을 수도 있는 존재라고 한다면, 그러한 존재의 가능성에 대한 탐구는 과학이 조사할 수 있는 범위를 벗어나게 된다. 그러나 이 논의는 우리가 다루려고 하는 토론의 핵심이 아니다. 우리가 핵심적으로 다루려는 하나님에 대한 이해는 여기서 말하는 존재할 수도 있고 존재하지 않을 수도 있는 초자연적인 신이 아니라, 기독교에서 이해하고 있는 하나님이다.

의미 2 : 기독교의 하나님

진화생물학자이자 베스트셀러 작가인 무신론자 리처드 도킨스(Richard Dawkins)는 과학이 하나님이 존재하지 않음을 어떻게 보여 주는지에 대해 강력하게 주장한 것으로 알려져 있다. 그는 과학이 하나님이 존재하지 않음을 완벽하게 증명할 수 없지만 '거의' 증명할 수 있다고 주장했다.[5] 이러한 도킨스의 주장에 많은 과학자들은 과학의 범위를 넘어선 시도라며 그를 비판했다. 이 과학자들이 초자연적인 신으로서의 하나님 이해를 가지고 도킨스의 주장을 오류라고 비판했다면,[6] 도킨스는 기독교에서 말하는 하나님 이해를 가지고 신의 존재에 대한 반증을 시도하려고 한 것이다.

도킨스는 그의 다양한 반유신론적 저작을 통해서 직접적인 창조사건이나 구약에서의 신의 본질, 기적의 신뢰성 등에 대한 의문을 제기함으로써 하나님의 개념을 공격한다. 그는 일반적인 과학적 방법으로 이러한 내용들을 연구할 때 성경적인 하나님에 대한 이해는 받아들이기 힘들

다고 말한다. 그는 과학을 통하여 하나님의 존재를 완벽하게 증명하거나 혹은 반증할 수 없다는 것은 인정하나, 이러한 과학적 조사와 연구는 하나님의 존재에 관한 반증에 영향을 준다고 강조한다.[7] 도킨스는 이러한 과학적으로 설명할 수 없는 증거가 하나님이 존재하지 않는다는 확신을 더한다고 결론을 내린다.

그러나 우리가 기억해야 할 것은 과학이 자연계 너머의 존재에 대해 절대적으로 증명하거나 혹은 반증할 수 없다는 것을 인정하고 있다는 점이다. 또한 도킨스의 주장 자체가 이미 같은 선상에 놓고 다룰 수 있는 범주를 넘어선 토론이라는 것이다. 다시 말하자면, 진화생물학과 같은 과학의 특정 분야와 하나님의 생명창조와 같은 종교적 신념을 같은 선상에 놓고 대화하며 하나님의 존재를 설명하는 것 자체가 무리라는 것이다.

💬 핵심 포인트

- 과학의 본질 자체가 절대적인 확실성으로 무엇인가를 증명하거나 반증하는 것이 아니기 때문에, 과학은 하나님의 존재를 증명하거나 반증할 수 없다.
- 그러나 종종 사람들은 하나님이 존재하지 않는다는 것을 전제로 두고 있는 과학 분야를 언급하면서, 과학이 하나님의 존재를 반증하고 있다는 근거로 삼기도 한다.
- 그러한 주장을 합당하게 다루기 위한 열쇠는 그들이 주장하는 하나님이 어떤 의미로 사용되었는지 분명히 하는 것이다. 그들에게 있어 하나님의 개념은 첫째, 존재할 수도 있고 존재하지 않을 수도 있는 초자연적인 존재를 말하는 것인가? 둘째, 기독교의 하나님에

대하여 말하는 것인가?
- 만일 첫 번째 의미를 사용한다면, 대부분의 무신론자들조차도 그러한 초자연적인 대상을 조사하는 것은 과학의 범위에서 벗어난다는 데 동의할 것이다. 진정한 논쟁은 과학적 연구 결과와 특정 종교의 주장 사이의 관계에 대해 이야기하는 두 번째 의미를 사용할 때 가능하다.

💬 대화 가이드

대화 시작하기

- 만일 우리 마을에 보이지 않는 유니콘이 있다고 상상해 보자. 그러나 우리는 유니콘을 볼 수도 없고, 소리를 들을 수도 없고, 만질 수도 없어. 유니콘의 존재에 대한 유일한 증거는 여러 세대에 걸쳐 전해져 내려오는 책의 내용이 전부야. 이러한 상황에서 너는 유니콘이 존재하지 않는다는 것을 증명할 방법을 생각해 낼 수 있니?
- 너는 하나님이 위에서 말한 보이지 않는 유니콘과 같다고 생각하니? 왜 그렇다고 생각하니? 혹은 왜 그렇지 않다고 생각하니?

대화 진행하기

- 어떤 사람들은 과학이 하나님의 존재를 증명하거나 반증할 수 있다고 이야기하지만, 우리는 먼저 그들이 사용하는 하나님이라는 단어가 적절한지 확인해야 해. 그래서 그들이 말하는 '과학'이라는 단어와 '하나님'이라는 단어의 의미를 바르게 이해해야만 한단다. 너는 이 두 단어를 어떻게 정의할 수 있겠니? (자녀의 대답을 들은 후, 이 장에서 다뤘던 하나님이라는 단어에 대한 두 가지 의미를 설명

해 준다. 과학은 우리에게 하나님의 존재에 대해 어느 정도 확신을 줄 수 있지만, 결코 절대적인 증거 혹은 반증을 주지는 못함을 설명하라.)
- 대부분의 무신론자들은 신이 세상을 창조한 초자연적인 어떠한 존재를 의미하는 것이라면, 과학이 신의 존재에 대해 우리에게 아무 것도 말해 줄 수 없다는 것에 동의하고 있어. 왜 그들조차 이러한 내용에 동의한다고 생각하니? (자연에 대한 연구로서 과학의 정의를 다시 살펴보고, 과학은 자연의 영역을 넘어선 존재에 대한 개념을 다루지 않는다는 것을 설명하라.)
- 만일 과학이 신의 존재를 부정한다고 사람들이 말한다면, 그것은 바로 과학적인 증거들이 종교의 신념에 반한다고 믿는 경우지. 예를 들어, 과학적 증거가 성경이 말하는 것과 모순된다고 믿는 거야. 성경의 사건 중에서 과학이 설명해 줄 수 있는 것은 무엇이며, 또한 과학이 설명할 수 없는 것은 무엇일까? (전자의 좋은 예는 고고학적으로 증명할 수 있는 역사적 사건이다. 후자의 좋은 예는 예수님의 부활사건이다. 예수님의 부활사건은 기적의 영역이다. 만일 하나님이 정말 존재하신다면, 이것은 과학의 영역으로 증명하거나 반증할 수 없다.)

대화 적용하기

- 만일 웹사이트에서 한 사람이 "나는 과학이 하나님의 존재를 부정할 수 있는 능력이 있다고 믿는다. 나의 이모는 현재 대학에서 인류학 수업을 듣고 있으며, 그 수업은 성경의 내용이 거짓임을 증명하고 있다."[8]고 말한다면, 이 사람이 말하는 '하나님'이라는 단어는 어떤 의미로 사용되고 있을까? 이 사람에게 너는 어떤 말을 해 주고 싶니?

8

과학과 종교는 서로 모순될까?

많은 엄마들처럼 나 역시 우리 아이들이 먹는 음식에 대해 매우 관심이 많다. 나는 아이들이 몸에 좋은 음식을 먹기 원할 뿐만 아니라, 그들이 먹는 음식의 성분 역시 고려한다.

우리 지역의 한 식료품 가게에는 각 제품마다 "101가지의 인공첨가물과 방부제가 포함되어 있지 않습니다."라는 문구가 적혀 있다. 나는 식품을 살 때 성분 목록을 직접 점검하기 때문에 이 문구에 대해 깊게 생각해 본 적이 없었다. 어느 날 내가 시리얼을 사려고 하자 아들이 매우 진지하게 나에게 물었다. "엄마, 이 시리얼은 101가지의 인공첨가물과 방부제가 포함되어 있지 않다고 적혀 있는데요, 그럼 만약 그 외의 다른 인공첨가물과 방부제가 포함되어 있으면 어떻게 하죠?" 나는 그저 웃고 넘겼지만 아들의 이 진지한 질문은 의미가 있다. 101가지의 나쁜 성분은 없을지라도 훨씬 몸에 좋지 않은 12가지 다른 성분들이 들어 있을 수도 있는 것이다.

이러한 관점에서 볼 때, 우리는 "이웃을 사랑해야 한다."와 같은 논쟁의 여지가 없는 가르침에 초점을 맞춤으로써 불신자(또는 우리 아이들)에게 기독교가 더 매력적으로 보이게 하기 위해 노력한다.[1] 하지만 그러한 시도는 기독교 진리 전체에 충실하지 않을 뿐만 아니라, 회의론자들이 제기하고 있는 문제를 해결할 수 있는 기회도 놓치게 된다.[2] 이러한 관점으로 나는 이 장에서 지구의 나이와 진화라고 하는 과학과 종교 간의 논쟁을 다루고자 한다.

지구의 나이는 수천 년 또는 수십억 년?

오늘날 다수의 과학자들이 추정하는 지구의 나이는 대략 45억 년이다. 이것은 과학적 사실로 널리 받아들여지고 있으며, 천문학, 지질학, 고생물학, 생물학, 고고학 등 여러 연구 분야에서도 동의하고 있다. 그러나 일부 기독교인들은 지구의 나이가 육천 년에서 만 년 정도라고 믿는다. (이는 흔히 '젊은 지구론'이라고 불리며, 이를 믿는 사람들을 '젊은 지구론자'라고 부른다.)[3] 분명히 이 두 견해는 서로 대치된다.

우리가 이러한 대치에 대하여 꼭 알아 두어야 할 두 가지 중요한 사항이 있다. 첫째, 기독교인들 안에서조차 지구의 나이에 대한 견해가 다양하다는 것이다. 사실 하나님께서 세상을 창조하신 시기가 성경에 분명히 제시되어 있지 않기에, 성경의 해석에 따라 그 의견들이 분분하다. 소위 젊은 지구론자들은 지구의 나이를 측정하기 위해서는 성경적 계보 및 역사적 시기에 대한 다양한 성경구절을 조합해야 한다고 믿는다.[4] 반면에, 다른 기독교인들은 창조에 관한 과학자들의 해석은 믿을 만하며, 성경에 대한 해석이 우리에게 지구의 나이를 말해 주지는 않는다고 믿는다.

둘째, 젊은 지구론자들은 그들의 견해에 과학적 증거가 뒷받침되어 있다고 믿는다. "Answers in Genesis", "Institute for Creation Research", "Creation Ministries International"과 같은 단체들은 젊은 지구론을 지지하는 과학연구에 상당한 자원을 투자해 왔으며, 그들은 과학의 중요성을 무시하지 않는다.

간단히 말해서, 주류의 과학적 합의와 젊은 지구론자들의 견해 사이에 갈등이 있는 것이 사실이다. 젊은 지구론자들은 이러한 갈등을 인정하면서도 성경해석이 우선임을 강조한다.

지구의 생명은 하나님의 창조물일까, 진화의 결과물일까?

'진화'라는 단어의 가장 기본적인 의미는 시간이 지남에 따라 한 종의 유전적 변화가 일어난다는 것이다. 그러나 일반적인 진화론에서 말하는 진화는 단순한 종의 유전적 변화만을 말하는 것이 아니라, 지구상의 모든 생명체가 어떻게 하나의 생명체로부터 진화했는지 설명하고자 하는 일련의 명제들에 관한 것이다. 논쟁의 핵심은 바로 약 35억 년 전에 살았던 하나의 원시종이다. 즉, 한 가지 종에서 유전적 변화를 촉진하는 동일한 메커니즘이 실제로 새로운 다른 종을 만들 수 있는가에 대한 질문이다. 더 구체적으로 말하면, 한 가지 종이 지구상의 다른 모든 종을 만들 수 있느냐는 것이다. 이에 대하여 대부분의 생물학자들은 그렇다고 말하며, 그 과정은 하나이고 동일하다고 분석한다.

지구의 나이에 대한 견해와 마찬가지로, 진화론에 대한 기독교인들의 견해는 다양하다. 진화론 자체를 거부하는 젊은 지구론자들은 진화와 진화에 필요한 전제인 지구의 고대시대를 거부하는 반면에, 소위 오래된 지구론자들이라고 불리는 기독교인들은 지구의 고대시대를 받아들인다.[5] 또한 연구조사에 따르면 미국의 기독교인들 중 32%는 하나님의 다스림 안에서 진화가 있어 왔다고 믿는, 이른바 유신론적 진화론을 믿고 있다.[6] 이러한 유신론적 진화론은 일반적으로 이해되어 온 누군가에 의해서 의도되지 않은 과정으로서의 자연주의적 진화론과는 차이가 있다.[7]

기독교인들이 진화론을 거부하는 배경에는 다양한 이유가 있겠지만, 크게 다음의 두 가지 이유가 있다. 첫째, 많은 기독교인들은 성경 자체가 진화론에 대한 여지를 남기지 않는다고 믿고 있다. 그들은 창세기가 하나님께서 인간을 직접 창조하셨다는 것과 더불어 진화 과정에 대한 암시가 나타나 있지 않다는 것을 분명히 한다. 만일 대부분의 진화론자들의 주장처럼 아담과 하와가 역사적 인물이 아니라면, 죄가 언제, 어떻게 세상에 들어왔는지에 대한 중요한 질문에는 답할 수 없게 된다. 또한 죄의 문제가 어떻게 발생했는가에 대한 성경의 명백한 설명이 없다면, 예수님의 해결책에 대한 필요성 역시 줄어들게 된다.[8]

둘째, 많은 기독교인들이 진화론을 거부하는 이유는 충분한 과학적 증거가 없다고 믿기 때문이다.[9] 우리가 갖고 있는 과학적 데이터와 성경을 정확하게 해석한다면, 이 둘은 같은 결론을 내는 것이 맞다. 그러나 만일 이 둘 사이에 갈등이 발생한다면 적어도 하나의 해석은 잘못된 것이다. 그렇기에 우리가 해석하는 성경적인 이해가 과학적 해석과 충돌할 때 이를 두려워해서는 안 된다. 더불어, 이러한 명백한 충돌의 상황에서 과학적 해석의 데이터를 비판적으로 검증하는 과정과 우리의 성경적인 해석에 관한 보다 신중하고 면밀한 연구가 필요하다.[10]

💬 **핵심 포인트**

- 지구의 나이와 진화에 관한 토론은 과학과 종교 간 논쟁의 핵심이다.
- 오늘날 주류 과학자들은 지구의 나이가 45억 년이라고 믿고 있는 반면, 일부 기독교인들은 만 년 미만이라고 믿고 있다. (이것은 젊은 지구론자들이 성경을 우선에 두고 한 해석이다.)
- 진화에 관한 견해는 기독교인들 사이에서도 다양하다. 그러나 진화론을 받아들이는 기독교인들조차도 진화의 배후에 하나님의 개입이 있었는가에 대해서는 무신론적 진화론자들과 근본적으로 전혀 다른 견해를 가진다.
- 과학적 데이터와 성경을 정확하게 해석한다면, 이 둘은 같은 결론을 내는 것이 맞다. 그러나 명백한 갈등이 발생할 경우 적어도 하나의 해석은 잘못된 것이다. 그렇기에 우리는 어떤 해석이 잘못되었는지에 관하여 보다 신중하고 면밀하게 살펴봐야 한다.

💬 **대화 가이드**

대화 시작하기

- 지구의 나이와 진화라고 하는 두 주제는 과학과 종교 사이에서 매우 중요한 논쟁이야. 만일 너의 친구가 지구가 몇 살인지와 진화가 무엇인지 물어본다면, 너는 어떻게 대답할 거니?

대화 진행하기

- 대부분의 과학자들은 과학적 데이터를 근거로 지구의 나이가 45억

년이라고 해석해. 성경은 하나님께서 세상을 창조한 시기를 정확히 말하고 있지 않지만, 어떤 기독교인들은 성경의 내용을 근거로 지구가 육천 년에서 일만 년 정도 되었다고 해석해. 그렇다면 이 두 가지의 해석들 중 하나가 잘못되었거나 둘 다 진실이 아닌 거지. 이러한 상황은 우리에게 무엇을 말해 준다고 생각하니? (과학적 데이터와 성경을 정확하게 해석한다면 이 둘은 같은 결론을 낼 것이기에 서로 충돌하지 않을 것이며, 심지어 기독교인들 안에서도 다양한 해석이 있음을 말해 준다.)

- 왜 많은 기독교인들이 진화론을 믿지 않을까? (이 장에서 제기된 두 가지 주요 이유를 이야기하라.)
- 유신론적 진화론자라고 불리는 일부 기독교인들은 진화론을 받아들이고, 그것이 성경과 충돌하지 않는다고 믿어. 그들은 진화가 하나님의 인도 아래 진행되었다고 믿지. 그렇다면, 이러한 견해는 무신론적 진화론자의 견해와 어떻게 다를까? (무신론적 진화론자들은 진화의 배경에 신의 개입과 의도가 전혀 없다고 믿고 있으며, 지구상의 모든 생명체는 자연적인 과정에 의해 생겨났다고 믿고 있다.)

대화 적용하기

- 한 블로거가 만일 다음과 같이 글을 썼다고 가정해 보자. "나는 많은 기독교인들이 과학을 오해하고 있다고 생각한다. 그들은 과학자들의 무지와 오류를 너무 쉽게, 빨리 지적한다. 그들은 단지 과학을 싫어하는 것 같다."[11] 너는 이 블로거에게 어떤 답글을 써 주고 싶니?

9

과학과 종교는 서로를 보완할 수 있을까?

지구의 나이와 진화에 대한 견해는 과학과 기독교 간의 대표적인 논쟁거리 중 하나이다. 이러한 대립적인 논쟁이 가져오는 큰 문제는 바로 과학과 기독교 간의 보완적이고 상호적인 관계를 미처 보지 못하게 된다는 것이다. 마치 서로 비명을 지르며 싸우는 두 아이에만 너무 집중한 나머지 잘 지내고 있는 많은 아이들을 보지 못하는 것과 같은 상황이다. 사실 과학과 기독교는 여러 가지 중요한 방식으로 서로 아름답게 조화를 이루며 공존하고 있지만, 우리는 너무 '비명을 지르는 아이들'로서의 과학과 기독교의 관계만을 인식하는 경향이 있다. 이러한 상황에서 부모들의 역할이 매우 중요하다. 우리 아이들에게 과학과 기독교의 보완적인 관계에 대하여 큰 그림을 보여 주는 것은 부모인 우리에게 달려 있다.

우리는 이미 1부에서 이러한 방법들 중 일부를 살펴보았다. 예를 들어, 성경은 우주가 시작점을 가지고 있다고 말하며, 과학적 발견 역시 같은 증거를 보여 주고 있음을 보았다(2장 참조). 또한 성경은 하나님이 인간의 생명을 창조하셨다고 말해 주며, 과학적 발견 역시 우주가 우리의 생명을 유지하기 위해 매우 미세하게 조정되어 왔다는 것과 생물체가 매우 복잡한 성질을 가지고 있음을 보여 준다. 이러한 사실들은 하나님이 이 세상을 창조하셨음을 드러내는 증거이다. 이제 과학과 기독교가 어떻게 아름답게 공존하고 있는지에 대한 세 가지 사례를 살펴보자.

우주는 합리적인 명료성을 가지고 있다.

과학의 목표는 대체로 우주의 질서를 발견하는 것이며, 이러한 목표가 성취되기 위해서는 한 가지의 전제가 필요하다. 그것은 바로 자연계를 움직이는 원인을 찾는 것이다. 우리는 이것을 당연한 것으로 생각하지만, 사실은 그렇게 쉬운 문제가 아니다.

    우주는 인간이 이해할 수 있고 논리적이다. 이를 수학자이자 철학자인 존 레녹스(John Lennox)는 '우주의 합리적인 명료성'이라고 불렀다.[1] 이러한 특성 때문에 우리는 과학에 쉽게 접근할 수 있다. 만일 우주가 구조화된 법칙 아래에 있지 않고 그저 혼란스러운 사건들로만 채워져 있다면, 과학은 절망적인 과제가 될 것이다. 그러나 우리가 사는 우주는 혼돈보다는 합리적인 법칙 아래에 있다. 만일 무신론자들의 주장대로 우주가 그저 우연의 결과인 진화론적 산물이라고 할 때, 지금 우리가 경험하는 자연질서와 법칙이 어떻게 만들어졌는지를 설명하기란 매우 어렵다. 그러나 만약 기독교인들이 주장하는 대로 우주가 지혜자의 창조물이라면, 지금 우리가 경험하는 우주의 합리적인 법칙과 명료성을 이해하기 쉽다. 그것은 창조자의 지혜와 합리성이 반영된 것이다.

물리학자인 폴 데이비스(Paul Davies)는 템플턴상을 받을 때 다음과 같은 말을 했다.

"지난 삼백 년 동안 과학의 영역에서 신학적 차원은 점점 줄어들어 왔다. 사람들은 물리적 세계가 질서 정연하고 이해하기 쉽다고 생각했으며, 자연의 근본적인 질서인 물리학의 법칙은 너무나 당연하게 받아들여져 왔다. 그러나 우리가 생각해야 할 것은 아무도 그것들이 어디서 왔는지 묻지 않았다는 것이다. 무신론자 과학자조차도 우주에는 합리적인 질서가 있다는 것을 받아들이는 상황에서 우리가 인정해야 할 것은 자연 법칙에 대한 합리적인 근거가 존재한다는 것이다. 따라서 과학이 앞으로 계속 진행되려면 근본적으로 신학적인 세계관을 피할 수 없다."[2]

요약하자면, 무신론이 그동안 인정하지 않았던 신학적인 세계관으로 우주의 합리적인 명료성을 설명하고 있다는 것이다. 이러한 접근은 과학과 기독교가 서로를 어떻게 보완하는지 보여 주는 좋은 예이다.

인간의 이성은 신뢰할 만하다.

방금 보았듯이 과학의 근거는 질서 정연한 우주의 존재이다. 더불어 과학자들이 과학을 연구할 수 있는 또 다른 근거는 인간에게는 대상을 이성적으로 추론할 수 있는 능력이 있다는 것이다. 우리는 이 능력을 당연한 것으로 여겨 왔지만, 이것 역시 당연하게 접근해서는 안 된다.

무신론자들은 우리의 정신적 사고 과정이 수십억 년에 걸친 진화의 산물인 뇌에서 움직이는 원자에 의해 결정된다고 믿는다. 그러나 그것이 사실이라면, 우리의 믿음 역시 단순한 물리적 결과일 뿐이다. 철학자 토마스 나겔(Thomas Nagel)과 같은 일부 무신론자들도 이러한 견해에 동의할 수 없음을 인정했다. 그는 "진화론적 자연주의는 인간이 갖고 있는 능력에 대하여 합당한 설명을 제공하지 못하고 있으며, 심지어 스스로를 약화시키고 있다."[3]고 말했다. 그러나 우리는 이미 우리의 추론의 근거가 원자의 물리적인 작동만은 아니라는 것을 알고 있다. 그리고 이러한 우리의 접근은 인간이 하나님의 형상으로 만들어졌다고 주장하는 기독교적 세계관과 일치한다. 비록 신학자들이 하나님의 형상이 무엇을 포함하고 있는가에 대하여 서로 다양하게 논쟁하지만, 하나님의 형상이라는 의미 안에 인간이 갖고 있는 이성과 합리적 사고가 포함된다는 것에는 거의 이견이 없다. 이 능력은 무엇보다도 우리와 창조주이신 하나님과의 관계를 설명하는 데 매우 중요한 개념이다.

기독교 변증가이자 작가인 프랭크 투렉(Frank Turek)은 자신의 저서 *"Stealing from God : Why Atheists Need God to Make Their Case?"* (하나님으로부터 훔치기 : 무신론자들은 왜 그들의 논리를 위해서 하나님이 필요한가?)에서 다음과 같이 말한다.

"우리가 하나님에 대하여 열린 마음을 가지고 있다면, 우리는 우리의 마음이 작동하는 원리와 힘이 바로 위대하신 하나님에 의해 만들어졌음을 알 수 있다. 즉, 우리가 진리를 이해할 수 있고, 현실에 대하여 추론할 수 있는 것은 우리의 마음이 바로 진리와 이성과 현실의 근원이신 하나님에 의해 만들어졌기 때문이다. 우리의 마음은 하나님과 그의 창조세계를 알아 가기 위해서 디자인되었다."[4]

이는 무신론적 관점에서 그동안 접근하지 않았던 유신론적인 세계를 이해하는 방식이다. 이것은 과학과 기독교가 어떻게 상호 보완적인지를 보여 주는 또 하나의 예가 된다. 기독교의 세계관에서는 과학자들의 이성과 능력 역시 인간이 가지고 있는 지혜와 이성의 근원 되시는 하나님에게서 나온다고 본다.

과학과 성경은 서로 보완해 주는 지식의 근원이다.

어느 날, 나는 나의 딸이 녹색 펜으로 오른손에 단어를 쓰는 것을 보았다. 자신의 엄지손가락 위에 '죽음'이라는 단어를 쓴 것을 보고 나는 딸에게 물었다. "왜 너의 손가락은 '죽음'이라고 말하고 있니?" 그러자 딸은 "내가 거기에 그렇게 썼으니까요."라고 대답했다. 엄밀히 말하자면, 딸의 대답은 기술적으로 정확했다. 단지, 딸이 대답한 영역과 내가 물어본 영역이 달랐을 뿐이었다. 나는 손가락에 '죽음'이라는 단어를 쓴 이유에 대하여 물었고, 딸은 거기에 글씨가 적힌 과정에 대하여 답하고 있었다.

과학과 기독교 사이의 대화에는 이와 유사한 일들이 일어난다. 과학은 하나님께서 성경을 통해서 우리에게 말씀해 주신 것보다 더 자세히 우주의 역학에 대하여 설명한다. 이와 같이 과학은 하나님께서 창조하신 세계에 대한 지식을 보완해 준다. 그러나 과학은 우주의 궁극적인 의미나 목적에 관해서는 아무것도 말할 수 없다. 그 질문에 답하기 위해서 우리에게 필요한 것은 그것을 창조하신 분의 조언이다. 이러한 방법으로 성경은 과학을 보완한다.

물론, 과학과 성경의 영역 사이에 항상 명확한 선이 존재하는 것은 아니다. 예를 들어, 성경은 고고학적 과학으로 조사하고 연구할 수 있는 역사적인 주장을 포함하고 있다. 그러나 이미 말했듯이, 과학과 성경은 서로 다른 영역의 질문을 통하여 상호 보완될 수 있는 관계를 갖는다.

💬 핵심 포인트

- 과학과 종교 사이의 갈등이 대중 담론에서 열띤 주목을 받기는 하지만, 사실 과학과 종교는 각자가 가지고 있는 영역을 통하여 서로를 보완해 준다.
- 우리는 이미 제1부에서 이와 관련된 몇 가지 예를 보았으나, 이 장에서는 과학과 종교의 관계에 대한 사례로서 우주의 합리적인 명료성, 인간 이성의 신뢰성, 서로를 보완해 주는 지식의 근원으로서의 과학과 종교를 살펴보았다.
- '우주의 합리적인 명료성'이란 우주는 인간이 이해할 수 있고 논리적인 존재여서 인간으로 하여금 과학을 연구할 수 있게 해 준다는 특성을 말한다.
- 과학자들이 과학을 연구할 수 있는 근거는 인간에게는 대상을 이성적으로 추론할 수 있는 능력이 있기 때문이다.
- 과학과 성경은 서로를 보완해 주는 지식의 근원이다. 왜냐하면 어떤 질문들은 과학 또는 성경만으로 대답할 수 있는 범위를 벗어나기 때문이다.

💬 대화 가이드

대화 시작하기

- 누군가가 너에게 "과학과 종교는 서로를 보완해 주고 있다고 생각하니?"라고 묻는다면, 대답하기 전에 명확하게 해야 할 부분은 무엇일까? (여러 종교가 진리에 대해 서로 다른 주장을 하기 때문에, 어떤 종교를 말하는지 알아야 한다.)

대화 진행하기

- 야구공이 땅에 떨어지는 데 걸리는 시간을 전혀 예측할 수 없는 세상을 상상해 보자. 중력의 법칙이 없기에 때로는 순식간에 떨어지기도 하고, 때로는 수십 분이 걸리고, 때로는 한 시간 이상이 걸릴 수도 있겠지. 만일 우리가 이렇게 기초적인 법칙이 없는 세상에서 살고 있다면 우리는 과학을 연구하기 쉬울까, 어려울까? 왜 그렇다고 생각하니? (우리가 과학을 연구할 수 있는 이유는 세상이 이해할 수 있고 논리적으로 추론할 만하기 때문임을 상기시켜 준다.)
- 성경은 하나님께서 인간을 자신의 형상대로 창조하셨다고 말해(창 1:27). 하나님의 형상이라는 의미 안에는 인간이 가지고 있는 이성과 합리적 사고가 포함되어 있어. 인간의 이성적 사고와 과학은 서로 어떤 관계라고 생각하니?
- 우리는 과학적 발견으로부터 성경이 다루지 않는 어떤 종류의 정보를 얻을 수 있니? 또한 우리는 성경으로부터 과학적 발견에서는 결코 배울 수 없는 어떤 종류의 정보를 얻을 수 있니? (과학과 성경이 서로 보완해 주는 지식의 근원이며, 각각 한계가 있다는 것에 대해 토론하라. 또한 중복되는 영역도 있음을 설명하라.)

대화 적용하기

- 누군가 온라인에 다음과 같은 글을 남겼다고 가정하자. "과학은 답을 찾기 위해서 종교에 의지할 필요가 없다. 우리는 아직 납득할 만한 답을 발견하지 못했을 뿐이다. 오늘도 과학자들은 과학을 통하여 그 답을 찾고 있다."[5] 너는 이 사람에게 어떤 말을 해 주고 싶니?

10

하나님은 과학이 알지 못하는 것을 설명하기 위해 만들어진 개념일까?

나는 외동딸로 태어났으며, 나의 엄마도 외동딸이고, 나의 아버지도 외동아들이다. 그래서 우리집은 형제, 삼촌, 이모가 없었다. 이런 단출한 가족 구성원 속에서 자란 나에게 세 자녀를 키운다는 것은 매우 당황스런 일들의 연속이었다. (물론 나의 자녀들이 많은 형제들 속에서 자라나는 기쁨도 있지만) 우리집의 상황은 결코 만만치 않았다.

자라면서 첫째 아이는 둘째 아이에게 불만과 불평이 많았다. 첫째 아이가 자신의 양말을 찾지 못하는 경우, 둘째 아이가 그 양말을 어딘가에 숨겨 놓았기 때문이었다.

"사탕박스 안에서 사탕이 없어졌다고? 둘째가 먹었나 봐."

"그림에 낙서가 생겼다고? 둘째가 그랬나 봐."

오랫동안 거실에 세워져 있던 첫째 아이의 레고가 부서진 경우, 말할 것도 없이 둘째 아이가 그랬을 것이다. 그럼에도 불구하고, 첫째 아이의 불평을 그대로 받아들일 수는 없었다. 왜냐하면 사건을 자세히 살펴보기 전에는 확실하지 않기 때문이다. 즉, 어디까지가 실제로 둘째 아이가 한 일이며, 어디부터가 둘째 아이가 했을 거라고 추측하는 것인지 그 둘을 정확히 살펴보아야 한다.

나는 무신론 회의론자들과 기독교인들 사이의 논쟁이 이와 유사하다고 본다. 무신론 회의론자들은 기독교인들이 과학적으로 설명되지 않는 부분을 모두 '하나님'이라는 단어를 통하여 억지로 설명하려 하고 있다고 말한다. 그들 중 일부는, 고대인들이 자연현상을 설명하기 위해 만든 '틈새 추론을 위한 신'이라는 개념을 비유로 사용한다. 그들은 기독교인들이 자연현상에 대하여 너무나도 성급히 하나님을 대안으로 설명하고 있다고 비난한다. 그러나 이 둘은 매우 다른 경우이며, 어떤 부분들이 근본적으로 다른지 이해하는 것이 중요하다.

이슈 1. 설명이 필요했기 때문에 하나님이 만들어졌을까?

무신론자 댄 바커(Dan Barker)는 플로리다 대학교에서 "하나님이 인간의 추론을 설명하기 위하여 만들어진 개념인가?"에 대해 다음과 같이 말했다.

> "천둥을 일으키는 원인이 무엇인지 알지 못했을 때, 인간은 하늘 어디엔가 천둥의 신이 있을 것이라고 생각했다. 하지만 과학적으로 전기에 대하여 알게 된 이후에는 이제 더 이상 천둥의 신이 필요하지 않게 되었기에 우리는 그 신의 존재를 지워 버렸다. 이와 같은 방식으로 우리는 과학을 통하여 세상을 더 알아 가며 많은 신을 지워 버리고 있다. 우리는 바로 신

이 사라지는 틈새에 살고 있는 것이다. 그리고 그 틈은 과학을 통하여 점점 좁아지고 있다."[1]

역사를 통하여 볼 때 사람들은 자연현상에 대한 설명이 필요했기 때문에 많은 신의 존재를 만들어 낸 것이 사실이다. 예를 들면, 고대 그리스인들은 번개가 실제로는 대규모의 정전기라는 것을 알지 못하고, 제우스 신의 무기라고 믿었다. 뉴질랜드의 마오리족 사람들은 지구 내부의 지각판이 움직이면서 지진이 일어난다는 사실을 알지 못하고, 루아모코 신이 걸어 다닐 때 지진이 일어난다고 믿었다. 많은 문화권에서는 임신이 다산의 여신이 주는 기쁨의 결과라고 믿었다. 즉, 과학적 설명이 가능해지기 전에는 자연현상을 설명하기 위해 사람들의 마음속에 신들이 존재했다는 것이다.

그러나 여기서 말하는 신과 기독교에서의 하나님은 전혀 다르다. 바커와 같은 무신론자들은 기독교의 하나님을 인간이 만들어 낸 신과 같은 수준으로 떨어뜨려서, 기독교의 하나님도 인간이 만들어 낸 존재라고 선언했다. 이 주장은 하나님이 자연현상을 설명하기 위해 인간이 만들어 낸 신이라고 가정하지만, 성경은 이것이 사실이 아니라고 말한다. 성경의 기자들은 인간이 하나님을 믿게 되었던 원인을 하나님께서 먼저 인간들에게 나타나셨고, 언약을 맺어 주셨으며, 그들의 지도자를 인도하셨고, 하나님이 누구신지 알려 주고자 많은 기적을 행하셨음을 들어 설명한다. 그렇기에 성경은 없던 일들을 가정하여 적은 것이 아니라 기본적으로 인간의 역사 안에 있었던 실제 사건으로서 기술되었다. 그러므로 사람들이 단지 자연현상에 대한 설명이 필요했기 때문에 하나님을 믿는다는 주장은 적절하지 않다. 이 모든 사실을 감안할 때, 인간이 어떠한 추론을 설명하기 위하여 기독교의 하나님을 만들어 냈다고 말하는 것은 매우 큰 오류이다.

이슈 2. 하나님의 직접적인 개입 없이는 자연현상을 설명할 수 없다고 가정하는 것은 너무 성급한 생각인가?

저명한 수학자이자 물리학자인 아이작 뉴턴(Isaac Newton)은 과학에 대한 우리의 이해를 바꿔 놓은 몇 가지 법칙과 이론을 발견했다. 이러한 법칙이 우주의 행성운동을 설명하고 있기에 설명대로라면 하나님의 직접 개입이 필요없다. 하지만 뉴턴도 자연현상을 설명하는 데 있어 하나님의 직접적인 개입 없이는 설명하기 어려운 부분이 있다고 가정했다.

우리가 먼저 분명히 해야 하는 것은 여기서 언급하는 하나님은 첫 번째 이슈에서 다루었던, 자연현상에 대한 설명을 위하여 억지로 만들어진 신의 개념과 다른 존재라는 것이다. 뉴턴은 행성운동을 설명하기 위하여 억지로 만들어 낸 존재로서의 신이 아니라, 세상을 창조하시고 그 세상과 상호작용하여 세상을 조화롭게 운행하시는 하나님을 믿고 있었다. 자연세계를 과학적으로 설명할 수 있다고 해서 그것이 하나님의 존재를 의심할 만한 합당한 이유가 될 수는 없다. 단지, 무신론 회의론자들이 제기한 의미 있는 질문은 하나님의 직접적인 개입이 주어진 자연현상에 대해 과연 합당한 설명인지 아닌지에 대한 것이다.

이러한 관점에서 자연현상에 하나님이 직접적으로 개입했는지에 관한 설명이 합당한지, 그렇지 않은지 일반화시키는 것은 위험하며, 각 사례별로 평가되는 것이 보다 합당하다. 그러므로 이러한 기준을 생각해 보기 위해서 제1부에서 다루었던 하나님의 직접적인 개입에 관한 논의를 다시금 간략하게 상기해 보자.

하나님의 존재에 대한 세 가지 증거를 다시 생각해 볼까?

만일 기독교인들이 자연현상을 설명해 내기 위해서 '틈새 추론을 위한 신' 개념의 하나님을 가져왔다면, 아마도 제1부에서 다루었던 내용은 다음과 같이 들렸을 것이다.

- 우리는 우주가 어디서 왔는지 모른다. 그러므로 하나님이 우주를 창조하셨을 것이다.
- 우리는 생명이 어디서 왔는지 알지 못한다. 그러므로 하나님이 이 세상에 생명체가 존재하도록 하셨을 것이다.
- 우리는 인간의 타고난 도덕적 이해를 충분히 설명할 수 없다. 그러므로 하나님이 우리에게 그것을 주셨을 것이다.

즉, 그럴 경우 위와 같은 추론은 큰 문제가 된다. 왜냐하면, 우리의 지식이 갖는 한계를 논리적 근거 없이 모두 하나님의 존재와 활동으로 추측했기 때문이다. 이러한 접근은 매우 큰 오해를 일으킬 수 있다.

- 우주의 기원에 대하여 : 2장에서 우리는 첫째, 우주에 시작점이 있다는 것, 둘째, 존재하기 시작하는 모든 것이 원인을 가지고 있다는 것, 셋째, 그 원인자가 되시는 분은 시간을 초월하시고, 초물질적이시고, 초공간적이시며, 강력한 능력을 가지신 분이어야 한다는 것을 논의했다. 이러한 논의는 우리가 모르는 것에 대한 추론이 아니라, 우리가 알고 있는 것을 근거로 한 추론이다.
- 생명의 기원에 대하여 : 3장에서 우리는 우주의 미세조정과 생명체가 어떻게 생명을 유지하며 살아가는지에 대한 복잡한 원리를 다루며, 이러한 과정은 외부적인 개입과 인도 없이 우연히 일어나기는 매우 어렵

다는 것을 살펴보았다. 따라서 이것이 가능하기 위해서는 우주와 생명의 존재 수준을 뛰어넘는 지혜자의 의도적인 개입이 필요함을 확인했다. 이는 우리가 알고 있는 것에 근거한 추론이지, 우리가 모르는 것에 대한 추론이 아니다.

- 인간의 도덕적 이해에 대하여 : 4장에서 우리는 인간 안에는 옳고 그름에 대한 보편적인 도덕성이 있음을 확인하였고, 이러한 내재적인 도덕법이 인간 안에 존재한다는 것은 그 법칙을 만드신 하나님이 존재하시기 때문이라고 추론하는 것이 합당함을 다루었다. 이것 역시 우리가 알고 있는 것에 근거한 추론이며, 우리가 모르는 것에 대한 추론은 아니다.

위의 각각의 경우에 초자연적인 지혜자로서의 하나님은 우리가 가지고 있는 정보에 대한 최선의 설명이지, 우리가 가지고 있지 않은 정보를 바탕으로 한 맹목적인 추측이 아니다. 그러므로 기독교가 인간이 설명할 수 없는 모든 틈새를 하나님으로 억지로 채우려 한다고 비판하는 것은 매우 부당하다.

💬 핵심 포인트

- 역사를 통하여 우리는 사람들이 자연현상을 설명하기 위해 많은 신을 만들어 냈음을 확인했다(틈새 추론을 위한 신). 그러나 이러한 경우 각각의 신은 합당한 근거가 없었으며, 과학적으로 타당한 설명도 없었다.
- 기독교의 하나님이 자연현상을 설명하기 위해서 만들어진 신이라고 주장하는 것은 억지이다. 왜냐하면, 기독교의 하나님은 결코 과

학의 대안적인 존재로 만들어진 분이 아니시기 때문이다.
- 틈새 추론을 위한 신으로서 기독교의 하나님을 이해하는 무신론자들은 "하나님의 직접적인 개입이 주어진 자연현상에 대해 과연 합당한 설명인가?"라는 질문을 한다. 이에 대해서는 사례별로 평가되어야 한다.
- 제1부에서 제시된 증거가 바로 하나님의 직접적인 개입의 대표적인 사례가 된다. 이러한 경우 우리의 추론은 우리가 가지고 있지 않은 정보를 바탕으로 하는 무모한 추론이 아니라, 우리가 알고 있는 것을 바탕으로 한 합리적인 추론이다.

💬 대화 가이드

대화 시작하기
- 고대 그리스인들은 번개가 제우스 신의 무기라고 믿었어. 왜 그들이 그러한 결론을 내렸다고 생각하니? (사람들은 과학적인 설명이 어려울 때 신들의 존재와 활동을 가설로 세워 왔음을 설명해 주고, '틈새 추론'이라는 용어를 알기 쉽게 소개하라.)

대화 진행하기
- 성경에 따르면, 인간이 하나님을 믿었던 이유는 무엇일까? (필요한 경우, 이 장에서 언급한 몇 가지 예를 제시하라.) 기독교인들이 하나님을 믿는 것과 고대 사람들이 제우스와 같은 신을 믿었던 것에는 어떠한 차이가 있다고 생각하니?
- 만일 과학자들이 자연세계에 대한 새로운 사실을 더 발견한다면, 그러한 사실이 하나님의 존재를 더 의심하게 만든다고 생각하니?

그 이유는 무엇이니?
- 때때로 사람들이 '틈새 추론을 위한 신'의 개념으로 기독교의 하나님을 언급하고 도전할 때, 그들은 사실 다른 종류의 이야기를 하고 있는 경우가 많아. (앞에서 언급한 뉴턴이 과학적 법칙을 발견한 것과 그가 여전히 하나님이 자연의 법칙을 통하여 행성을 운행하고 계신다고 믿는 것은 서로 다른 종류의 이야기이다.) 왜 이런 식의 추론이 좋지 않다고 생각하니?
- 때때로 사람들은 우리가 제1부에서 언급하였던 하나님의 존재에 대한 증거가 '틈새 추론을 위한 신'과 비슷한 예라고 말하기도 해. 예를 들어, 그들은 기독교인들이 "우주가 어디서 왔는지 알지 못합니다. 그러므로 신이 그것을 창조했을 것입니다."라고 말한다고 생각해. 너는 이 말에 동의하니? 그 이유는 무엇이니?

대화 적용하기

- 만일 웹사이트에서 한 10대 청소년이 다음과 같은 주장을 했다고 하자. "과학은 검증된 사실을 기반으로 하는 반면에 성경은 단지 과학에 대하여 무지한 고대인이 만들어 낸 설명에 지나지 않는다. …… 종교가 만들어지던 시대에 현대 과학은 거기에 없었다. 종교는 그저 잘 알지 못하는 것을 설명하려고 만들어진 매우 무지한 방법일 뿐이라고 생각한다."[2] 너는 이러한 글에 대하여 어떻게 대답할 수 있겠니?

인간이 하나님을 믿는 이유를
과학이 설명할 수 있을까?

7장에서 우리는 최근에 무신론자 아이들을 위하여 캠프 퀘스트와 같은 자료들과 프로그램들이 개발되고 있음을 언급했다. 마찬가지로 무신론자 아이들에게 왜 사람들은 신을 믿는지, 또 왜 그럴 필요가 없는지 설명하고 소개하는 책의 수요가 증가하고 있다.

이러한 의도를 가진 책 중의 하나가 바로 데이비드 맥아피(David McAfee)와 척 해리슨(Chuck Harrison)의 저서 *Belief Book*(믿음의 책)이다. 이 책은 왜 사람들이 종교를 갖는지에 대해 이렇게 말한다.

"종교는 세상의 많은 사람들이 삶 속에서 이해할 수 없는 한계에 직면했을 때 그들에게 조금 더 마음의 평안을 준다. 종교는 어둔 밤에 방 안에 있는 전등과 같아서 침대 아래나 옷장 속에 있는 괴물이 나오지 못하게 막고 있는 역할을 한다. 또한 신자들에게 안전하다는 것을 느끼게 해 주는 역할을 하기도 한다. 그리고 어떠한 질문에 대한 답을 종교로부터 찾았을 때, 지식이라는 것을 제공해 주기도 한다."[1]

이 책을 통하여 맥아피와 해리슨은 훨씬 더 많은 설명을 하고 있는데, 그 핵심은 사람들에게 있어서 종교는 그저 인간의 집단적 상상의 산물일 뿐이라는 것이다. 수많은 저명한 무신론 철학자들과 과학자들은 지난 몇 년 동안 이러한 생각들을 발전시켜 왔으며, 이제는 이러한 사고가 많은 사람들을 회의론자로 이끌고 있다. 회의론자들은 인간이 하나님을 믿는 과학적 근거로서 인간 자체가 종교적 신념을 형성하려는 성향을 갖고 태어났음을 주장한다. 이 장에서 우리는 이 부분을 함께 살펴보고 그 의미를 평가하고자 한다.

하나님을 믿는 것이 인간 본성의 일부일까?

우리는 아기들은 마치 백지와 같아서 자라면서 백지에 무언가를 담아낸다고 생각하는 경향이 있다. 그러나 과학자들은 아기들 안에 우리가 눈으로 보는 것 이상의 것이 있음을 발견하게 되었다. 아기들은 감각을 통해서 받아들인 정보들을 해석하기도 하고, 그것을 통하여 학습하고 어떠한 신념을 갖게 되기도 한다는 것이다.[2]

인지과학은 인간의 뇌와 마음이 어떻게 작용하는지 연구하는 학문분야이다. 1990년대 초반 과학자들은 왜 인간의 행동과 문화 양식에 종교적인 사고와 행동이 공통적인 특징으로 나타나는지 연구하기 시작했다. 이때 과학자들의 관심은 인간의 종교적인 사고와 행동이 문화와 교육으로부터 어떤 영향을 받는지에 있지 않았고, 인간 안의 종교적 신념 발달에 영향을 줄 수 있는 생물학적 요인이 있는지에 있었다. 이 분야를 종교인지과학이라고 부른다.

종교인지과학에서는 인간 안에 있는 어떤 생물학적 인지과정이 과연 종교적인 신념을 촉진시킬 수 있는지에 대한 질문이 핵심 논쟁거리이다. 이들은 주로 다음의 세 가지 영역, 즉 인간 안에 있는 의도적인 장치, 마음, 그리고 자연세계의 특징에 대하여 논의해 왔다.[3] 대표적인 견해 중 하나는 외부의 움직임이나 소리 등의 감각을 탐지하는 인간의 신체기관들로 인하여 인간이 자연스럽게 세상에는 자연을 움직이는 누군가가 있을 것이라는 신념을 갖게 된다는 연구이다.[4] 또한 아이들은 동물, 식물, 암석, 강 등과 같은 자연계를 보고 경험하는 과정을 통하여 직관적으로 이 세상에는 어떠한 목적을 갖고 자연을 창조한 창조자가 있을 것이라는 신념을 마음에 받아들이게 된다는 연구도 있다.[5]

그러나 기독교인들은 인간이 갖게 되는 종교적인 신념이 단지 인간 안에 있는 신체기관이나 어떠한 화학활동과 같은 생물학적 원인에서 비롯된다는 주장에 매우 불편해한다. 하지만 모든 과학이 종교적 신념에 대하여 이러한 접근을 하는 것은 아니다. 인지과학 분야의 선구자인 저스틴 배럿(Justin Barrett)은 다음과 같이 설명한다.

"인간이 비물질적인 영혼을 다룰 때에도, 여전히 뇌와 신체는 매우 중요한 요소이다. 이 전제를 분명하게 갖고 있을 때에 비로소 인지과학자들과 합당한 대화를 나눌 수 있다. 만일 이러한 부분에 대하여 인정하지 않는다면, 그들은 인간의 마음이나 영혼과 같은 비물질적인 대상의 존재 자체를 거부할 것이다. 과학은 이러한 상황에서는 진행될 수가 없다."[6]

다시 말하자면, 인지과학자들의 입장에서는 우리의 물질적인 신체기관에 대한 연구만큼 우리 안에 있는 비물질적인 영역, 즉 마음에 대한 연구가 같은 선상에서 이루어질 수 있다는 것이다. 이제 본격적으로 인간의 생물학적 요인이 종교적인 신념에 영향을 주는지에 대한 논의들을 살펴보도록 하자. (이것은 기독교인들이 불편해할 수도 있는 주제이다.)

인간에게는 왜 종교적인 신념이 있을까?

진화론을 거부하는 기독교인들에게 이 질문에 대한 답은 매우 분명하다. 그것은 바로 하나님이 인간을 그렇게 창조하셨기 때문이다. 성경에 근거하여 하나님이 우리에게 하나님을 믿는 마음을 주셨다는 것이다. 전도서 3:11에 따르면 하나님이 인간에게 영원을 사모하는 마음을 주셨으며, 로마서 1:20은 하나님의 영원하신 능력과 신성이 하나님이 만드신 만물에 분명히 드러났다고 말한다.

그러나 진화론적 역사를 받아들이는 사람들에게 이 질문은 그렇게 쉽게 답이 나오지 않는다. 그들은 이렇게 다시 질문한다. "어떤 진화 과정이 인간 안에 종교적 신념의 발달을 가져왔을까?", "인간의 진화는 종교적 신념에 어떠한 의미를 갖는가?" 이러한 진화론적 질문에 대해 일반적으로 두 가지 접근이 있다.[7]

첫 번째 접근은 인간 안의 종교적인 신념이 인간의 생존과 번식에 도움이 되는 행동으로 진화적 이점을 제공했기 때문이라고 주장한다. 이것을 연구하는 사람들은 다양한 종류의 진화적 이점을 말하지만, 가장 핵심적인 이점은 종교적인 신념이 사회집단 내의 개인 협력을 유지하는 데 도움이 되었다는 것이다.

두 번째 접근은 종교적인 신념이 인간의 삶에 진화적 이점을 제공하는 부산물로서 발전했다고 주장한다.[8] 즉, 모든 생물학적 감각기관이 생존을 위하여 발전했다고 주장하는 이론이다. 그들은 인간 안에 있는 종교적인 신념이 인간의 지각 능력의 한계를 넘어서는 세상을 경험하면서 초자연적 영역을 감지하기 위해, 즉 더욱 안전하게 생존하기 위해 진화하면서 만들어진 하나의 부산물이라고 주장한다.

과연 우리는 이러한 접근들을 어떻게 바라보아야 하는가? 사실 진화론을 거부하는 기독교인이라도 진화의 기원에 대한 부분을 제외하고는 인지과학자들이 발견해 낸 자료들에서 배울 부분이 있다. 중요한 것은 우리가 그러한 접근에 대하여 가져야 할 바른 분별력이다.

무신론적 세계관을 가진 진화론자들은 이러한 이론들을 근거로 기독교인들의 종교적인 신념이 생물학적인 진화를 증명한다고 해석하지만, 사실 위에서 언급한 이론 자체는 종교적인 신념에 대해서 어떠한 해석도 내리고 있지 않다. 이에 대하여 철학자 마이클 J. 머레이(Michael J. Murray)는 다음과 같이 말한다.

"만일 인지과학에서 말하는 인간의 종교적인 신념에 관한 설명들이 정확하다고 할지라도 우리가 주목해야 하는 것은 그 이론 자체는 인간이 종교적인 신념을 갖게 되는 많은 요인 중에 하나를 보여 줄 뿐이라는 것이다. 그 이론 자체가 인간의 종교적인 신념의 기원에 대한 모든 것을 설명해 주지는 않는다. 진화적 과정으로서의 신체기관과 정신수단에 대한 연구는 결코 인간이 갖고 있는 종교적인 신념을 설명할 수 있는 유일한 통로가 될 수 없다."[9]

다시 말하자면, 인지과학이론에서 말하는 진화론의 정확성에 대한 의문을 제쳐두더라도, 종교적인 신념에 대한 진화적 설명은 무신론자들의 주장을 증명하는 근거가 될 수 없다는 것이다.

핵심 포인트

- 인지과학이론에서는 인간이 태어나면서부터 어떠한 신념에 대하여 인지할 수 있는 능력과 경향성을 갖고 태어났다고 설명한다. 이러한 관점에서 인간이 갖는 종교적인 신념을 연구하는 학문을 종교인지과학이라고 부른다.
- 종교인지과학은 주로 세 가지 영역, 즉 인간 안에 있는 의도적인 장치, 마음, 그리고 자연세계의 특징에 대하여 논의해 왔다.
- 기독교인은 인간 안에 하나님에 대한 믿음을 갖게 하는 생물학적인 요소들이 있다는 과학적 발견에 놀랄 것이 없다. 왜냐하면 성경은 이미 우리에게 믿음은 하나님이 주신 것이라고 말하고 있기 때문이다. (전 3:11, 롬 1:20을 보라.)
- 무신론자들이 인간의 종교적인 신념에 관한 연구의 내용을 자신들의 주장을 뒷받침하는 증거로 사용하려고 하지만, 이러한 설명은 결코 무신론자들의 주장을 증명하는 근거가 될 수 없음을 기억해야 한다.

대화 가이드

대화 시작하기

- 우리 마음이 어떻게 형성되고 작동되는가를 연구하는 과학분야가 있단다. 너는 이러한 연구가 인간이 왜 하나님을 믿게 되었는지를 설명할 수 있다고 생각하니? 그렇지 않다고 생각한다면 그 이유는 무엇이니?

대화 진행하기

- 많은 과학자들의 연구에 따르면, 인간은 부모가 채워 주기를 기다리는 백지와 같은 상태로 태어나지 않았다고 해. 어찌 보면 인간은 이 세상을 살기에 적합한 앱(application)을 미리 설치하고 태어난 존재와 같다고 말할 수 있을지도 몰라. 어떤 연구자들은 인간이 하나님을 믿는 것이 자연스러운 이유가 바로 이러한 앱이 인간 안에 내재되어 있기 때문이라고 말해. 이 말이 사실일까? 너는 어떻게 생각하니? (이 장에서 언급된 성경구절을 읽고, 인간 안에 하나님에 대한 믿음을 갖게 하는 생물학적 요소가 있다는 과학적 발견에 놀라지 말 것을 설명하라.)

- 어떤 사람들은 인간에게 하나님을 믿는 경향이 있는 이유를 설명할 수 있다면, 그것은 곧 하나님이 존재하지 않는다는 것을 의미한다고 주장해. 너는 그들이 왜 그렇게 주장한다고 생각하니? (우리는 과학적으로 무언가를 설명할 수 있다면 그 이상의 무엇은 없다고 가정한다. 이 장에서 제기된 진화론과 관련된 내용을 가지고 자녀와 충분히 대화하라.)

대화 적용하기

- 이 장의 시작 부분에 있는 데이비드 맥아피와 척 해리슨의 "*Belief Book*"(믿음의 책) 인용문을 읽어 보자. "종교는 세상의 많은 사람들이 삶 속에서 이해할 수 없는 한계에 직면했을 때 그들에게 조금 더 마음의 평안을 준다. 종교는 어둔 밤에 방 안에 있는 전등과 같아서 침대 아래나 옷장 속에 있는 괴물이 나오지 못하게 막고 있는 역할을 한다. 또한 신자들에게 안전하다는 것을 느끼게 해 주는 역할을 하기도 한다. 그리고 어떠한 질문에 대한 답을 종교로부터 찾

앉을 때, 지식이라는 것을 제공해 주기도 한다." 이 저자들은 사람들이 하나님을 믿는 이유가 바로 그들에게 평안함을 주기 때문이라고 말해. 너는 이 저자들에게 어떤 말을 해 주고 싶니?

12

과학자들은 하나님을 얼마큼 믿을까?

지난 1998년 National Academy of Sciences(미국에서 가장 뛰어난 과학 단체 중 하나) 회원들 중 93%가 하나님(신)을 믿지 않는다는 연구결과가 나온 일이 있다. 이 결과는 언론의 주목을 끌었으며, 그 이후로 잘 알려진 통계가 되었다.

무신론자이자 신경과학자인 샘 해리스(4장에서 인용되었던 인물)는 과학과 신에 대한 믿음이 본질적으로 상충된다는 주장을 뒷받침하기 위해 이 자료를 사용한 사람들 중 하나이다. 해리스는 다음과 같이 말했다.

"과학자가 되고 나서도 여전히 신을 믿을 수는 있지만, 그들이 신을 믿는 것은 그저 종교를 관리하는 정도로 보인다. 과학적인 사고는 종교적 신앙을 지지하기보다는 회의를 갖게 하는 경향이 있다는 데는 의심의 여지가 없다. 미국 인구를 예로 들면, 대부분의 여론조사는 일반 대중의 약 90%가 신을 믿는다고 보여 주는 반면, National Academy of Sciences에 속한 과학자들의 93%는 신을 믿지 않는다고 말한다."[1)]

우리는 진실이 위와 같은 수치로 결정되는 것이 아님을 알고는 있으나, 우리 사회의 영향력 있는 과학단체 사람들의 대부분이 무신론자라는 통계는 분명 의미 있는 메시지이다. 특히 젊은 세대는 '전문가의 의견'을 신뢰하기 때문에 오늘날 과학자들이 하나님에 대하여 어떻게 믿고 있으며, 이에 대하여 부모로서 어떻게 답해 주어야 하는지는 매우 중요하다.

왜 과학자는 대부분 무신론자일까?

상황에 대한 이해를 넓히기 위해서 1998년도의 통계만이 아니라 다른 연구들을 함께 살펴보도록 하자.

제임스 루바의 연구(1914)와 라슨과 래리의 연구(1996-1998)

1914년 심리학자 제임스 루바(James Leuba)는 최초로 과학자들의 종교적 견해에 관한 연구를 실시했다.[2)] 루바가 미국 과학자 1,000명을 조사한 결과 42%가 신을 믿는 것으로 나타났다.[3)] 그런데 흥미로운 것은 그중에서 좀 더 리더격인 400명을 대상으로 조사하니 신을 믿는 비율이 28%로 떨어졌다.

루바의 연구가 시행된 지 82년 후, 1996년에 조지아 대학의 연구원 에드워드 라슨(Edward Larson)과 래리 위댐(Larry Witham)은 20세기 과학의 발전이 어떻게 과학자들의 종교적 견해를 변화시켰는지 연구하기 위해 동일한 질문으로 루바의 조사를 반복했다. 결과는 놀랍게도 거의 동일했다. 1,000명 중에서 40%는 신을 믿는다고 답한 것이다.[4] 이어 1998년에는 National Academy of Sciences를 조사하였는데, 이들 중 7%만이 신을 믿는다고 응답했다.[5] 앞에서 언급했듯이 이는 과학자들이 하나님을 믿지 않는다는 것을 증명하기 위해 무신론자들이 자주 언급하는 자료이다.

학계 과학자들 사이에서의 종교연구(2005-2008)

2005년부터 2008년까지 라이스 대학의 사회학자 엘라인 하워드 에클룬드(Elaine Howard Ecklund)는 21개의 명문 대학교에 소속되어 있는 약 1,700명의 자연 및 사회과학자를 대상으로 종교와 과학에 대한 그들의 견해를 조사했다. 이 연구의 결과 거의 50%의 과학자가 종교를 갖고 있는 것으로 확인되었고, 그중 20%는 정기적으로 예배에 적극적으로 참여하고 있음이 발견되었다.[6] 또한 에클룬드는 통계 분석을 통하여, 과연 어떤 요인이 그들의 종교적 신념과 행동에 가장 큰 영향을 주었는지 연구했다. 그는 종교적으로 가장 큰 영향을 준 요소가 어린 시절에 가졌던 신앙심임을 확인하였다. 또한 그렇게 신앙인으로 자라난 과학자들 중에는 개신교 교단에 속한 자들이 더 많다는 것도 발견했다. 그리고 그들의 신앙 형성 및 유지에 큰 영향을 주는 요인도 기독교 가정에서 자라난 배경이 큰 역할을 하는 것으로 밝혀졌다.[7]

위와 같은 연구에서 우리가 주목할 만한 것은 그들이 자라난 배경이 신앙 형성에 큰 영향을 미친다는 것이다. 참고적으로, 자연 및 사회과학자들의 경우 진보적인 유대인 가정이나 종교가 없는 가정에서 자라난 사람들이 많음을 우리는 고려해야 한다. 에클룬드는 다음과 같은 결론을 내렸다.

"과학자들의 종교적 신념에 대한 연구의 결과는 자연 및 사회과학자들이 일반 대중들보다는 종교를 적게 가지고 있다는 것을 보여 준다. 그러나 과학자가 되었기 때문에 신앙을 갖고 있지 않다거나 버렸다고 해석하는 것은 옳지 않다. 도리어 그들이 자라난 배경과 환경이 신앙 형성 및 선택에 영향을 주었다고 해석하는 것이 더 합당하다."[8]

다시 말하자면, 에클룬드의 결론은 비종교적인 환경에서 자라난 요인이 과학자들로 하여금 비종교적인 삶을 살도록 인도했을 가능성이 높으며, 과학을 연구함으로써 신앙으로부터 멀어졌다고 말하는 것은 무리가 있다는 것이다.

퓨 리서치 센터의 연구(2009)

2009년에 퓨 리서치 센터(Pew Research Center)는 미국과학진흥협회(12만 명이 넘는 세계 최대 과학연구단체) 회원 2,500명을 대상으로 설문조사를 실시했다.[9] 조사 대상자의 51%는 어떤 형태로든 신의 존재를 믿는다고 대답했다. (51% 중에서 33%는 신을 믿는다고 말했고, 18%는 보편적인 영이나 전지전능한 힘을 믿는다고 대답했다.) 연구자들은 이와 함께 퓨 리서치 센터가 2006년에 일반 대중을 대상으로 진행한 연구에서 발견한 사실들에 주목했다. (95%의 미국인들은 신을 믿는다고 응답했는데, 83%는 신을 믿고, 12%는 보편적인 영이나 전지전능한 힘을 믿는다고 말했다.) 이를 고려해 볼 때, 미국과학진흥협회 회원을 대상으로 한 연구결과는 과학자들이 신을 믿고 있을 확률은 일반 대중의 약 절반 정도라는 것을 보여 준다.

과학 연구의 종교적 이해(2012-2015)

엘라인 하워드 에클룬드는 9,000명 이상의 미국인들을 대상으로 종교와 과학에 대한 인식연구를 했다.[10] 이 표본에는 574명의 과학자들이 포함되었다. 이 연구를 통하여 전체의 56%에 해당하는 일반 대중들이 "신이 실제로 있다는 것을 알고 있고, 나는 그것에 대해 의심하지 않는다."고 말했으나, 과학자들은 36%만이 그렇다고 말하였다.

이 연구결과들이 가지는 의미는 무엇일까?

우리는 위의 연구결과를 통하여 과학자들이 일반 대중보다 하나님(신)을 믿을 확률이 훨씬 낮다는 것을 보았다. 집단 연구에 근거한 합리적인 진술로 보자면, 과학자는 일반 대중보다 하나님을 믿을 확률이 절반 정도 더 낮으며, 그중에서도 저명한 과학자들의 경우, 이보다 현저히 낮다.

우리는 이러한 발견으로부터 다음의 세 가지를 분별해야 한다. 첫째, 통계학에서의 상관관계는 두 변수의 원인과 결과가 될 수 없다는 것이다. 즉, 과학자들이 하나님을 믿는 통계수치가 낮다고 해서 과학자가 되면 하나님을 믿지 않게 된다고 성급하게 답을 내릴 수 없다는 뜻이다. 이런 식으로 생각해 보자. 세계의 어떤 지역에서는 부활절마다 거의 비가 내렸다고 하자. 그렇다고 해서 마치 부활절 때문에 비가 내린다고 단정짓는 것은 합당하지 않다. 만일 과학자가 되어 가는 과정 자체가 하나님을 믿는 신념을 떨어뜨린다고 판단한다면, 과학적 연구와 신앙심 사이에 본질적인 갈등이 있다고 생각할 합당한 이유가 되어 버린다. 또한 에클룬드의 과학자들과 종교 간의 상관관계에 대한 연구결과는 비종교적인 가정에서 자라난 사람들이 과학자가 될 가능성이 더 높다는 통계를 보여 주기도 했다. 즉, 과학적인 연구의 과정 자체가 그들을 종교적인 사람에서 비종교적인 사람으로 인도한다는 것을 의미하지는 않는다.

둘째, 전체 과학자의 93%가 하나님을 믿지 않는다는 통계는 사실이 아니다. 무신론자들이 자주 인용하는 이 통계는 여러 연구자료 중의 하나일 뿐이다. 그것이 대표적인 통계로 간주되어서는 안 되는 몇 가지 이유가 있다. 첫 번째, 다른 연구의 결과와 이 연구의 결과가 일치하지 않는다는 점이다. 이 주제에 관한 다섯 개의 다른 주요 연구들에서는 과학자의 33~50%가 하나님을 믿고 있음을 나타내고 있다.

두 번째, 이 연구가 특정한 조직인 National Academy of Sciences의 회원들에 국한하여 수행되었다는 것이다. 이 자료는 연구에 참여한 자들에 한하여 그들이 왜 하나님을 믿을 가능성이 적은지 추측할 수는 있지만, 이 조직이 결코 더 광범위한 과학계 전체를 대표할 수는 없다. 그러므로 전체 과학자의 93%가 무신론자라고 말하는 것은 매우 부정확하다.

셋째, 하나님을 믿는 것에 있어 어떤 부류의 사람들이 믿느냐 하는 것은 근본적으로 중요한 것이 아니다. 우리는 기독교의 진리에 대한 도전으로 과학과 신앙의 관계를 탐구해야 할 필요가 있지만, 궁극적으로 볼 때 누가 종교적인 신념을 가지고 있는지가 중요한 것이 아니라, 어떠한 진리와 실체를 믿고 있는지가 중요하다. 엄밀히 말하자면, 과학자들이 다른 사람들보다 하나님의 존재와 실체에 대하여 더 전문적인 지식을 가지고 있는 것은 아니다.

핵심 포인트

- 회의론자들은 전체 과학자의 93%가 하나님을 믿지 않는다고 주장하지만, 이 통계는 잘못된 것이다. 그것은 National Academy of Sciences의 회원이라는 특정 과학자 집단을 대상으로 하여 나온 결과이다.
- 본문에서 제시한 다섯 개의 다른 주요 연구들은 과학자의 33~50%가 하나님을 믿고 있음을 보여 준다.
- 회의론자들보다는 과학자들이 신앙을 가질 확률이 높지만, 여전히 일반인들보다는 과학자들이 신앙을 갖고 있는 확률이 낮다. 하지만 이것이 과학자라는 직업의 특징 때문에 그들이 비종교인이 된다는 것을 의미하지는 않는다.
- 종교적인 신념은 누가 그것을 가지고 있는지가 중요한 것이 아니라, 어떠한 진리와 실체를 믿고 있는지가 중요하다. 또한 과학자들이 다른 사람들보다 하나님의 존재와 실체에 대하여 더 전문적인 지식을 가지고 있는 것은 아니다.

대화 가이드

대화 시작하기

- 만일 너의 친구가 "과학자들이 하나님을 믿지 않기 때문에 나도 하나님을 믿지 않아."라고 말한다면, 어떻게 말해 줄 수 있겠니? (친구가 말하는 내용의 근거는 무엇이고, 친구가 말하는 과학자는 어떤 과학자들인지 확인하라. 그리고 만일 친구가 신뢰할 만한 근거를 제시한다면, 과학자들이 하나님을 믿지 않는다는 사실이 왜 하나님은 존재하지 않는다는 것을 의미한다고 생각하는지 질문하고 대답할 수 있도록 도와줘라.)

대화 진행하기

- 몇몇의 연구결과는 과학자들이 일반인들보다 종교적인 신념을 갖고 있을 확률이 낮다고 말해 주고 있어. 이것이 무엇을 의미한다고 생각하니? (자녀의 연령 수준을 고려해서 대화를 이끌라.)
- 일부 무신론자들은 이러한 연구결과를 이용하여 과학자가 되면 하나님의 존재를 믿지 않게 된다고 말해. 이러한 말에 대하여 너는 어떻게 대답하겠니? (비종교적인 환경에서 자라난 요인이 과학자들로 하여금 비종교적인 삶으로 인도했을 가능성이 높다는 연구가 있음을 알려 주고, 과학자들과 신에 대한 믿음의 상관관계가 인과관계가 될 수 없다는 것을 이야기하라.)
- 만일 많은 과학자들이 하나님을 믿지 않는다면, 그것이 하나님의 존재에 대한 너의 믿음과 신념에 영향을 줄 것 같니? 그렇지 않다면 그 이유는 무엇이니? (진리는 특정한 사람들이 믿는 것에 근거하여 결정되어서는 안 됨을 설명하라. 이것이 기독교 진리를 설명하기 위해 객관적인 증거를 배우는 것이 중요한 이유이다.)

대화 적용하기

- 한 여성이 온라인에서 다음과 같은 질문을 던졌어. "전체 과학자의 93%는 무신론자이거나 불가지론자이다. 신앙을 갖고 있는 사람들은 이 통계에 대하여 어떻게 설명할 것인가? 나는 무신론자로서 사람들이 신앙을 가지려는 원인에 대하여 연구하고 있다."[11] 너는 이 여성이 왜 이러한 질문을 한다고 생각하니? 또한 이 질문에 어떻게 대답해 주고 싶니?

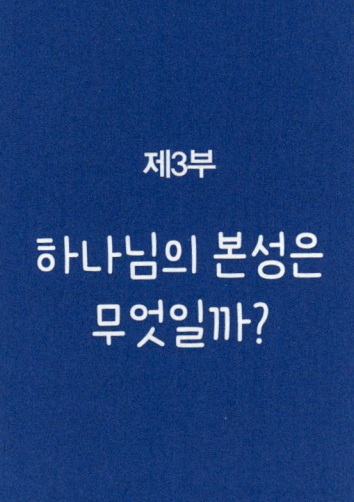

제3부

하나님의 본성은
무엇일까?

지난 2016년 미국 대통령 선거는 여러 면에서 주목할 만했다. 하지만 후보들에 대한 온라인 기사의 대부분이 다른 후보에 대한 비판적인 질문과 내용을 다루고 있어서 대통령 후보에 관한 뉴스는 점점 나의 관심사에서 멀어지고 있었다. 그러던 어느 날, 대통령 후보에 관한 충격적인 기사 하나를 보았다. 그 기사의 내용이 사실이라면 그 후보자의 선거운동은 치명적 타격을 입을 만한 내용이었다. 나는 왜 이러한 이야기가 많은 사람들의 입에서 오르내리지 않는지 궁금하여 인터넷 검색을 했는데, 그제서야 그 기사가 사람들이 선거에 영향을 끼치려고 거짓 이야기를 만드는 '가짜 뉴스' 웹사이트에 게시된 것을 알게 되었다.

아마 당신도 그 글이 게시된 웹사이트가 가짜 뉴스 웹사이트라는 것을 단번에 알기 어려웠을 것이다. 왜냐하면, 그 웹사이트의 홈페이지에는 지역, 세계 및 스포츠 뉴스, 일기예보 등의 섹션이 있었기 때문이다. 그러나 가짜 뉴스 외의 다른 부분을 클릭하면 모두 빈 페이지로 나왔다.

실제로 선거 후에 많은 사람들이 이 같은 가짜 뉴스 사이트가 선거 결과에 얼마나 영향을 주는지 궁금해했다. 많은 사람들이 이러한 잘못된 정보에 근거하여 후보자에게 찬성표를 던지거나 반대표를 던졌을 가능성이 충분히 있다는 우려였다. 이것이 바로 미디어 포화시대의 아킬레스건이다. 정보가 많다는 것은 그만큼의 분별과 검증이 필요함을 뜻하지만, 우리에게 전달되는 모든 정보를 합당하고 비판적으로 평가할 시간이 충분하지 않은 것이 현실이다. 그리고 우리 역시 미디어를 통하여 받아들인 자료를 근거로 우리의 견해를 형성할 수밖에 없다.

불행히도, 이러한 방식은 오늘날 우리 아이들이 종교적인 신념을 형성하는 방식에 그대로 적용되고 있다. 지금 이 시대의 아이들은 하나님에 대하여 수집된 잘못된 정보를 기반으로, 하나님을 받아들이거나 거부할 위험에 노출되어 있다. 그들이 접하는 잘못된 정보의 대부분은 가짜 뉴스 웹사이트와 같이 일반적인 자료들과 함께 교묘히 포장되어 있어서 매우 신뢰할 만한 내용으로 보이기도 한다. 그렇기에 우리가 아이들에게 하나님이 어떤 분인지에 대하여 성경적으로 정확하게 이해시키지 않으면, 아이들은 그럴듯하게 보이지만 매우 위험한 거짓 정보를 쉽게 접하고 받아들일 수 있다.

혹시 이러한 잘못된 정보에 의해서 하나님을 받아들이더라도 아무런 문제가 없을 거라고 생각하는가? 단언컨대, 절대 그렇지 않다. 하나님에 관해서 성경에서 말하고 있는 것과 일치하지 않는 개념을 갖게 된다면, 장기적으로 그들의 영적 발달에 치명적인 해를 줄 수 있다. 예를 들어 한 젊은이가 온라인으로 친구와 대화를 하면서, "나는 보수적인 기독교인이야. 하지만 나는 하나님은 모든 인간이 행복하기를 바라시기 때문에 다른 사람들의 죄에 대하여 언급하거나 판단하는 것을 원하지 않으신다고 생각해. 그렇기에 우리가 할 일은 서로 사랑하는 것이고, 죄에 대하여 언급하거나 지적하는 것은 우리의 일이 아니라고 생각해."라고 말한다면 어떨까?[1] 나는 이러한 자기중심적 주관에 근거한 하나님 이해는 하나님에 대하여 오해를 불러일으킨다고 생각한다. 또한 이러한 오해는 앞으로 그가 살아가는 삶에도 부정적인 영향을 미칠 것이다.

아마 지금도 많은 사람들이 하나님에 대한 잘못된 정보에 근거하여 하나님을 거절하고 있을 것이다. 예를 들어, 누군가 온라인에서 이러한 질문을 했다고 상상해 보자. "기독교인들은 하나님이 오만하고, 잔인하고, 폭력적인 신이라는 것을 인정하는가? 사실 우리에게 놓여진 하나님의 존재 가능성은 두 가지밖에 없다. 첫째, 하나님은 오만하고, 잔인하고, 폭력적인 신이다. 둘째, 하나님은 존재하지 않는다."[2] 이 사람은 이미 하나님의 본성에 대하여 정확하지 않은 정보를 받아들였으며, 이러한 정보에 근거하여 하나님을 거부하고 있다.

이러한 관점에서, 이 책의 제3부는 하나님의 본성에 대해 중요한 대화들을 할 수 있도록 돕기 위해 쓰였다. 우리 아이들이 잘못된 이해나 정보를 근거로 하나님을 받아들이거나 혹은 거절하지 않도록 부모를 위한 대화와 양육에 관한 부분도 다룰 것이다. 부디 이러한 대화를 통해서 우리 자녀들이 하나님에 관한 성경적인 이해와 내용을 바르게 받아들이기를 바란다.

하나님의 본성에 대해 효과적인 대화를 나누기 위한 세 가지 핵심 포인트

1. 제1부와 제2부에서 다루었던 것을 바탕으로 성경의 중요성을 강조하면서 대화를 진행한다. 1~12장과 같은 하나님에 대한 철학적이고 과학적인 관점도 중요하지만, 일반계시로서의 창조주이자 설계자이신 하나님에 대한 이러한 관점에서의 설명은 결국 하나님과 인간의 관계에 대해서 충분히 설명해 주지 못한다는 것을 인정해야 한다. 하지만, 감사하게도 하나님은 성경을 통하여 우리

에게 자기 자신에 대하여 많은 말씀을 해 주셨다. 여기서는 성경을 통하여 드러나는 하나님에 대해 자세히 다룰 것이다.

2. 대화를 나눌 때는 먼저 자녀가 현재 이러한 주제에 관해 어느 정도 이해하고 있는지 살펴보는 시간을 갖는다. 어쩌면 우리 아이들의 현실에는 제1부와 제2부에서 다룬 주제보다 여기 제3부에서 다루는 주제가 더욱 필요할 수도 있다. 바른 토론을 위해서는 바른 배경지식이 요구된다. 각 장에서 제공되는 "대화 가이드"가 자녀들의 현재 이해 상태를 파악하고, 적절한 대화를 나눌 수 있도록 도와줄 것이다.

3. 만일 당신의 자녀가 이러한 주제들이 단순하다고 생각한다면, 실제로는 얼마나 복잡한지에 대하여 그들이 충분히 이해할 수 있도록 도와주어야 한다. 여기서 다루는 주제는 어느 하나 간단하지 않다. (신학자들은 이 질문들에 답을 하려고 수백만 페이지의 글을 써 왔다.) 또한 자녀가 이미 다루는 내용을 알고 있다고 생각하더라도, 더욱 깊게 이해하도록 대화를 이끈다.

13

하나님에 대하여
성경은 무엇을 말해 주고 있을까?

나는 어렸을 때 조부모님과 캠핑을 떠나곤 했다. 언젠가 1980년식 낡은 캠핑카를 보았을 때, 어릴 적 향수가 일어나서 나도 모르게 그 차 안의 침대로 기어 들어가고 싶었다. 그때 나는 캠핑카를 구입해 보려고 했지만, 만만치 않은 비용 때문에 사지는 못했다. 우리 가족은 아직도 가까운 대리점에 살 만한 캠핑카가 들어오는지 주시하고 있다.

그러던 어느 날, 우리 가족은 자동차 대리점을 지나다가 새로운 캠핑카가 전시된 것을 발견하였다. 멀리서 볼 때 그다지 특별할 것 없는 그 차의 가격은 19,500불이었다. 우리 가족은 캠핑카가 왜 이렇게 비싼지 그 이유를 모르겠다며 서로 웃으면서 이야기를 나누었다. 그날 우리는 집으로 돌아오는 길에 다시 그 캠핑카를 보게 되었다. 가까이서 보니 그 캠핑카가 매우 드물게 고급 브랜드 회사에서 만들어진 차라는 것을 알게 되었다. 그저 멀리서 외관만 보았을 때는 잘 인식하지 못했지만, 캠핑카의 브랜드를 알게 되니 그 차가 왜 그렇게 비싼지 이해가 되었다. 그 브랜드가 품질과 기능면에 있어서 뛰어나다는 것을 신뢰했기 때문에, 그 캠핑카의 가치를 다시 평가하게 되었다.

우리는 앞선 제1부와 제2부를 통하여 일반계시가 어떻게 하나님의 존재를 증명하는지에 대하여 살펴보았다. 이러한 증거와 지식들은 우리에게 하나님의 존재가 분명히 있다는 확신을 준다. 하지만 이러한 증명이 하나님이 누구이신지에 대하여 말해 주지는 않는다. 마치 이것은 우리가 멀리서 캠핑카를 보았을 때 그 차의 존재에 대하여는 알 수 있었지만, 왜 그렇게 가치가 있는지는 알지 못했던 것과 같은 이치이다. 감사하게도 하나님은 성경을 통하여 우리에게 하나님이 누구신지에 대하여 더 많은 것을 드러내기로 선택하셨다. 하나님이 성경을 통하여 자신을 우리에게 계시하신 이상, 이제 우리는 하나님을 우리가 원하는 대로 생각할 자유가 없으며, 하나님의 계시를 통하여 올바르게 이해해야 할 책임을 갖게 되었다.

A. W. 토저(A. W. Tozer)는 하나님에 대한 바른 이해의 중요성을 말했다.

"만일 우리가 하나님에 대하여 바른 이해를 갖지 못한다면, 우리의 도덕적 실천과 내적인 태도는 결코 건강하게 유지될 수 없다. …… 지난 수년 동안 교회에 고통을 주었던 이단들이 사용한 방법은 하나님에 대한 합당하지 않은 지식 혹은 어떤 한 면을 지나치게 강조함으로써 결국 모든 것을 모호하게 만드는 것이었다."[1]

이러한 관점에서 우리는 이 장을 통하여 하나님의 본성에 관한 중요한 일곱 가지 내용들을 다룰 것이다. 이러한 내용들은 우리로 하여금 창조주에 대한 올바른 생각을 발전시키며, 동시에 하나님에 관한 왜곡들을 분별하게 도와줄 것이다. 특히 하나님의 사랑(14장)과 하나님의 정의(15장)는 기독교인들과 회의론자들로부터 자주 오해되어 왔던 주제이기 때문에 따로 다룰 것이다. 이렇게 진리와 거짓을 분별하고, 모든 진리를 균형 있게 적용할 수 있게 도와주는 과정을 통해서 우리는 하나님을 알기 위한 올바른 지적 기반을 갖게 될 것이다.

하나님의 일곱 가지 중요한 속성

하나님의 속성에 관한 다음의 설명에는 관련된 주요 성경구절, 각각의 뜻과 의미에 대한 주석, 그리고 핵심적인 설명들이 포함된다. 우리가 하나님에 대해 올바르게 생각하기 원한다면, 가장 먼저 성경에서 하나님의 속성을 어떻게 밝히고 있는지 이해해야 한다. 가장 잘 이해할 수 있도록 자녀들과 다음의 해당 본문을 함께 읽기를 권한다.

1) 거룩함
성경구절 : 사무엘상 2 : 2, 이사야 6 : 3, 마가복음 1 : 24, 요한계시록 4 : 8, 15 : 4
의미하는 내용 : 하나님은 죄가 있는 모든 것으로부터 완전히 구별되신다.
의미하지 않는 내용 : 하나님은 인간에 비하여 죄가 적은 분이다.
핵심설명 : 하나님은 거룩하시기에 죄와 함께 거하실 수 없다(시 66 : 18, 사 59 : 2). 이것은 원죄를 가지고 태어난 인간에게 있어서 매우 본질적인 문제이다. 그렇다면, 원죄를 가

진 우리는 어떻게 거룩한 하나님과 화해할 수 있는가? 그 대답은 고린도후서 5 : 21에 있다. "하나님이 죄를 알지도 못하신 이를 우리를 대신하여 죄로 삼으신 것은 우리로 하여금 그 안에서 하나님의 의가 되게 하려 하심이라". 우리는 결코 스스로 거룩할 수 없다. 우리가 예수님을 구세주로 믿을 때, 하나님은 예수님의 대속으로 인하여 우리를 죄 없다 여겨 주신다. 이러한 결과 죄는 더 이상 우리와 하나님 사이를 갈라놓을 수 없게 되었다. 사람들이 죄의 심각성을 이해하지 못하는 것은 이러한 하나님의 거룩하심을 바르게 이해하지 못하거나 인정하지 않기 때문이다. 하나님은 인간에 비하여 죄가 적은 분이 아니라, 죄로부터 완전히 구별되신 거룩한 분이다.

2) 주권성

성경구절 : 창세기 50 : 20, 역대하 20 : 6, 시편 115 : 3, 이사야 40 : 23, 마태복음 10 : 29, 로마서 8 : 28, 에베소서 1 : 11

의미하는 내용 : 모든 것은 하나님의 통치와 통제 아래에 있으며, 하나님의 지시나 허락 없이는 아무 일도 일어나지 않는다.

의미하지 않는 내용 : 어떠한 일이 왜 일어나는지 우리가 이해할 수 없다면 하나님은 존재하지 않는 분이거나 혹은 그 일어난 일을 통제할 수 없는 분이다.

핵심설명 : 하나님의 주권은 성경 전체에 걸쳐서 나오는 하나님의 본성의 핵심주제이다. 이것은 복잡한 신학주제인데, 기독교인들은 하나님의 주권이 악의 존재나 인간의 자유의지

의 문제 등과 어떻게 관련되어 있는지에 대해 다양한 견해를 가지고 있다. 바꾸어 말하면, 만일 신이 거룩한 주권자라면 그의 창조물 안에 어떻게 악이 있을 수 있는가? 그리고 신이 궁극적으로 모든 것을 통제한다면, 인간의 자유의지는 어떻게 설명할 수 있는가? 이 두 가지 질문에 대한 자세한 내용은 이 책의 뒷부분에서 다루게 될 것이다. 먼저 간략히 살펴보자면 하나님의 인도하심과 하나님의 허용하심 사이의 구별을 통해서 답을 모색해 갈 수 있을 것이다.[2]

3) 초월성

성경구절 : 열왕기상 8 : 27, 시편 97 : 9, 이사야 55 : 8~9, 사도행전 17 : 24, 로마서 11 : 33~36, 에베소서 4 : 6

의미하는 내용 : 하나님은 자신의 모든 창조물보다 높으시며, 그것들로부터 독립적이시다.

의미하지 않는 내용 : 하나님은 멀리 있는 분이다.

핵심설명 : 하나님은 공간과 시간 밖에 존재하시며, 자신의 창조물에게 어떤 방식으로도 의존하지 않으신다. 이 속성은 범신론이 말하는, 세상의 물질세계와 같은 수준의 신과는 매우 다른 개념이다. 하나님은 창조물과 별개로 존재하시기 때문에 우리는 종종 하나님을 멀리 있는 분으로 착각하기도 한다. 하지만, 하나님의 초월성은 하나님의 편재성과 함께 이해되어야 한다.

4) 편재성

성경구절 : 시편 33 : 13~14, 139 : 7~10, 잠언 15 : 3, 예레미야 23 : 23~24, 골로새서 1 : 17

의미하는 내용 : 하나님은 모든 곳에 계신다.

의미하지 않는 내용 : 하나님은 모든 공간 안에 물리적으로 제한되어 존재하신다.

핵심설명 : 우리는 동시에 두 곳 이상의 장소에 있을 수 없기 때문에, 하나님이 이 세상 어디에나 존재하신다는 것보다 창조물들로부터 분리되어 계신다고 상상하는 것이 더 쉽다. 그러나 하나님이 모든 곳에 계신다는 말은 하나님이 모든 공간 안에 물리적으로 제한되어 존재하신다는 의미가 아닌, 모든 공간과 시간 안에서 활동하고 계심을 의미하는 것으로 이해하는 게 더욱 합당하다. 즉, 하나님은 모든 공간과 시간을 주목하고 계시는 것이다. 하나님은 항상 우리와 함께하시며, 심지어 우리의 생각이 하나님으로부터 멀리 떠나 있을 때에도 하나님은 바로 거기 계신다. 하나님이 우리와 멀리 떨어져 있는 것처럼 보이는 상황에서도, 바로 이러한 하나님의 편재성은 우리에게 큰 위로를 준다.

5) 전능함

성경구절 : 창세기 18 : 14, 욥기 42 : 2, 시편 33 : 6, 이사야 14 : 27, 마태복음 19 : 26, 에베소서 1 : 19

의미하는 내용 : 하나님은 전능하신 분이다.

의미하지 않는 내용 : 하나님은 그의 성품과 모순되거나 맞지 않는 어떤 일이라도 하시는 분이다.

핵심설명 : 사람들이 "하나님은 모든 것을 하실 수 있다."라고 말하지만, 여기에는 조건이 있다. 성경은 하나님이 모든 면에서 전능하심을 보여 주지만, 동시에 하나님이 행하시는 것에는 스스로가 정해 놓으신 제한이 있음을 분명히 하고 있다. 그 제한은 바로 하나님 자신의 성품과 모순되거나 맞지 않는 일은 하지 않으신다는 것이다. 이것은 하나님의 전능함이 모순을 갖고 있음을 뜻하지 않는다. 예를 들어, 히브리서 6 : 18은 하나님이 거짓말을 할 수 없다고 말하고, 야고보서 1 : 13은 하나님은 악에게 시험을 받으실 수 없다고 말한다. 거짓말과 악에게 시험을 받는 것은 이미 하나님의 성품인 거룩함과 모순된다. 사람들은 때로 하나님이 사각형의 원을 만들 수 있는지 묻는다. 그러나 이러한 질문은 무의미하다. 모순적 질문으로 하나님의 전능성을 훼손할 수는 없다.

6) 신실성

성경구절 : 신명기 7 : 9, 시편 33 : 4, 119 : 89~90, 고린도전서 10 : 13, 데살로니가후서 3 : 3, 요한1서 1 : 9

의미하는 내용 : 우리는 하나님을 신뢰할 수 있다.

의미하지 않는 내용 : 하나님은 우리가 선호하는 시간이나 방법으로 약속을 지켜 주실 것이다.

핵심설명 : 만일 누군가와 약속을 했지만, 상대방이 지키지 않으면 우리는 그 사람을 신뢰하지 않게 된다. 하나님은 성경말씀을 통하여 우리에게 하신 모든 약속을 반드시 지키시는

분이다. 비록 그러한 약속을 행하시는 시간이나 방법에 대하여 인간이 전부 이해하고 따라갈 수는 없지만, 그것이 곧 하나님이 신실하시지 않다는 것을 의미하지는 않는다. 이러한 하나님의 절대적 신실성을 믿게 될 때, 하나님과 우리의 관계는 매우 깊어지게 된다.

7) 선함

성경구절 : 시편 31 : 19, 34 : 8, 107 : 1, 119 : 68, 로마서 8 : 28, 야고보서 1 : 17

의미하는 내용 : 하나님은 모든 선의 근원이며, 기준이시다.

의미하지 않는 내용 : 하나님은 우리가 원하는 기준으로 선한 것과 악한 것을 정의하신다.

핵심설명 : 우리는 종종 하나님이 행하신 어떤 일을 기준으로 하나님의 선하심을 판단한다. 그러나 먼저 하나님이 행하신 어떤 것을 논하기 전에 하나님 자체가 선하심을 알아야 한다. 왜냐하면 하나님은 무엇이 선인지 구별할 수 있는 기준 자체가 되시기 때문이다. C. S. 루이스(C. S. Lewis)는 "만일 우리에게 직선에 대한 기준이 없으면, 우리는 결코 비뚤어진 선을 말할 수 없다."고 말했다.[3] 하나님이 선의 기준이 되시기 때문에, 우리는 선한 것과 악한 것을 스스로 정할 수 없다. 하나님은 우리의 양심(롬 2 : 15)과 성경 말씀을 통하여 선한 것과 악한 것을 정의하셨다.

물론 위에서 언급한 하나님의 일곱 가지 속성 외에 더 많은 것을 말할 수 있다. 만일 하나님의 성품에 대해 이보다 더 자세히 알기 원한다면 토저의 고전인 「하나님을 바로 알자」(*The Knowledge of the Holy*, 각주 1 참고)를 추천한다.

💬 핵심 포인트

- 자연계에서 하나님의 존재에 대한 증거는 우리에게 여전히 중요하지만, 그것이 하나님이 누구신지에 대한 이해를 주기에는 제한점이 많다. 감사하게도 하나님은 성경을 통하여 우리에게 하나님이 누구신지에 대하여 더 많은 것을 드러내기로 선택하셨다.
- 성경은 우리에게 하나님이 누구신지에 대하여 구체적으로 말해 주었다. 그렇기에 우리는 이제 하나님을 우리가 원하는 대로 생각할 자유가 없으며, 하나님의 계시를 통하여 올바르게 이해해야 할 영적 책임이 있다.
- 성경에 계시된 하나님의 본성의 특성을 '하나님의 속성'이라고 부른다. 이 장에서 우리는 하나님의 속성 중 거룩함, 주권성, 초월성, 편재성, 전능함, 신실성, 선함을 살펴보았다. 이 외의 다른 두 가지 중요한 속성인 하나님의 사랑과 정의에 대하여는 14장과 15장에서 이어서 논의하도록 하겠다.

💬 대화 가이드

대화 시작하기
- 하나님을 생각할 때 어떤 단어가 떠오르니? (자녀에게 가능한 한 많은 단어를 적어 보도록 요청하라.) 속성이 무엇인지 설명해 줄게. (속

성이 무엇인지 설명해 준다.) 네가 적은 것 중 어떤 단어가 하나님의 속성을 의미하는지 확인해 보자. (만일 자녀의 대답 중에서 하나님을 올바르게 설명하지 않는 단어가 있는 경우에는 자녀와 충분히 대화하라.)

대화 진행하기

- (자녀와 함께 위에서 언급한 하나님의 일곱 가지 속성을 각각 말하며, 만일 자녀가 이미 그것에 대해 어느 정도 이해하고 있다면 자신의 말로 그 속성을 정의하도록 권면하라. 자녀에게 간단한 정의를 제공하고, 그와 관련된 각 성경구절에서 하나님의 속성에 관해 우리에게 무엇을 말해 주는지 토론하라. 이 장의 순서에 따라서 성경구절, 의미하는 내용과 의미하지 않는 내용, 그리고 핵심설명을 자녀와 함께 읽으라.)

대화 적용하기

- 만일 회의론자가 다음과 같이 말했다고 생각해 보자. "왜 기독교의 하나님은 그렇게 교만한가? 인간의 삶을 완전히 통제하기 원하는 하나님은 매우 교만하다고 생각한다."[4] 이 장에서 우리가 살펴본 하나님의 속성들은 지금 이 회의론자가 말하는 교만함과 어떤 관계가 있을까? 하나님이 인간의 삶을 완전히 통제하기 원한다는 이 사람의 믿음은 하나님의 주권이 실제로 의미하는 것과 어떻게 다르다고 생각하니?

14

"하나님은 사랑이시다."라는 말은
무엇을 의미할까?

요한1서 4 : 8 말씀은 "하나님은 사랑이심이라"라고 선언한다. 기독교인들은 누구나 이 말씀을 믿을 것이다. 이 말씀은 우리를 위로하며, 우리에게 힘이 된다. 그런데 이 말씀은 뜻이 제대로 전달되지 않아 오용되기도 한다. 이러한 경우, 그들이 믿는 하나님은 성경의 하나님과 거리가 멀어지기도 한다. 마치 하나님을 우리가 원하는 산타로 착각하는 것이다. 이럴 때 우리는 하나님의 사랑을 말하면서도 하나님의 거룩함에 대해서는 생각하지 않는다. 하나님을 우리의 행복을 위한 어떤 존재 정도로 오해하는 것이다.

    신학자 D. A. 칼슨(D. A. Carson)은 그의 책 *The Difficult Doctrine of the Love of God*에서 다음과 같이 말했다.

"이 시대에 하나님의 사랑은 그 의미가 점점 축소되고 있다. …… 사실 하나님의 사랑의 소식은 놀랍고 좋은 소식이다. 그러나 요즘 사람들에게는 하나님의 사랑에 대한 이야기가 그렇게 놀랍게 들리지 않는다. 많은 사람들에게 하나님의 사랑은 너무나 당연한 것이 되고, 값싼 은혜로 오해되어 감동이 사라진 것이다."[1]

하나님은 사랑이시기에 우리와 하나님 사이의 모든 것이 문제없다고 생각하기 시작할 때, 우리는 매우 위험한 상황에 놓이게 될 수 있다. 사실 이것은 구원의 문제까지 연결되는 매우 중요한 사안이다. 성경은 오직 예수님만이 구원의 유일한 길이라고 분명히 밝힌다. "내가 곧 길이요 진리요 생명이니 나로 말미암지 않고는 아버지께로 올 자가 없느니라"(요 14 : 6).

사실 하나님의 사랑에 대한 정확하고 다각적인 이해는 우리와 우리 자녀들의 영적 건강의 기초가 된다. 칼슨은 하나님의 사랑에 대한 다섯 가지 핵심내용을 잘 설명해 주고 있다.

하나님의 사랑의 다섯 가지 측면

하나님의 사랑의 다섯 측면들에 관해 읽으면서, 우리가 얼마나 균형 있고 바르게 하나님의 사랑을 이해해 왔는지 생각해 보자.

1) 아들을 위한 아버지의 사랑, 아버지를 위한 아들의 사랑

성경의 여러 구절들은 하나님이 예수님을 어떻게 사랑하는지(눅 3 : 22, 요 3 : 35, 5 : 20, 엡 1 : 6)와 예수님이 어떻게 하나님을 사랑하는지(요 14 : 31)에 대해 말하고 있다. 중요한 것은 성부, 성자, 성령 안에서의 이 사랑은 창세전부터 존재해 왔으며(요 17 : 5), 이 관계가 모든 사랑의 원천이라는 것이다. 칼슨은 "하나님의 사랑에 대한 많은 설명이 있어 왔지만, 우리가 경험하는 모든 사랑은 바로 하나님의 속성에서 나온다. 하나님은 사랑이시다."[2)]라고 말한다.

2) 모든 창조물에 대한 하나님의 섭리적인 사랑

성경은 하나님의 창조를 말하면서 사랑이라는 단어를 사용하지는 않지만, 창조를 창조주의 사랑의 산물로 묘사하고 있다. 예수님은 들판의 꽃과 풀을 하나님이 돌보신다고 말씀하시면서, 심지어 솔로몬 왕이 입었던 옷보다도 아름답다고 말씀하셨다(마 6 : 28-30). 또한 예수님은 하늘의 새가 먹이를 심거나 거두지도 않고 창고에 쌓아 놓지 않아도 하나님에 의해서 먹이를 얻는 섭리를 말씀하시며(마 6 : 26), 하나님의 섭리와 허락이 없으면 참새 한 마리도 땅에 떨어지지 아니하리라고 말씀하신다(마 10 : 29). 이 경우들은 하나님이 모든 창조물을 사랑으로 인도하고 돌보심을 말하며, 우리가 하나님을 더욱 신뢰하도록 이끈다.

3) 타락한 세상을 향한 하나님의 구원의 사랑(구원의 길을 예비하시는 하나님)[3)]

성경에서 가장 유명한 구절인 요한복음 3 : 16은 하나님의 구원의 사랑을 말한다. "하나님이 세상을 이처럼 사랑하사 독생자를 주셨으니 이는 그를 믿는 자마다 멸망하지 않고 영생을 얻게 하려 하심이라". 우리는 죄인들로서 하나님의 사랑을 받을 자격이 없었지만(롬 5 : 8), 하나님은 우리를 사랑하기로 선택하셨다. 이 사랑의 궁극적인 실행은 바로 우리를 구원하고자 자신의 아들 예수님을 보내셔서 십자가에서 대속의 죽음을 맞게 하는 것이었다. 여기서 우리가 기억해야 할 것은 하나님이 예수님을 보내셨고, 대속의 죽음으로 내어 주신 것을 우리가 받아들여야 한다는 것이다. 우리는 성경에 나오는 "그를 믿는 자마다 멸망하지 않고"라는 선포를 기억해야 한다. 이 말씀은 하나님이 우리 모두를 사랑하신다는 사실이 조건 없이 모든 사람을 구원하신다는 것을 의미하는 것은 아님을 말하고 있기 때문이다.

4) 선택하신 대상을 향한 하나님의 특별하고, 효과적이고, 선택적인 사랑

신학에서 '선택'이라는 단어는 하나님이 선택하신 대상들을 가리킨다. 문맥에 따라 이 선택의 대상은 이스라엘 국가, 전체 교회 또는 개인을 지칭할 수 있다. 하나님의 이러한 선택이 개인과 어떤 관련이 있는지에 대해서는 다양한 견해가 있지만, 한 가지 분명한 것은 하나님의 선택은 그 대상을 향한 하나님의 사랑으로 인해 결정된다는 것이다. 그렇기에 우리가 하나님의 사랑의 다면적인 특성을 이해하지 못하면, 우리는 하나님의 사랑을 오해할 수도 있다. 예를 들어, 신명기 7 : 7~8에서 이스라엘을 선민으로 언급한 내용을 살펴보자(신 10 : 15 참조).

> "여호와께서 너희를 기뻐하시고 너희를 택하심은 너희가 다른 민족보다 수효가 많기 때문이 아니니라 너희는 오히려 모든 민족 중에 가장 적으니라 여호와께서 다만 너희를 사랑하심으로 말미암아, 또는 너희의 조상들에게 하신 맹세를 지키려 하심으로 말미암아 자기의 권능의 손으로 너희를 인도하여 내시되 너희를 그 종 되었던 집에서 애굽 왕 바로의 손에서 속량하셨나니".

이 구절은 하나님께서 이스라엘을 특별한 방법으로 사랑하기로 선택하신 것을 분명히 보여 주고 있다. 이스라엘이 하나님의 사랑을 받아 낸 것이 아니라 하나님이 이스라엘을 택하여 사랑하신 것이다. 우리는 성경을 통해 하나님이 이스라엘과 특별한 관계를 맺고 계심을 볼 수 있다. 그러나 이것은 하나님이 다른 나라들을 사랑하지 않으신다는 것을 의미하는 것이 아니라, 하나님이 이스라엘을 특별한 방식으로 사랑하신다는 것을 의미하는 것이다.

5) 순종하는 자에게 주시는 하나님의 사랑

어떤 성경구절들은 얼핏 보면 우리가 하나님의 사랑을 받지만, 한편으로는 받지 못할 수도 있는 것처럼 말하는 듯 보인다. 예를 들면 다음과 같은 구절들이다.

- "아버지께서 나를 사랑하신 것 같이 나도 너희를 사랑하였으니 나의 사랑 안에 거하라 내가 아버지의 계명을 지켜 그의 사랑 안에 거하는 것 같이 너희도 내 계명을 지키면 내 사랑 안에 거하리라"(요 15 : 9-10).
- "하나님의 사랑 안에서 자신을 지키며 영생에 이르도록 우리 주 예수 그리스도의 긍휼을 기다리라"(유 1 : 21).

하나님의 사랑에 대한 구절을 보다 잘 이해하기 위해서는 우리와 하나님과의 관계에 대하여 먼저 점검해야 한다(출 20 : 5-6 참조). 우리는 부모로서 자녀들과의 친밀감이 자녀들의 행동에 따라 어떻게 달라질 수 있는지 너무나 잘 알고 있다. 우리는 자녀들이 순종할 때는 그들과 더 깊은 친밀감을 가질 수 있지만, 그들이 순종하지 않을 때는 여전히 자녀들을 사랑함에도 더 깊은 친밀감으로 나아가지 못하고 그 사랑을 드러내기도 어렵다. 위의 성경구절들은 우리의 순종을 전제로 했을 때에 하나님과의 관계에 대하여 말하고 있다.

　이것은 하나님이 우리의 비도덕적인 행동도 모두 사랑으로 받아 주실 거라는 생각과는 분명히 대조된다. 하나님은 성경을 통하여 우리가 마땅히 행해야 할 도덕적 요구사항을 계시하셨으며, 우리를 향한 그분의 사랑은 그 맥락 안에서 이해되어야 한다. 하나님은 결코 우리가 우리 마음대로 하는 모든 행동을 무조건적으로 받아 주시지 않는다.

균형 있게 이해하기

이 모든 것을 고려할 때 우리가 성경의 한 가지 측면만을 보거나, 성경을 전혀 보지 않으면 하나님의 사랑을 오해할 수 있음을 알게 된다. 만일 우리가 창조물에 대한 하나님의 사랑만을 강조하여 바라본다면, 하나님이 우리를 구원하시기 위해 행하신 사랑에 대한 중요성을 놓칠 수 있다. 또한 만일 우리가 구원의 관점에서만 하나님의 사랑을 생각한다면, 구원받은 후에 하나님과 친밀하고 순종적인 관계를 유지하는 삶의 중요성을 놓칠 수 있다. 또한 만일 우리가 하나님의 사랑이 순종하는 자에게만 주시는 조건적 사랑이라고 생각한다면, 하나님이 먼저 구원을 주시기로 선택하셨고 그것이 인간의 공로에 근거하지 않는다는 사실을 놓칠 수 있다. 중요한 것은 위와 같은 다면적인 하나님의 사랑을 균형 있게 이해해야 한다는 것이다.

💬 **핵심 포인트**

- 하나님을 믿는 대부분의 사람들은 하나님이 우리를 사랑하신다는

것에 동의한다. 하지만 그 사랑이 다른 사람에게는 다른 의미일 수도 있다. 성경말씀에 근거하여 하나님의 사랑을 정의하는 것이 중요하다.

- 이 장에서 우리는 성경에서 말하는 하나님의 사랑에 대한 다섯 가지 측면들을 다루었다. 첫째, 아들을 위한 아버지의 사랑과 아버지를 위한 아들의 사랑, 둘째, 모든 창조물에 대한 하나님의 섭리적인 사랑, 셋째, 타락한 세상을 향한 하나님의 구원의 사랑, 넷째, 선택하신 대상을 향한 하나님의 특별하고, 효과적이고, 선택적인 사랑, 다섯째, 순종하는 자에게 주시는 하나님의 사랑이다.
- 하나님의 사랑은 다면적이기에 한 가지 면만 보는 것은 하나님의 사랑을 충분히 이해하지 못하는 것이 된다. 그러므로 우리는 다면적인 하나님의 사랑을 균형 있게 바라보며 이해해야 한다.

💬 대화 가이드

대화 시작하기

- 우리는 여러 상황에서 사랑이라는 단어를 사용해. 예를 들어, 부모님을 사랑하고, 공원에 가기를 사랑하고, 노래를 사랑한다고 말하기도 하지. "하나님은 사랑이시다."라는 말은 너에게 어떤 의미인지 말해 볼래?

대화 진행하기

- 마태복음 6 : 26, 28~30, 10 : 29을 읽어 보자. 이 구절들이 하나님과 창조물의 관계에 대해 무엇을 말해 준다고 생각하니? (하나님은 모든 창조물들을 보살피신다.)

- 요한복음 3 : 16과 로마서 5 : 8을 읽어 보자. 이 구절들이 우리를 향한 하나님의 사랑에 대해 구체적으로 알려 주는 것은 무엇일까? (하나님은 우리를 너무나 사랑하셔서 아들을 이 땅에 보내어 죽게 하심으로써 우리를 구원하셨다. 이 사랑은 우리가 얻어 낸 것이 아니라 하나님께 받은 은혜이다.)
- 요한복음 3 : 16은 우리가 구원받기 위해 하나님의 사랑에 어떻게 응답해야 한다고 말하고 있니? (우리는 예수님을 믿어야 한다. 단순히 하나님이 우리를 사랑하신다는 것을 인정하는 것만으로는 충분하지 않다.)
- 요한복음 15 : 9~10과 유다서 1 : 21을 읽어 보자. 이 구절들은 대부분의 사람들이 기대하는 것과는 다른 방식으로 하나님의 사랑에 대해 말하고 있어. 어떤 면에서일까? 이 구절들이 무엇을 의미한다고 생각하니? (이 구절들은 순종하는 자에게 주시는 하나님의 사랑을 말하고 있다. 부모와 자녀 사이에서 순종에 따라 친밀성과 관계가 달라지는 것을 예로 들어 안내하라.)

대화 적용하기

- 다음과 같은 글이 교회 홈페이지에 나왔다고 상상해 보자. "우리는 당신의 배경, 신념, 또는 종교에 상관없이 하나님이 모든 사람을 사랑하심을 믿습니다. …… 우리는 여러분 모두가 하나님이 우리를 얼마나 사랑하시며, 우리를 위해 얼마나 많은 것을 행하셨는지에 대해 받아들이고, 격려와 희망을 덧입기 바랍니다."[4] 이 글은 앞에서 언급한 하나님 사랑의 어느 측면에 초점을 맞추고 있다고 생각하니? 너는 이렇게 하나의 측면만을 강조하는 것이 하나님 사랑을 합당하게 받아들이는 데 어떠한 잘못된 가르침을 줄 수 있다고 생각하니?

15

"하나님은 정의로우시다."라는 말은 무엇을 의미할까?

지난 하루 동안, 나의 여섯 살짜리 딸은 마음속에 어떤 확신을 갖게 되었다. 그것은 바로 엄마인 내가 자신을 사랑하지 않는다는 생각이다. 더 나아가 딸은 내가 자신에게 매우 못되게 행동했다고 생각했다. 이 이야기의 전말은 다음과 같다.

어제 나의 딸은 생일선물로 피리를 받고는 매우 기뻐하며, 자신이 노래를 연주할 수 있다고 말했다. 아이는 혼자서 열심히 연습하기는 했지만, 사실 내 앞에서 연주할 때는 악보대로 잘되지 않았다. 당황한 딸은 자신의 피리를 오빠에게 집어던지고, 엄마인 나에게는 화를 냈다. 나는 딸에게 지금 한 행동이 잘못되었음을 말해 주고, 방에 들어가 있으라고 했다. 이 말을 들은 딸은 화를 내며 발을 구르다가 결국 바닥에 넘어지고 말았다. 그래도 나는 딸에게 방으로 들어가라고 말했고, 결국 딸은 울기 시작했다. "엄마는 내 다친 발은 신경쓰지도 않아. 엄마는 분명히 나를 사랑하지 않아. 엄마는 못됐어. 만일 엄마가 나를 사랑한다면, 지금 내가 발을 다친 것에 대해서 관심을 가져야 하고, 나에게 방에 들어가라고 하지도 않았을 거야!" 딸은 이렇게 말하고는 문을 쾅 닫고 방으로 들어가 버렸다.

대부분의 부모들은 자녀들의 나쁜 행동에 대처하다 자녀들로부터 자신들을 사랑하지 않거나 매우 못되게 구는 사람이라는 오해를 받는다. 아마도 아이들은 부모가 그들을 사랑하지만 동시에 잘못된 행동을 적절하게 훈육해야 한다는 것을 이해하기에는 아직 어린 것 같다. 아이들은 자신들이 원하는 것이 무엇이든 하게 해 주는 것이 진정한 사랑이라고 오해하는 것이다. 그러나 부모의 시각에서 아이들을 훈육하고, 때로는 제재하는 것은 그들을 사랑하지 않아서가 아니라 그들을 진정으로 사랑하기 때문이다.

마찬가지로 하나님도 우리에게 도덕적인 규칙을 주셨다. 그 배경은 그의 거룩함과 선하심뿐만 아니라 그의 사랑에서 기인한다. 만일 어린아이처럼 우리가 이러한 배경을 이해하지 못한다면, 우리는 다음과 같은 구절을 읽을 때 하나님을 오해하게 된다.

- "보라 여호와께서 그의 처소에서 나오사 땅의 거민의 죄악을 벌하실 것이라 땅이 그 위에 잦았던 피를 드러내고 그 살해당한 자를 다시는 덮지 아니하리라"(사 26 : 21).
- "여호와는 질투하시며 보복하시는 하나님이시니라 여호와는 보복하시며 진노하시되 자기를 거스르는 자에게 여호와는 보복하시며 자기를 대적하는 자에게 진노를 품으시며 여호와는 노하기를 더디하시며 권능이 크시며 벌 받을 자를 결코 내버려두지 아니하시느니라 여호와의

길은 회오리바람과 광풍에 있고 구름은 그의 발의 티끌이로다"(나 1 : 2-3).
- "다만 네 고집과 회개하지 아니한 마음을 따라 진노의 날 곧 하나님의 의로우신 심판이 나타나는 그날에 임할 진노를 네게 쌓는도다"(롬 2 : 5).

만일 위의 구절들을 나의 여섯 살짜리 딸이 읽는다면, 분명히 하나님은 매우 못된 분이라고 생각할 것이다. 그리고 이러한 생각은 단지 내 딸만의 생각이 아닐 것이다. 많은 회의론자들은 하나님(특히 구약에서 나타난 하나님)을 바로 이렇게 잔인하고 마음대로 복수하는 신으로 오해하고 있으며, 이러한 하나님은 기독교인들이 믿는 사랑의 하나님과는 너무나 모순된다고 생각한다. 이제 "하나님은 정의로우시다."라는 말의 의미가 무엇인지 하나님의 말씀을 통하여 살펴보도록 하자.

성경에서 말하는 하나님의 정의

성경에서 말하는 '정의로우신 하나님'은 옳고 그름을 완벽하게 판단하시고, 그에 따라 행하실 수 있는 분이며, 실제로 그렇게 행하시고, 또한 행하실 분이라는 의미이다. 이러한 하나님의 속성은 성경 곳곳에 나온다.

- "그는 반석이시니 그가 하신 일이 완전하고 그의 모든 길이 정의롭고 진실하고 거짓이 없으신 하나님이시니 공의로우시고 바르시도다"(신 32 : 4).
- "여호와께서 영원히 앉으심이여 심판을 위하여 보좌를 준비하셨도다 공의로 세계를 심판하심이여 정직으로 만민에게 판결을 내리시리로다"(시 9 : 7-8).

- "무릇 나 여호와는 정의를 사랑하며 불의의 강탈을 미워하여 성실히 그들에게 갚아 주고 그들과 영원한 언약을 맺을 것이라"(사 61 : 8).

하나님의 정의는 '하나님의 의'라고 하는 큰 틀 안에서 이해되어야 한다. 이것이 하나님의 정의를 이해하는 열쇠가 된다. 하나님은 거룩하시고 선하시기에 자신이 세워 놓은 규칙을 어기는 죄에 대하여 가만히 있을 수가 없으시다. 왜냐하면 선하고 악한 것의 차이를 신경쓰지 않는 하나님은 결코 거룩하고 선할 수 없기 때문이다. 법을 어긴 사람을 모두 석방시키는 판사를 우리가 어떻게 바라볼지 생각하면 이 말을 이해하기 쉬울 것이다. 사실 정의와 사랑은 결코 완전히 분리될 수 없는 개념이다. 왜냐하면 하나님의 거룩함과 선함, 하나님의 사랑하심과 정의로움은 하나님 안에 함께 있기 때문이다.

우리는 이 진리를 바르게 잘 적용하여 이해해야 한다. 첫째, 성경은 하나님의 행하심에 대한 역사적인 설명이므로, 이러한 정의로우신 하나님의 성품과 행하심을 겸손히 받아들이고 해석해야 한다. 즉, 성경말씀을 삶에 적용해 보면, 삶이 봄날의 햇빛과 장미 같지만은 않다는 것을 이해해야 한다. 우리가 하나님이 죄를 지은 사람들을 처벌하셨다는 사실에 놀라고 있다면, 아직도 하나님의 거룩함, 우리 죄의 실상과 심각성, 그리고 하나님의 정당한 응답의 필요성을 바르게 이해하지 못하고 있다는 뜻이다. 앞에서 말한 아이처럼 하나님을 그저 나에게 친절한 분 혹은 나에게 못되게 구는 분 정도로 구분하는 것이다. 다시 말하자면, 특정한 상황에서 하나님의 정의가 어떻게 하나님의 구체적인 행하심으로 드러나는지 바르게 해석해야 한다는 것이다.

둘째, 하나님의 정의는 성서시대에 살았던 사람들에게만 적용되는 것이 아니라, 지금 우리에게도 해당된다. 때때로 우리는 자신의 죄의 심각성을 잊어버리고 산다. 이 세상의 법칙과 규율을 만드신 하나님은 죄의 삯은 사망이라고 규정해 놓으셨다(롬 6 : 23). 나쁜 소식은 우리 모두가 죄를 지었고 죽음의 형벌을 받을 상황에 놓여 있다는 것(롬 3 : 23)이며, 좋은 소식은 이러한 우리를 위해 하나님이 한 가지 선하고 정의로운 방법을 제시하셨다는 것이다. 하나님은 우리를 위하여 예수님을 보내사 형벌을 받게 하셨고, 그 죽음의 대속으로 우리는 용서받았다. 하나님은 우리의 죄를 무시하지 않으셨으며, 예수님의 대속으로 우리를 향한 자신의 사랑을 나타내셨다. 이러한 하나님의 정의로운 행하심은 하나님의 사랑과 정의의 속성에 모순되지 않는다. 이제 우리가 그 선물을 받아들이면, 우리는 하나님과 화목하게 되고 영원히 함께 거하게 될 것이다. 만일 우리가 그 선물을 받아들이지 않는다면, 우리는 스스로 형벌을 받고 영원히 하나님 없는 삶을 살게 될 것이다.[1]

하나님의 정의에 대한 우리의 가장 흔한 오해는 하나님의 정의로운 행하심을 마치 잔인하고 복수심을 가진 행동으로 해석하거나, 하나님의 정의는 반드시 평등해야 한다고 생각하는 것이다.

하나님의 정의와 평등

어떤 맥락에서 정의와 평등은 서로 바꿔서 사용할 수 있다. 그러나 우리는 하나님이 평등하다는 말을 신중히 사용해야 한다. 평등은 모든 사람이 똑같이 대우받아야 한다는 개념이다. 이러한 관점에서 하나님의 정의는 평등과 일치하지 않는다.

정의와 평등의 차이점을 이해하기 위해 마태복음 20장 포도원 품꾼의 비유를 살펴볼 필요가 있다. 예수님은 천국이 마치 품꾼을 얻어 포도원에 들여보내려고 이른 아침에 나간 포도원 주인과 같다고 말씀하셨다. 포도원 주인은 품꾼들에게 하루치 품삯을 지불하기로 약속하고 그들을 일터로 보냈다. 그런데 어찌된 일인지 아침에 와서 일한 사람들에게나 오후에 와서 일하기 시작한 사람에게나 똑같이 하루치 품삯을 주었다. 하루 종일 일한 품꾼이 불평하자 주인은 다음과 같이 말한다. "내 것을 가지고 내 뜻대로 할 것이 아니냐 내가 선하므로 네가 악하게 보느냐"(마 20 : 15).

이 비유에서 우리는 포도원 주인이 아침부터 와서 일한 품꾼에게 약속한 하루치 품삯을 준 것을 알고 있다. 정당한 지불이다. 그리고 적은 시간을 일한 자에게도 관대함을 베풀어 하루치 품삯을 주었다. 이처럼 하나님은 모든 사람들에게 정의로우시지만, 어떤 사람들에게는 더 은혜를 베푸시기도 한다. 하나님의 이러한 은혜의 특권은 출애굽기 33 : 19에서도 드러난다. "여호와께서 이르시되 내가 내 모든 선한 것을 네 앞으로 지나가게 하고 여호와의 이름을 네 앞에 선포하리라 나는 은혜 베풀 자에게 은혜를 베풀고 긍휼히 여길 자에게 긍휼을 베푸느니라".

우리가 기억해야 하는 것은 하나님의 선물은 하나님이 적합하다고 생각하신 대로 주어진다는 것이다. 하나님이 은혜를 베푸실 때는 어떠한 전제 조건이 요구되지 않는다. 이러한 것을 이해하지 못하고 하나님의 정의를 생각하는 사람은 자신이 생각하는 평등과 다르기 때문에 매우 실망하거나 화를 내기도 한다. 이것이 바로 기독교인들이 하나님의 정의와 평등을 구별해야 하는 중요한 이유이다.

💬 핵심 포인트

- 성경에서 말하는 정의로우신 하나님은 옳고 그름을 완벽하게 판단하시고, 그에 따라 행하실 수 있는 분이며, 그렇게 실제로 행하시

고, 또한 행하실 분이라는 의미이다.
- 하나님은 거룩하시고 선하시기에 자신이 세워 놓은 규칙을 어기는 죄에 대하여 가만히 있을 수가 없으시다. 왜냐하면 선하고 악한 것의 차이를 신경쓰지 않는 하나님은 결코 거룩하고 선할 수 없기 때문이다.
- 우리 모두는 죄를 지었고, 하나님이 말씀하신 죽음의 형벌을 받아야 할 자들이다. 그러나 하나님은 한 방법을 제시하셨는데, 그 방법은 바로 우리를 위하여 예수님을 보내사 형벌을 받고 죽게 하신 것이다. 이렇게 해서 하나님은 우리의 죄를 무시하지 않으시되, 우리를 용서하시고 사랑으로 대속의 값을 지불하셨다. 이제 하나님의 선물을 받아들이는 것은 우리의 책임이다.
- 하나님은 정의로우시지만 모든 사람을 똑같이 대우하시지는 않는다. 하나님의 선물은 하나님이 적합하다고 생각하신 대로 주어지는 것이다. 하나님이 은혜를 베푸실 때는 어떠한 전제 조건이 요구되지 않는다.

💬 대화 가이드

대화 시작하기
- 규칙을 위반했을 때 벌을 받았던 경험이 있었는지 생각해 보자. 그 벌을 준 사람이 못됐다고 생각했던 적이 있니? 그렇다면 그 이유는 무엇이었는지 말해 보자. (부모가 어떻게 규칙을 정하고, 규칙을 어겼을 때는 어떠한 사랑의 훈육을 하는지에 대하여 토론하라.)

대화 진행하기

- 신명기 32 : 4, 시편 9 : 7~8, 이사야 61 : 8을 읽어 보자. 이 구절들은 하나님의 정의로운 본성을 묘사하고 있어. 이 본문이 말하는 것을 바탕으로, 하나님의 정의로우심을 어떻게 설명할 수 있을까? (하나님의 정의로우심에 대해 자녀가 어떻게 이해하는지 이야기를 나눈 후에 본 장에서 다루었던 내용으로 대화하라. 하나님의 거룩함과 선함, 사랑과 정의가 분리될 수 없는 관계임을 강조하라.)

- 이사야 26 : 21, 나훔 1 : 2~3, 로마서 2 : 5을 읽어 보자. 이 구절에서의 하나님을 정의롭지 못한 하나님이라고 말할 수 있을까? 그렇다면 그 이유는 무엇이니? (이 모든 구절들은 인간이 지은 죄에 대한 하나님의 응답을 포함하고 있다. 하나님이 정의로우시기 때문에 죄에 대하여 침묵하지 않으신다는 것을 강조하라.)

- 하나님이 정의로우신 분이라면, 이것은 평생 동안 죄를 짓고 살아가는 우리에게 무엇을 의미한다고 생각하니? (죄 앞에는 심판밖에 없으나, 하나님이 예수님을 통하여 우리를 용서해 주기로 선택하셨다는 좋은 소식을 알려 주라.)

- 마태복음 20 : 1~16을 읽어 보자. 포도원 주인이 모든 품꾼을 똑같이 대우했니? 너는 이 이야기가 부당하다고 생각되니? (정의와 평등의 개념이 지닌 차이점을 설명하고, 하나님이 포도원 주인과 어떻게 같은지, 그리고 어떤 사람에게 더 은혜를 베푸시는지에 대해 토론하라.)

대화 적용하기

- 한 중학생이 온라인에 다음과 같은 질문을 던졌어. "성경에 나타난 하나님은 왜 그렇게 인간에게 잔인하신가요? 저는 이해할 수가 없어요. 저는 어려서부터 가톨릭 학교를 다녔는데, 그들은 언제나 하

나님이 사랑이 많다고 말했어요. 하지만, 제가 읽은 성경 이야기에서는 하나님이 오히려 잔인해 보여요. 하나님은 왜 그렇게 못됐죠? 저는 매우 혼란스러워요."[2] 너는 이 친구에게 뭐라고 답할 수 있을까?

16

구약성경에 나타난 하나님은
왜 그렇게 잔인할까?

구약성경에는 죽음과 살인에 관한 내용이 많이 등장한다. 하나님이 인류를 쓸어버리시는 이야기, 땅이 사람들을 삼키는 이야기뿐 아니라 이스라엘 민족에게 다른 나라들을 멸하라는 명령이 나오기도 한다. 이러한 이야기들은 하나님을 매우 무자비한 분으로 보이게 한다.

신약성경에서는 이러한 이야기들이 직접적으로 드러나지 않지만, 그렇다고 이것이 신약성경이 죄를 덜 심각하게 다룬다는 의미는 아니다. 예수님은 죄의 무게와 그 결과에 대하여 매우 정확하게 말씀해 주신다. 단지 죄에 대한 응답이 구약성경에서의 하나님처럼 즉각적인 형태로 나타나지 않을 뿐이다.

이 두드러진 차이가 기독교인들에게는 단순한 호기심 거리가 될 수 있지만, 회의론자들에게 있어서는 매우 심각한 영적인 해석을 가져온다. 그들은 종종 구약성경의 하나님은 완전히 악하며, 신약성경에서 묘사된 보다 더 다정한 하나님과 조화될 수 없다고 주장한다. 그들은 도덕적으로 선량한 하나님은 결코 구약성경에서 나오는 행동을 하지 않았을 것이므로 성경은 허구라고까지 말한다. 우리는 이러한 주장을 두고 우리의 아이들에게 하나님을 잘 가르칠 수 있을까? 여기서는 앞장에서 다루었던 정의로우신 하나님의 관점에서 구약성경에 나오는 '잔혹해 보이는' 하나님의 모습을 살펴보고자 한다.

구약성경에 나타난 하나님을 이해하는 배경

이 토론을 위한 가장 중요한 출발점은 하나님의 성품이 성경 전체에 걸쳐 일관된 방식으로 제시된다는 사실을 기억하는 것이다. 앞선 13장, 14장, 15장의 내용을 돌아보면, 구약성경과 신약성경에서 하나님의 속성에 대해 말하고 있는 구절을 볼 수 있다. 만일 구약과 신약에서 말하고 있는 하나님이 다르게 보인다면, 그것은 하나님이 실제로 변하셨기 때문이 아니라 하나님의 행동에만 초점을 맞추어 비교할 때 생기는 오해이다.

일단 우리가 하나님이 정의로우시고(15장 참조), 그것이 결코 변하지 않는다는 것을 알게 되면, 구약성경에 나타난 하나님의 행동이 정의의 실현으로 이해되는가, 아니면 그렇지 않은가에 대한 질문이 생기게 된다. 그 질문에 대답하기 위해 성경에 나와 있는 구절들을 통하여 하나님의 행동이 하나님의 무자비함에서 온 것인지, 아니면 인간의 죄에 대한 정의로운 응답이었는지에 대하여 살펴보아야 한다.

먼저 우리가 얼마나 하나님을 정확하게 이해할 수 있는지 솔직하게 답해 보자. 우리는 인간적인 관점에서 하나님의 행동이 정죄의 심판인지 아닌지에 대하여는 어느 정도 합리적으로 판단할 수 있지만, 그 심판의 시기와 방법 또는 범위에 대하여 완전히 이해할 수는 없다. 때로는 우리 눈에 하나님의 심판이 너무나 무자비하게 보일 수 있지만, 사실 우리는 판단을 위한 알맞은 배경 지식을 갖추지 못한 경우가 많다. 만일 우리가 하나님은 완벽하게 정의로우시며, 하나님의 심판이 인간의 죄에 대한 응답으로 행해진 것이라고 믿는다면 틀림없이 하나님의 심판은 정의롭게 행해진 것이다. 이를 염두에 두고, 다음 다섯 가지의 사건들과 구절들을 살펴보도록 하자.

하나님의 무자비함에 대하여 자주 의문시되는 구약성경 이야기

1) 노아의 홍수

창세기 1 : 31에서 하나님은 창조물을 보시고 "심히 좋았더라"고 말씀하셨다. 그러나 창세기 6장에서는 인간의 죄악으로 인하여 세상에 폭력과 부패가 가득하게 되었음을 보게 된다. 이러한 상황에서 성경은 의로운 사람, 노아에게 주목한다. 하나님은 인류의 악함에 대한 응답으로 커다란 홍수를 내리셨지만, 노아에게는 구원받을 수 있는 길을 주셨다. 노아는 그의 가족과 함께 하나님이 명하신 대로 모든 동물을 태울 수 있는 방주를 만들었고, 하나님은 노아의 방주에 탄 것들을 제외하고는 '모든 생명체'(창 7 : 21)를 멸하셨다.[1] 우리는 노아시대의 홍수가 하나님의 무자비함에서 기인한 것이 아니라, 인간의 죄에 대한 하나님의 응답임을 분명히 알 수 있다.

2) 소돔과 고모라의 멸망

창세기 18 : 20~33에서 하나님은 아브라함에게 소돔과 고모라의 심각한 죄악상과 임박한 심판에 대하여 말씀하셨다. 아브라함은 그의 조카 롯과 롯의 가족이 그 성에 살고 있었기에 소돔과 고모라에 자비를 베풀어 달라고 하나님께 간청했다. 아브라함은 하나님께 물었다. "주께서 의인을 악인과 함께 멸하려 하시나이까 …… 주께서 이같이 하사 의인을 악인과 함께 죽이심은 부당하오며 의인과 악인을 같이 하심도 부당하니이다 세상을 심판하시는 이가 정의를 행하실 것이 아니니이까"(창 18 : 23-25). 이 질문에 하나님은 만일 의인 오십 명이 있으면 멸하지 않겠다고 하셨다. 아브라함은 만일 사십오 명, 사십 명, 삼십 명, 이십 명, 결국 열 명만 찾게 되면 어떻게 하실지 물었으며, 결국 하나님은 의인 열 명만 있어도 소돔과 고모라를 멸하지 않겠다고 말씀하셨다. 그러나 의인 열 명은 없었고, 하나님은 롯과 그의 가족을 구원하신 후 성의 모든 것을 멸하셨다. 이 기록에서 우리가 볼 수 있는 것은 소돔과 고모라의 멸망은 인간의 죄에 대한 하나님의 응답이었다는 것이다.

3) 애굽에 대한 열 가지 재앙

요셉의 가족이 기근을 피하기 위해 애굽으로 이주한 후, 그들의 자손들은 생육하고 번성하고 매우 강하여 온 땅에 가득하게 되었다(출 1 : 7). 그러나 늘어나는 요셉의 자손들로 인하여 위협을 느낀 애굽 왕은 그들을 가혹한 노예의 삶으로 몰아갔다. 애굽인들은 어려운 노동으로 이스라엘 자손들의 생활을 괴롭게 했다(출 1 : 14). 심지어 애굽의 바로 왕은 이스라엘 남자 아기가 태어나면 모두 나일강에 던지라고 명령했다(출 1 : 22). 그때 하나님은 모세와 아론을 통하여 이러한 바로 왕에게 맞서서 이스라엘 백성들을 향한 억압과 불의 앞에 반응하게 하셨다. 바로 왕이 이스라엘 백성들을 자유롭게 풀어 주기를 거듭 거절하자, 결국 하나님은 애굽에 열 가지 재앙을 내리셨다. 재앙은 모든 애굽의 장자를 죽이는 데까지 이르렀으며(출 11 : 4-6), 결국 바로 왕은 이스라엘 백성들을 풀어 주었다. 여기에서도 분명한 것은 하나님의 심판과 진멸은 인간의 죄에 대한 응답이었다는 것이다.

4) 가나안 사람들에 대한 심판

창세기 12 : 1~3에서 하나님은 아브라함에게 그의 후손을 통해 모든 이들에게 복을 주겠다고 약속하셨다. 이러한 언약으로 인하여 아브라함은 하나님이 택하신 백성들, 이스라엘의 자손, 그리고 마침내 예수님의 조상이 되었다. 이러한 복의 일부는 이스라엘 백성들이 가나안 땅을 궁극적으로 상속받을 것을 포함하고 있다(창 15 : 18-21). 이스라엘 민족이 그 땅을 상속받을 때가 되었을 때, 가나안 땅은 죄가 가득하여 타락한 상황이었다. 가나안 사람들은 어린이 희생, 수간, 우상 숭배, 요술, 마술을 포함한 여러 가증한 것들을 범하고 있었으며(레 18 : 20-30, 신 18 : 9-14), 하나님은 이스라엘 백성들이 이러한 사악한 문화와 사람들 사이에 정착하는 것을 원하지 않으셨다. 하나님은 이스라엘 사람들이 육체적으로, 도덕적으로, 영적으로 거룩하기 원하셨으며, 그들을 향한 하나님의 구원의 메시지를 바르게 전하기 원하셨다.

결국 하나님이 아브라함에게 하셨던 가나안 땅 약속이 성취되는 시간은, 하나님이 그 땅의 사악한 주민들을 심판하시는 시간과 만나게 되었다. 그리하여 하나님은 이스라엘 사람들에게 "그들을 완전히 진멸하라"(신 20 : 17)고 명하셨다. 이렇듯 우리가 역사적 관점에서 하나님의 명령을 이해하면, 하나님의 심판이 그저 무자비한 행동이 아니라 가나안 사람들의 죄에 대한 심판임을 알 수 있다.[2]

5) 아말렉 사람들에 대한 심판

아말렉 사람들은 반복적으로 이스라엘 사람들과 싸웠다. 그들은 처음에 르비딤에서 이스라엘 사람들과 싸웠는데(출 17 : 8), 신명기는 이 사건을 이렇게 기술하고 있다.

"너희는 애굽에서 나오는 길에 아말렉이 네게 행한 일을 기억하라 곧 그들이 너를 길에서 만나 네가 피곤할 때에 네 뒤에 떨어진 약한 자들을 쳤고 하나님을 두려워하지 아니하였느니라 그러므로 네 하나님 여호와께서 네게 기업으로 주어 차지하게 하시는 땅에서 네 하나님 여호와께서 사방에 있는 모든 적군으로부터 네게 안식을 주실 때에 너는 천하에서 아말렉에 대한 기억을 지워 버리라 너는 잊지 말지니라"(신 25 : 17-19).

아말렉 사람들은 후에 가나안 사람들(민 14 : 45), 모압 사람들(삿 3 : 13), 미디안 사람들(삿 6 : 3)과 연합하여 이스라엘 백성들과 지속적으로 싸웠다. 마침내 하나님은 사울 왕에게 아말렉 사람들을 공격할 것을 명하신다. "지금 가서 아말렉을 쳐서 그들의 모든 소유를 남기지 말고 진멸하되 남녀와 소아와 젖 먹는 아이와 우양과 낙타와 나귀를 죽이라 하셨나이다 하니"(삼상 15 : 3). 사울 왕의 공격에서 벗어난 아말렉 사람들은 이후로도 이스라엘 백성들을 수백 년 동안 계속 괴롭혔다. 여기서 우리가 주목할 것은 아말렉 사람들을 향한 하나님의 공격 명령은 갑자기 나타나지 않았다는 것이며, 이스라엘 백성들에 대한 아말렉 사람들의 증오와 공격은 수백 년간 지속되었다는 것이다. 결국 그들의 죄가 하나님의 심판을 가져온 것이다.

위의 내용에서 보았듯, 회의론자들이 의문을 제기하는 무자비한 하나님에 대한 성경구절들은 인간들의 죄악에 대한 하나님의 심판이 그 배경에 있다.

우리가 구약성경을 단편적으로 본다면 하나님의 행동이 도덕적인지 아닌지 말할 수 있을지 모른다. 하지만 결국 하나님은 우리 인간들을 향한 하나님의 행동에 담긴 궁극적인 목적과 그 방법에 대하여 신약성경을 통해 말씀하셨다. "하나님이 그 아들을 세상에 보내신 것은 세상을 심판하려 하심이 아니요 그로 말미암아 세상이 구원을 받게 하려 하심이라" (요 3 : 17). 하나님은 예수님을 통하여 믿는 자들에게 구원과 죄 사함의 새로운 시대를 여셨고, 우리는 이제 하나님의 마지막 심판을 기다리고 있다.

핵심 포인트

- 하나님의 성품이 구약성경과 신약성경에서 다르게 보일지라도 그 본질은 결코 변하지 않는다. 하나님은 정의로우신 분이며 그 정의는 결코 변하지 않는다는 것을 알게 되면, 과연 구약성경에서의 하나님의 행동이 정의의 실현으로 이해되는가, 아니면 그렇지 않은가에 대한 질문이 생기게 된다.
- 이 질문에 대답하기 위해서 우리는 성경에 나와 있는 구절들을 통해 하나님의 심판이 정말 인간의 죄에 대한 정의로운 응답이었는지에 대하여 살펴보아야 한다.
- 구약성경의 다섯 사건들, 즉 홍수, 소돔과 고모라의 멸망, 애굽 재앙, 가나안 사람들의 파멸, 아말렉 사람들의 파멸 등은 사람들로 하여금 과연 하나님은 선하신가에 대하여 의문을 갖게 했다. 성경을 통하여 확인되는 각 사건들의 배경은 하나님의 심판이 인간의

죄에 대한 합당한 응답임을 분명하게 보여 준다.

💬 대화 가이드

대화 시작하기

- 구약성경에 나오는 노아의 홍수, 소돔과 고모라의 멸망, 애굽에 대한 열 가지 재앙 등의 이야기를 들을 때, 구약에서의 하나님이 신약에서의 하나님과 다른 분처럼 느껴지지는 않니? 그렇다면 그 이유는 무엇일까?

대화 진행하기

- 어떤 사람들은 애굽에 열 가지 재앙을 내리신 구약의 하나님은 신약의 하나님에 비해 잔인해 보인다고 말하곤 해. 너는 하나님의 성품이 변했다고 생각하니? 그렇다면 그 이유가 뭐니? (13장, 14장, 15장의 내용을 참고하여 아이들이 하나님의 모든 속성 안에서 통합적으로 이해할 수 있도록 도와주고, 말라기 3 : 6을 읽으라.)
- 이전 장에서 우리는 하나님의 정의와 사랑에 대한 속성과 죄에 대한 형벌이 결코 모순될 수 없다는 것을 다뤘어. 성경의 '잔인한' 사건들의 원인이 결국 하나님이 정의롭게 행동하셨기 때문인지 아닌지에 대하여 알기 위해서는 그 이야기 안에서 무엇을 주목해야 할까? (잔혹해 보이는 그 사건이 인간의 죄악 때문에 일어난 것임을 말해 주라.)

대화 적용하기

- 한 남자가 노아의 홍수에 관한 자신의 의견을 블로그에 다음과 같

이 올렸다고 생각해 보자. "왜 기독교인들은 다루기 힘들거나 잔인하고 가혹한 심판의 성경구절은 말하지 않고 슬쩍 넘어가는지 모르겠다. 그러면서 성경을 인간 삶의 도덕적 기준으로 삼아야 한다고 생각하는 것이 무척 의문이다."[3] 만일 네가 이 사람과 이야기할 기회가 있다면, 뭐라고 말해 주고 싶니?

17

어떻게 삼위일체 하나님이 가능할까?

"하나님은 삼위일체시다."라는 믿음은 기독교의 기초가 된다. 삼위일체 교리는 다음과 같다.

1. 하나님은 한 분이다.
2. 하나님은 세 가지 위격이 있으시다.
3. 각 위격은 완전한 하나님이시다.

기독교 신앙교리 중에서 삼위일체론은 아이들에게 가르치기가 가장 어렵다. 이것은 성인들도 이해하기 어려워한다. 나의 자녀들이 어렸을 때의 일이다. 나는 아이들에게 삼위일체 하나님을 알려 주기 위해 삶은 달걀을 벗겨 가면서 설명한 적이 있다. 달걀의 껍질과 흰자와 노른자는 모두 구별되지만 한 달걀이라는 설명이었다. 그러나 이 비유는 삼위일체 하나님을 설명하는 데 심각한 오류가 있었다. 왜냐하면 달걀 껍질과 흰자와 노른자는 세 가지가 결합되었을 때만 온전한 달걀이 되기 때문이다. 낱낱의 형태로는 완전한 달걀이라 할 수 없다.

사실 삼위일체를 설명하기 위한 여러 비유들이 있지만, 문제는 그 중 어떤 것도 정확하지 않다는 것이다. 삼위일체는 우리가 완전히 이해할 수 없는 신비이다. 하지만, 이것이 삼위일체가 비논리적이라는 의미는 아니다. 회의론자들은 삼위일체는 모순이므로 논리의 규칙을 무시한다고 말한다. 예를 들어, 세 신이 하나의 신이며, 세 사람이 한 사람이라고 말하는 것 자체가 모순이라는 것이다. 그러나 삼위일체의 교리는 그러한 의미가 아니라 하나의 하나님이 세 분의 위격으로 존재한다는 것이다. 이것은 제대로 이해되면 논리 규칙에 어긋나지 않는다. 우리는 이 장에서 삼위일체 교리의 핵심에 대한 성경말씀과 그동안 잘못 이해되어 온 설명에 대하여 다루어 보고자 한다.[1]

한 분인 하나님

성경은 하나님이 오직 한 분이라는 것을 분명하게 밝힌다.

- "이스라엘아 들으라 우리 하나님 여호와는 오직 유일한 여호와이시니"(신 6:4).
- "나의 전에 지음을 받은 신이 없었느니라 나의 후에도 없으리라"(사 43:10).
- "예수께서 대답하시되 첫째는 이것이니 이스라엘아 들으라 주 곧 우리 하나님은 유일한 주시라 네 마음을 다하고 목숨을 다하고 뜻을 다하고

힘을 다하여 주 너의 하나님을 사랑하라 하신 것이요"(막 12 : 29-30).
- 열왕기하 5 : 15, 이사야 46 : 9, 요한복음 17 : 3, 갈라디아서 3 : 20, 디모데전서 2 : 5

하나의 신을 믿는 종교를 일신종교라고 한다. 유대교, 기독교, 이슬람교는 모두 일신교이지만, 세 위격의 하나님이 존재한다는 믿음은 오직 기독교만 가지고 있다. 이에 대하여 유대인과 무슬림은 기독교인들이 세 신을 섬긴다고 말하기도 한다. 그러나 기독교인들에게 있어서 삼신론은 이단으로 인식된다.

몰몬교는 다신종교의 대표적 예로서, 세상에 많은 신들이 존재한다고 믿고 있다. 이러한 관점에서 몰몬교는 성부 하나님, 성자 하나님, 성령 하나님이 하나의 목적 아래서 각자의 역할을 감당하는 세 가지 신이라고 믿는다.[2] 하나님이 한 분이라고 믿는 것에서 기독교와 몰몬교는 구별된다.

다음은 삼위일체 하나님에 대한 합당한 설명이 아니기에 피해야 한다.

- "삼위일체는 흰자와 노른자와 껍데기로 구성된 달걀과 같다." 이 비유는 하나님의 일치를 부정하고 있다. 성부, 성자, 성령과 달리 달걀은 서로 다른 세 개의 물질로 이루어져 있다.
- "삼위일체는 세잎클로버와 같다." 이 비유 역시 하나님의 일치를 부정한다. 각 잎은 별개이며, 같은 본성을 공유하지 않는다. 삼위일체에서 각 위격은 똑같은 본성을 공유한다.

하나님의 세 가지 위격

성경은 분명히 단 한 분인 하나님이 있다고 우리에게 말하고 있지만, 하나님의 세 위격이 있다는 것을 명시하고 있지는 않다. 그렇기에 우리는 성경이 삼위일체 교리를 가르치고 있음을 믿기 위해 두 가지 사실을 추가로 확인해야 한다. 첫째, 성경이 성부, 성자, 성령을 세 가지의 분명한 위격으로 설명하는지, 둘째, 이 세 가지 위격의 하나님은 각각 완전한 하나님이신지에 대한 확인이다.

먼저 성경이 성부, 성자, 성령을 세 가지의 분명한 위격으로 말하고 있는지 살펴보자. 성부, 성자, 성령이 세 가지 위격이라면 모두 함께 나열되어야 하며, 동시에 행동해야 한다. 다음의 본문들을 보자.

- "예수께서 세례를 받으시고 곧 물에서 올라오실새 하늘이 열리고 하나님의 성령이 비둘기같이 내려 자기 위에 임하심을 보시더니 하늘로부터 소리가 있어 말씀하시되 이는 내 사랑하는 아들이요 내 기뻐하는 자라 하시니라"(마 3 : 16-17).
- "보혜사 곧 아버지께서 내 이름으로 보내실 성령 그가 너희에게 모든 것을 가르치고 내가 너희에게 말한 모든 것을 생각나게 하리라"(요 14 : 26).
- "곧 요한이 그 세례를 반포한 후에 갈릴리에서 시작하여 온 유대에 두루 전파된 그것을 너희도 알거니와 하나님이 나사렛 예수에게 성령과 능력을 기름 붓듯 하셨으매 그가 두루 다니시며 선한 일을 행하시고 마귀에게 눌린 모든 사람을 고치셨으니 이는 하나님이 함께하셨음이라"(행 10 : 37-38).

- 마태복음 12 : 28, 28 : 19, 누가복음 3 : 22, 요한복음 15 : 26, 고린도후서 13 : 13, 베드로전서 1 : 2

위의 구절들은 하나님이 세 가지 형태나 방식(모달리즘이라고 하는 이단)으로 행동하는 하나의 신이라는 이해가 틀렸음을 보여 준다. 예를 들어, 성부와 성자와 성령을 하나님이 변화하는 세 가지 형태로 볼 경우, 세 가지 위격이 모두 예수님의 세례에 동시에 참여할 수 없기 때문이다(마 3 : 16-17).

다음의 삼위일체 비유는 모달리즘을 부주의하게 가르치는 잘못된 설명이므로 피해야 한다.

- "삼위일체는 물과 같다. 그것은 고체, 액체, 기체의 세 가지 형태로 존재한다." 물은 고체, 액체, 기체의 형태로 존재할 수 있지만, 물의 동일한 분자는 동시에 세 가지 형태로 존재할 수 없다. 이 비유는 뚜렷하게 공존하는 하나님의 세 가지 위격을 설명할 수 없다.
- "삼위일체는 동시에 아버지, 남편, 아들인 사람과 같다." 한 남자의 역할은 누군가의 아버지, 남편, 아들이 될 수 있지만, 이것은 단순히 역할만 바뀌는 것이다. 삼위일체 하나님은 한 분이 역할만 바꾸시는 것이 아니다.

이렇듯 성경은 한 분인 하나님이 계시고, 성부와 성자와 성령은 분명한 세 가지 위격이라고 말씀하신다. 이제 우리가 한 가지 더 확인해야 하는 것은 세 가지 위격의 하나님이 각각 완전한 하나님이신지의 여부이다.

각각 완전한 세 가지 위격의 하나님

아래는 세 가지의 각 위격이 완전한 하나님이심을 드러내는 핵심 성경구절들이다.

완전한 하나님이신 성부

- "인자는 아버지 하나님께서 인치신 자니라"(요 6 : 27).
- "하나님 우리 아버지와 주 예수 그리스도로부터 은혜와 평강이 있기를 원하노라"(롬 1 : 7).
- 이사야 64 : 8, 고린도전서 8 : 6, 에베소서 1 : 3, 베드로전서 1 : 2

완전한 하나님이신 성자[3]

- "태초에 말씀이 계시니라 이 말씀이 하나님과 함께 계셨으니 이 말씀은 곧 하나님이시니라 …… 말씀이 육신이 되어 우리 가운데 거하시매 우리가 그의 영광을 보니 아버지의 독생자의 영광이요 은혜와 진리가 충만하더라"(요 1 : 1, 14).
- "육신으로 하면 그리스도가 그들에게서 나셨으니 그는 만물 위에 계셔서 세세에 찬양을 받으실 하나님이시니라 아멘"(롬 9 : 5).
- 요한복음 20 : 28, 골로새서 1 : 16, 2 : 9, 히브리서 1 : 8, 요한1서 5 : 20

완전한 하나님이신 성령

- "누구든지 그리스도의 영이 없으면 그리스도의 사람이 아니라"(롬 8 : 9).

- "너희는 너희가 하나님의 성전인 것과 하나님의 성령이 너희 안에 계시는 것을 알지 못하느냐"(고전 3 : 16).
- 마태복음 10 : 20, 요한복음 14 : 17, 사도행전 5 : 3~4, 고린도전서 2 : 11, 요한1서 5 : 6

서기 250년에서 336년까지 살았던 아리우스는 예수님이 하나님에 의해 창조되었다고 주장함으로써 예수님의 신성을 부인했다. 아리우스파라고 불리는 이들의 주장은 325년 니케아 첫 공의회에서 교회의 비난을 받았다. 사실 우리가 종종 접했던 삼위일체 하나님에 대한 비유 중에도 아리우스파의 잘못된 비유가 있다. 바로 삼위일체 하나님을 태양에 비유하는 것이다. 이 비유에서 성자와 성령은 태양에 의해 만들어지는 열과 빛으로 비유된다. 이것은 성자와 성령이 태초부터 성부와 함께 계신 것이 아니라 성부로부터 기원되었다는 것을 의미하기 때문에, 삼위일체에 대한 온전한 설명이 아니다. 현실적으로 우리가 자녀들에게 삼위일체 하나님을 쉽게 설명할 방법은 없지만, 그럼에도 불구하고 정확하게 가르치는 것이 중요하다.

💬 핵심 포인트

- 삼위일체 교리는 다음과 같다. 첫째, 하나님은 한 분이다. 둘째, 하나님은 세 가지 위격이 있으시다. 셋째, 각 위격은 완전한 하나님이시다.
- 성경은 하나님이 오직 한 분이라는 것을 분명하게 밝힌다.
- 성부와 성자와 성령이 함께 행동하거나 함께 나열된 구절들은 한 분인 하나님이 역사상 여러 가지 형태로 변화하는 것이 아니라 분

명한 세 가지 위격이 있으심을 보여 준다.
- 많은 다른 성경구절들도 성부와 성자와 성령이 각각 완전한 하나님이심을 나타낸다.
- 이단은 삼위일체 하나님에 대한 정확하지 않은 비유들을 가르치고 있다. 자녀들에게 어떤 점이 삼위일체 하나님에 대한 바른 설명이 아닌지 가르쳐 주는 것이 중요하다.

💬 대화 가이드

대화 시작하기
- 기독교인으로서 우리는 한 분 하나님이 계시고, 하나님은 세 가지 분명한 위격(성부, 성자, 성령)이 있으시며, 세 가지 위격은 각각 완전한 하나님이시라고 믿어. 우리는 이것을 '삼위일체'라고 부르지. 아직 삼위일체가 이해하기 어렵다고 생각하니? 그 이유가 뭘까?

대화 진행하기
- 하나님이 오직 한 분이라는 것을 보여 주는 성경구절을 읽어 보자. '하나님은 세 가지 위격이 있으시다'라는 생각이 이 구절과 모순된다고 생각하니? 그 이유를 말해 보자. (모순이 무엇인지 설명하고, 삼위일체가 모순이 아닌 이유에 대하여 이 장에서 주어진 설명으로 토론하라.)
- 마태복음 3:16~17을 읽어 보자. 이 구절은 종종 성부와 성자와 성령이 세 가지의 분명한 위격이심을 보여 주기 위해 사용되는 구절이야. 그리고 성부 하나님이 때에 따라 성자나 성령으로 변하는 것이 아니란다. 이 구절은 삼위일체 하나님을 어떻게 보여 주고 있

을까? (예수님이 세례를 받을 때 세 위격이 동시에 활동하신 것과 모달리즘의 개념을 대조해서 설명하라.)
- 이 장에서 언급한 삼위일체 하나님의 각 위격이 완전한 하나님이심을 나타내는 성경구절을 읽어 보자. 각 구절은 세 가지 위격과 하나님이 동일한지에 대하여 어떻게 설명하고 있을까?
- (더 많은 토론을 원한다면 자녀에게 삼위일체를 설명하게 한 후, 그들이 어느 부분을 잘못 이해하고 있는지 확인하라.)

대화 적용하기
- 다음의 인용문을 생각해 보자. "삼위일체론은 논리적이지 않다. …… (기독교를 옹호하는 사람들은) 이 수수께끼에 대해 명확하고 간결하며 합리적이라고 믿는 답을 가지고 있다. 나는 그것에 대해 여러 번 들어 봤지만, 그것을 받아들이지는 않는다. 내가 생각하는 신은 신비롭고, 대부분 알 수 없으며, 저 밖 어딘가에 존재하시는 분이다."4) 삼위일체론이 논리적이지 않다고 말하고, 자기 생각대로 신을 믿는 이 사람에게 어떻게 답할 수 있을까?

18

왜 하나님은 성경에서
자신을 더 드러내시지 않을까?

하나님은 일반계시로서의 자연과 특별계시로서의 성경을 통하여 우리에게 자신을 드러내신다. 우리는 이러한 하나님의 자기 계시를 통하여 하나님이 어떤 분이며, 우리와 어떻게 관계를 맺어 가시는지에 대하여 알 수 있다.

하지만, 우리는 또 다른 궁금증을 갖게 된다. 예를 들면, 아래와 같은 질문들이다.

- 왜 하나님은 사탄이 그처럼 많은 영향력을 행사하도록 허용하시는가?
- 왜 하나님은 어떤 사람들은 치료하시고, 어떤 사람들은 치료하시지 않는가?
- 왜 하나님은 모든 사람이 성인(聖人)처럼 살아가게 하시지 않는가?
- 왜 하나님은 예수님이 다시 오시기 전에 이토록 긴 시간을 우리에게 허락하시는가?

나는 사실 성경이 모든 사람들이 질문을 하고 그 모든 질문에 답을 주는 이른바 홈페이지의 "자주하는 질문"(FAQ)과 같이 활용되기 원한다. 만일 하나님이 우리에게 그런 답을 주시지 않는다면 거기에는 그럴 만한 이유가 있을 것이다. 또한 그것이 우리에게 최선의 선택이기 때문일 것이다. 실제로 성경은 우리가 매일 마주치는 현실에서 우리가 원하는 답을 모두 명확히 주지는 않는다. 우리는 이러한 부분에 대해 왜 하나님은 더 많이 알려 주시지 않는지 궁금해할 수밖에 없다. 자연(일반계시)과 성경(특별계시)을 통하여 우리에게 자신을 드러내시는 하나님은, 왜 우리에게 모든 것을 알려 주시지 않는지 이번 장에서 살펴보고자 한다.

우리가 알아야 할 것을 말해 주는 성경

책에 빈 페이지가 있는 경우는 두 가지 중의 하나일 것이다. 인쇄에 오류가 있었거나 저자가 의도적으로 비워 두었을 경우이다. 빈 페이지를 보는 것이 독자의 혼란을 야기할 수 있기 때문에, 출판사에서는 종종 페이지를 비워 둔 것이 의도적이었음을 알린다. 하나님이 우리에게 주지 않으신 대답은 마치 빈 페이지와 같다. 우리의 하나님은 완전하시기에 만일 우리가 하나님에 대하여 어떤 부분을 다 이해할 수 없더라도 혹시나 하나님의 말씀에 오류가 있는 것은 아닌지 의심하지 않아도 된다.

이러한 관점에서 우리는 성경에 하나님에 대한 모든 것이 정확히 적혀 있지 않더라도, 하나님이 의도적으로 그 부분을 비워 두셨다고 이해할 수 있다. 사실 하나님은 의도적으로 빈 페이지를 두셨는데, 우리가 그 의미를 종종 이해하지 못하는 경우도 있다. 분명한 것은 하나님은 우리가 필요로 하는 모든 계시를 우리에게 주셨다는 것이다. 만일 우리가 더 많이 알아야 한다고 생각한다면, 그것은 어떤 면에서 하나님이 우리에게 알려 줄 무언가를 놓치셨다고 생각하는 오류에 빠지게 할 수 있다. 완전하신 하나님은 실수가 없으시다. 우리는 무언가 더 많은 것을 원할 수도 있지만, 우리에게 더 필요한 것은 없다.

이에 대하여 성경은 뭐라고 말하는가? 디모데후서 3 : 15~17은 다음과 같이 말한다.

"또 어려서부터 성경을 알았나니 성경은 능히 너로 하여금 그리스도 예수 안에 있는 믿음으로 말미암아 구원에 이르는 지혜가 있게 하느니라 모든 성경은 하나님의 감동으로 된 것으로 교훈과 책망과 바르게 함과 의로 교육하기에 유익하니 이는 하나님의 사람으로 온전하게 하며 모든 선한 일을 행할 능력을 갖추게 하려 함이라".

즉, 성경은 우리에게 구원에 이르는 지혜와 경건하게 사는 방법을 가르쳐 준다. 그렇다고 이 본문이 우리가 영적인 삶을 살아가는 데 성경 외에 다른 자원들은 우리에게 유익이 될 수 없다고 말하는 것이 아니라, 구원과 경건한 삶을 위해 하나님이 성경을 통해서 주신 말씀 외에 다른 추가적인 것이 필요하지 않음을 의미하는 것이다.

우리 중 많은 사람들은 여전히 "훌륭해! 나는 필요한 답을 얻었어. 그런데 더 많이 알기 원해."라고 대답할 것이다. 우리가 원하는 답을 모두 얻지 못하는 데에는 여러 가지 이유가 있겠지만, 특히 다음의 두 가지가 매우 중요하다. 첫째, 우리는 우리가 원하는 모든 것을 알 수 있는 능력이 없다. 둘째, 우리가 알고 싶어 하는 모든 것을 아는 것이 우리에게 좋지 않을 것이다.

우리는 우리가 원하는 모든 것을 알 수 있는 능력이 없다.

우리가 분명히 아는 것은 하나님은 전능한 분이며, 우리는 그렇지 않다는 것이다. 우리는 심지어 그 하나님과 우리 사이에 얼마나 큰 수준 차이가 존재하는지조차 알지 못한다.

예를 들어, 왜 하나님이 어떤 사람은 고쳐 주고 어떤 사람은 그렇게 하시지 않는지 질문을 받았다고 생각해 보자. 나의 수준에서 생각하는 답은 거기에는 그렇게 하실 만한 하나님만의 매뉴얼 같은 것이 있으리라는 것이다. 그러나 그것은 그렇게 간단한 문제가 아니다. 하나님의 깊고 높은 생각과 지혜를 우리에게 다 설명할 수 있는 방법은 없다. 만일 하나님이 어떤 사람을 고쳐 주시지 않는다면, 그 이유를 알기 위해 우리는 하나님의 완전한 관점, 즉 한 사람의 일생에서 이 순간이 다른 사람들의 삶과 궁극적으로 역사의 흐름에 어떠한 영향을 끼치는지에 대한 완전한 이해뿐만 아니라 과거, 현재, 미래에 대한 포괄적인 지식을 가져야 할 것이다. 사실 그 질문 아래에는 우리가 다 설명할 수 없는 변수와 관계들이 너무 많다. 이러한 관점에서 우리는 우리가 원하는 모든 것을 알 수 있는 능력이 없음을 인정해야 한다.

우리가 알고 싶어 하는 모든 것을 아는 것이 우리에게 좋지 않을 것이다.

나는 이 부분에 대하여 솔직해지고 싶다. 이러한 접근은 나에게 매우 불편한 것이 사실이다. 왜 우리는 무언가를 아는 것이 내게 도움이 되는지, 아닌지에 대하여 스스로 결정할 수 없을까? 성경에 나와 있는 세부적인 것들을 다 꺼내 놓고 각자가 관심 있는 것들을 정리하고 이해하게 하면 되는 것 아닌가? 사탕이 건강에 좋지 않다는 것을 부모가 알고 있기 때문에 자녀들에게 온종일 사탕을 주지 않고, 자녀들도 그것을 받아들이듯, 위와 같은 질문을 통해 나는 하나님의 주권을 인정한다.

나는 우리가 원하는 모든 답을 가지고 있지 않은 것이 우리로 하여금 하나님을 더욱 의지하고 성장하게 한다는 것을 인정하게 되었다. 우리가 찾는 답이 부족할 때 우리는 더욱 겸손하게 하나님을 의지하며, 지혜를 구할 수 있게 된다. 우리는 하나님의 형상대로 창조되었지만, 하나님이 되도록 창조되지는 않았다. 우리는 모든 것을 알 수 없으며, 오직 하나님만이 모든 것을 알고 계신다는 사실을 상기해야 한다. "너는 마음을 다하여 여호와를 신뢰하고 네 명철을 의지하지 말라"(잠 3 : 5).

또한 우리가 찾는 답이 부족하기 때문에 하나님의 뜻을 향한 기도로 나아가게 된다. 만일 우리가 모든 것을 안다면 우리는 하나님과 대화할 필요가 거의 없을 것이다. 그러나 우리는 기도를 통해 우리를 만드신 하나님과의 살아 숨쉬는 관계를 경험하게 된다.

마지막으로, 우리가 알아야 할 모든 것을 이미 하나님이 우리에게 주셨다는 것을 묵상할 때, 우리는 하나님의 말씀을 더욱 갈망하고 기억하게 된다. 우리는 하나님이 말씀하시지 않은 것에 초점을 맞추는 대신, 이미 하나님이 말씀하신 것을 이해하는 데 집중하는 것이 합당하다. 이 하나님의 말씀이야말로 우주의 창조주이신 하나님이 우리에게 주시기로 결정하신 것이다. 성경말씀은 매우 특별하고, 귀중하며, 반드시 이해해야 할 하나님의 말씀이다. 우리가 이것을 충분히 이해한다면 하나님의 말씀으로서의 성경에 대한 우리의 관점이 변할 것이며, 또한 성경이 얼마나 중요한지 더 깊이 깨닫게 될 것이다.

💬 핵심 포인트

- 하나님이 자연과 성경에서 자신에 대해 계시해 주신 것을 돌아볼 때, 우리는 우리 자신이 누구이며, 우리가 하나님과 어떤 관계에 있는지 이해하게 된다. 하지만 우리는 우리가 궁금해하는 모든 것을 다 알 수는 없다.
- 우리는 사실 하나님의 말씀을 통하여 우리가 알아야 할 모든 것을 가지고 있다. 디모데후서 3 : 15~17은 구원과 경건한 삶에 관해 알아야 할 것을 성경이 가르쳐 준다고 말해 준다.
- 그러나 인간과 하나님의 수준 차이가 너무나 커서, 우리는 우리가 원하는 모든 것을 알 수 있는 능력이 없다.
- 우리가 알고 싶어 하는 모든 것을 알게 된다 해도 그것이 우리에게 좋지 않을 것이다. 도리어 우리가 원하는 모든 답을 가지고 있지 않은 것이 우리로 하여금 하나님을 더욱 의지하여 성장하게 한다.

💬 대화 가이드

대화 시작하기

- 하나님께 세 가지 질문을 할 수 있는 기회가 생긴다면, 무엇을 묻고 싶은지 말해 보자. (자녀의 질문에 대해 시간을 가지고 이야기하라.)

대화 진행하기

- 우리는 하나님이 더욱 명확하게 답해 주시기를 바라는 질문을 가지고 있어. 하지만 적어도 우리가 알아야 할 모든 것을 이미 하나님이 우리에게 주셨다고 생각하지 않니? 왜 그렇게 생각하는지 말

해 보자. (우리에게 진정으로 더 많은 계시가 필요하다면, 하나님이 무언가 우리에게 말해야 할 것을 놓치셨다는 것인데, 하나님은 실수하지 않으시는 완벽한 분이다.)

- 디모데후서 3 : 15~17을 읽어 보자. 이 구절은 성경이 우리에게 가르치는 바가 무엇이라고 말하고 있니? (구원과 경건한 삶을 사는 방법에 대해 알려 준다. 이는 성경 외에 다른 자원들이 우리에게 유익이 될 수 없다는 것을 의미하는 것이 아니라, 구원과 경건한 삶을 위해 하나님이 성경을 통하여 주신 말씀 외에 다른 추가적인 것이 필요하지 않다는 뜻임을 분명히 설명하라.)

- 성경이 우리에게 구원과 경건한 삶에 대해 알아야 할 모든 것을 말해 준다는 것을 이해함에도 불구하고, 많은 사람들이 더 많은 것을 알기 원하며, 왜 하나님은 우리가 알고 싶어 하는 모든 정보를 주기보다 알아야 할 정보만 주었냐고 따진다면 어떻게 답할 수 있을까? (이 장에서 논의된 두 가지를 제공하라. 우리는 우리가 원하는 모든 것을 알 수 있는 능력이 없으며, 또한 모든 것을 아는 것이 좋지 않을 것이다.)

대화 적용하기

- 만일 유신론자와 무신론자 간의 온라인 토론에서 이런 질문이 나왔다고 생각해 보자. "왜 하나님은 성경을 통해서 더 유용한 정보를 우리에게 알려 주지 않았습니까? 만일 하나님이 농작물 수확에 대한 적절한 지식을 전달했다면, 적어도 수백 년 동안의 기근을 피할 수 있었을 텐데요. 하나님은 우리가 고통받기를 원하는 건가요?"[1] 이러한 질문에 어떻게 대답할 수 있을까? 이 무신론자가 말한 '유용한'이라는 단어에 대하여 어떻게 생각하니?

제4부

하나님을 믿는다는 것은 뭘까?

작년 추수감사절 바로 전날, 우리집에는 큰일이 있었다. 바로 체중계가 고장이 난 것이다. 그래서 주말 내내 먹은 칠면조 요리, 면, 감자, 빵, 파이 등이 내 몸에 얼마나 많은 칼로리를 쌓이게 했는지 확인할 길이 없었다. 사실 내 몸집은 작은 편이지만, 나는 여전히 정기적으로 몸무게를 재어 본다. 그러나 체중계가 고장난 해방감을 경험하고 나서 나는 크리스마스까지 몸무게를 재지 않았다.

새해 첫날이 되자, 나는 너무 오랫동안 몸무게를 재지 않고 살았다는 생각에 체중계를 새로 샀는데, 체중계에 올라서 보니 생각한 만큼 살이 찌지 않아 안도의 한숨을 내쉬었다. 그런데 그때 남편이 체중계에 올라서더니 이렇게 말했다. "이 체중계 고장 났네. 적어도 몇 킬로그램은 더 나와야 하는데." 남편은 그날 아침에 병원에서 신체검사를 했기에 이 체중계가 잘못되었다는 것을 바로 알아차렸다. 남편 말대로 체중계의 영점 조절이 잘 되지 않아 실제보다 몇 킬로그램 더 적게 나온 것이다. 그렇다면 우리가 그 체중계의 영점 조절을 제대로 했을까? 그렇게 하지 않았다. 나는 그 체중계의 숫자가 틀렸다는 것을 알면서도 더 낮은 몸무게 숫자가 이상하게 마음에 들었다. 그 체중계의 숫자는 내가 원하던 몸무게와 조금 더 가까웠던 것이다.

이 일화를 통해서도 알 수 있듯이, 분명한 것은 진리란 내가 선택하는 것에 따라 결정되는 것이 아니라는 것이다. 즉, 진실을 무시하거나 거짓 대안을 받아들이기로 선택하면, 결국에는 진리로부터 멀어지게 된다.

우리는 18장을 통하여 자연과 성경에서 하나님이 자신에 대해 계시해 주신 진리에 대하여 다루었다. 이것은 바로 우리 자녀들이 받아들여야 할 중요한 토대이다. 그러나 정확하지 않은 체중계를 통해서 지금 내가 보고 있는 숫자가 아닌 나의 진짜 몸무게가 존재한다는 것을 인정하는 것만으로는 충분하지 않은 것처럼, 하나님의 진리가 존재한다고 인정하는 것만으로는 부족하다. 즉, 우리는 우리가 받아들여야 할 하나님의 진리에 대하여 합당하게 반응하고 선택해야 한다.

제4부에서는 하나님을 믿는다는 것에 관하여 회의론자와 기독교인들에 의해 제기되는 질문들을 살펴볼 것이다. 처음 세 장에서는 세계의 다양한 종교적 믿음에 관한 주제를 다룰 것이다. "사람들은 왜 같은 하나님을 서로 다르게 믿을까?", "모든 종교는 같은 신을 숭배할까?", "우리의 믿음은 단순히 자라난 환경의 영향을 받아 형성된 것일까?" 다음 세 장에서는 기독교인들이 묻는 신앙의 본질에 대하여 다룰 것이다. "왜 기독교인들은 종종 하나님에 대한 믿음을 의심할까?", "하나님이 우리의 기도에 응답하신다는 것을 어떻게 알 수 있을까?", "볼 수도, 들을 수도 없는 하나님과의 관계를 어떻게 발전시킬 수 있을까?" 우리 아이들은 종종 이러한 질문들과 씨름한다.

기독교인들에게 이 질문들이 답하기 어려울 수 있다는 것을 알기에, 회의론자들은 종종 이러한 질문들을 공격할 거리로 삼는다. 예를 들어, 회의론자들은 하나님을 믿는 사람들이 종종 신앙을 의심하는 것을 지적

한다. 그리고 그러한 이유를 마음 깊은 곳에서는 실제로 하나님의 존재를 믿지 않고 있기 때문이라고 말한다.[1] 또 어떤 회의론자들은 하나님이 기도에 응답하신다는 생각을 조롱하면서, "왜 하나님은 병자를 치유하지 않는가"라는 식의 웹사이트를 만들어 운영하기도 한다. 또 다른 회의론자들은 하나님은 상상의 존재라고 말하면서 보이지 않는 존재와 관계를 맺고 있다며 기독교인들을 조롱하기도 한다. 불행히도 이러한 회의론자들의 도전 앞에 기독교인들은 종종 믿음이 흔들리기도 한다. 이러한 상황에서 우리가 해야 할 것은 먼저 이와 같은 세상의 도전들이 충분히 우리의 삶에 계속 다가올 수 있다는 사실을 인정하는 것이며, 또 한 가지는 우리 아이들이 이러한 도전들 앞에 답할 수 있도록 도와주어야 한다는 것이다.

제4부의 대화들은 우리 자녀들이 이러한 주제들을 다루는 데 도움이 되리라 생각한다. 이러한 대화를 통하여 우리의 믿음은 세상 속에서 내가 가장 선호하는 어떤 숫자를 택하는 것이 아니라, 오히려 현실의 삶을 중심으로 형성해 가는 것임을 알게 될 것이다.

하나님을 믿는 것에 관한 대화의 중요한 세 가지 열쇠

1. 여기에서 다루고자 하는 핵심은 우리가 지금까지 배워 온 진리에 대한 인간의 반응임을 설명하라. 이 책의 처음 세 부분에서 우리는 자연과 성경에서 하나님이 자신에 대해 계시해 주신 것을 토론하였고, 이제는 인간이 하나님의 계시에 어떻게 반응하고 있는지 다루고자 한다. 우리는 이러한 대화의 핵심을 우리 아이들이 잘 이해할 수 있도록 도와주어야 한다.
2. 진리를 말할 때 사랑 안에서 말해야 함을 강조한다. 제4부 첫 세

개의 장은 비기독교인들이 믿는 것에 대하여 다룬다. 우리가 이러한 대화를 나눌 때, 우리의 대화 태도는 그들에 대하여 정죄하는 것이 아니라 겸손히 진리를 전하는 태도여야 한다. 우리는 기독교인으로서 하나님으로부터 지음 받은 모든 사람에게 사랑을 보여 주어야 한다. 동시에, 우리 아이들이 알아야 하는 것은 하나님에 대한 진리를 세상 사람들에게 말하는 것 자체가 결코 그들을 증오하거나 배척하는 행위가 아니라는 것이다. 우리는 진리를 전할 때 온유와 두려움으로 전해야 한다(벧전 3 : 15).

3. 보다 눈높이를 맞추어 대화할 수 있도록 준비하라. 이 책의 질문들은 아이들에게 의견을 묻는 것에 초점이 맞추어져 있지, 그들과 하나님과의 관계에 대해서 초점이 맞추어져 있지는 않다. 그런데 제4부의 마지막 세 장에서는 아이들과 하나님과의 관계에 대한 질문이 던져진다. 어떤 아이들은 이 질문들을 편안하게 받아들일 수 있지만, 어떤 아이들은 불편해할 수도 있다. 이러한 대화가 불편한 아이들에게는 답을 계속 묻기보다는 부모의 개인적인 간증이나 경험을 나누고, 그들이 경청하도록 돕는 것이 중요하다.

19

사람들은 왜 같은 하나님을 서로 다르게 믿을까?

어느 날 저녁, 집에서 요리하고 있는 도중 초인종이 울렸다. 나가서 문을 열어 보니 어떤 여자와 어린 소녀가 있었다. 그 여자는 나에게 하나님에 대한 짧은 영상을 보여 주어도 되겠냐고 물었다. 나는 곧 그들이 여호와의 증인이라는 것을 깨달았다. 만일 그때 내 아들이 바로 옆에 있지 않았다면, 나는 "죄송합니다. 시간이 없네요."라고 말하고 곧장 집 안으로 들어갔을 것이다. 하지만 나는 나와 다른 믿음을 갖고 있는 사람들과 대화하는 방법을 잠깐이라도 아들에게 보여 줄 수 있는 좋은 기회가 될 것 같아서 이렇게 말했다. "저는 지금 저녁식사를 준비 중이어서 영상을 보거나 오랫동안 대화할 상황이 아니에요. 그리고 저는 기독교인입니다." 그러자 그녀는 이렇게 대답했다. "우리도 기독교인이에요. 저는 같은 하나님을 믿는 사람들끼리 이야기하는 것을 너무나 좋아합니다. 저와 대화하는 대부분의 사람들은 하나님을 전혀 믿지 않더라고요." 이에 나는 대답했다. "당신이 하는 말의 의미를 조금은 알 것 같아요. 사실 우리가 사는 이 세상은 너무 세속화되어 가고 있죠. 그래서 많은 사람들이 하나님의 존재에 대하여 이해하도록 돕는 것이 중요하다고 생각해요. 이러한 점에서 우리 모두는 공통점이 있죠. 그런데 제가 믿는 것과 당신들이 믿는 것의 차이가 있다는 점이 중요합니다. 예를 들어, 당신들의 교회는 예수님이 하나님이라는 것을 부인하는 성경번역본을 갖고 있죠. (나는 이 점의 중요성을 자세히 설명했다.) 저는 거의 모든 성경학자들이 왜 당신들의 번역을 거부하는지에 대하여 어느 정도 스스로 연구해 보았는지 궁금하군요." 그러자 그녀는 머뭇거리며 그렇게 많이 연구하지는 않은 것 같다고 말했다.

"저는 다시 요리하러 들어가야 해서 한 가지만 말씀드리고 싶어요. 이렇듯 세속화된 세상에서 우리의 자녀들이 바른 신앙을 갖게 하기 위해서 노력하는 방법 중의 하나는 우리의 믿음과 다른 믿음을 가진 사람들을 연구하고, 그 내용에 대하여 토론해 보는 것입니다. 저는 당신이 당신의 딸에게도 이렇게 하기를 권합니다. 예수님이 하나님인지 아닌지에 대한 연구는 믿고 있는 모든 것에 매우 큰 변화를 가져오게 될 거예요."[1]

이 말을 듣고 그녀와 그녀의 딸은 떠나가 버렸다. 그렇게 현관문이 닫히자마자 나의 아들은 큰 소리로 말했다. "저 사람들이 우리와 다른 믿음을 갖고 있는 것은 그들의 성경번역이 우리랑 다르기 때문이에요." 나는 아들이 핵심 포인트를 잘 찾아냈다고 생각했다. 우리는 이전에 다른 종교에 관해 서로 이야기를 한 적이 있었지만, 아직까지 체계적으로 다른 종교를 가진 사람들의 믿음을 분류하여 이야기해 본 적은 없었다.

성경의 가르침과 하나님을 향한 믿음에 대한 태도는 일반적으로 다음과 같이 다섯 가지 그룹으로 분류할 수 있다.

1. 하나님을 믿지 않는 사람들로서, 성경말씀의 진리를 거부한다.
2. 하나님을 믿는 사람들이지만, 성경말씀의 진리는 거부한다.
3. 성경을 거부하는 사람들이지만, 다른 경전은 받아들인다.
4. 성경을 받아들이는 사람들이지만, 성경을 임의로 해석한다.
5. 성경을 받아들이는 사람들이지만, 성경이 가르치는 모든 것을 믿지는 않는다.

이러한 분류가 세계의 모든 종교와 믿음에 다 적용될 수는 없지만, 그들 중 대다수를 차지한다고 생각한다. 이제 각 그룹별로 살펴보도록 하자.

그룹 1 : 하나님을 믿지 않는 사람들로서, 성경말씀의 진리를 거부한다.

무신론

무신론은 가장 일반적으로 이해되는 것처럼 신이 없다는 믿음이다. 이들은 신의 영감을 받은 계시로서의 경전을 거부한다. 많은 무신론자들은 자신들이 신에 대한 믿음이 없는 자들이라고 불리는 것을 선호한다. 신에 대한 믿음이 없다는 것은 곧 그들로 하여금 신의 존재에 관한 어떠한 책임과 부담감도 갖지 않게 하기 때문이다. 그들은 신에 관한 어떠한 주장도 하지 않고 있기에, 그들의 주장을 증명할 필요도 없다. 그러나 무신론자들이 하나님이 존재하지 않는다고 주장한다면, 그 주장을 증명해야 할 책임이 있다.

불가지론

불가지론은 신의 존재와 본질에 관해서 아무것도 알 수 없다는 믿음이다. 그런데, 이것은 "하나님이 존재하는지 존재하지 않는지 모르겠다."라고 말하는 것과 다르다. 불가지론자는 "인간이라는 존재는 신이 있는지 없는지 알 수 없는 존재"라고 믿는다. 즉, 불가지론자는 엄밀히 따지면 하나님을 거부하지는 않지만, 하나님을 긍정적으로 믿지 않는 자들이기에 이 분류에 포함시켰다. 불가지론은 무신론과 마찬가지로 모든 경전을 거부하고 있다. 경전을 신의 계시로 받아들이는 사람들은 경전을 통해 신의 존재에 대해 어떤 부분을 알 수 있다고 믿기에 이들은 불가지론자가 아니다.[2]

그룹 2 : 하나님을 믿는 사람들이지만, 성경말씀의 진리는 거부한다.

이신론

이신론은 절대적인 존재가 우주를 창조하였지만, 창조 후에는 인간사에 적극적으로 개입하지 않는다는 믿음이다. 무신론자 및 불가지론자들과 마찬가지로, 이신론자들은 신의 말씀이라고 주장하는 어떤 책도 거부한다. 이신론자들은 기록된 하나님의 계시를 받아들이지 않기에, 그들의 신에 관한 어떠한 믿음들은 자연을 관찰해서 혹은 이성적인 사고를 통해서만 매우 제한적으로 형성된다. 그러므로 이신론자들은 우리가 이 땅에 있는 이유, 이 땅에서 해야 할 일, 우리가 죽은 후에 일어날 일 등과 같은 하나님과 인간과의 관계에 대해 아무것도 주장해서는 안 된다. 이러한 이신론 안에서는 신의 계시 자체가 불가능하기에 그 믿음은 개인적인 숙고의 결과물일 뿐이다.

영적이지만 종교적이지 않은 사람들

미국에서는 이러한 사람들이 점점 더 많아지고 있다. 거의 5명 중 1명이 자신을 '영적이지만, 종교적이지 않은 사람'으로 분류한다.[3] 이는 신이 존재한다는 것은 인정하지만, 조직화된 종교의 경전은 거부하는 것이다. 이 사람들 중 일부는 엄밀히 말해 이신주의자들이다. 왜냐하면 그들은 창조주 하나님의 존재와 우리와의 관계를 인정하지만, 하나님은 인간의 삶과 창조계에 그렇게 적극적으로는 개입하지 않는 분이라고 생각하기 때문이다. 그러나 이 그룹에 속한 사람들은 대체적으로 하나님과 자신들과의 상호관계를 믿기 때문에 완전히 이신주의자라고 말하지는 않는다.

그룹 3 : 성경을 거부하는 사람들이지만, 다른 경전은 받아들인다.

종교적 믿음에 관한 한, 가장 핵심적인 분류 기준 중의 하나는 바로 경전이다. 다음은 세계 주요 종교들이 사용하는 경전들이다.

기독교 : 성경
이슬람교 : 코란
힌두교 : 베다
불교 : 삼장
시크교 : 구루 그란트 사히브
유대교 : 타나크(토라, 네비임, 케투빔 포함)
몰몬교 : 몰몬경
바하이교 : Kitáb-i-Aqdas
자이나교 : Agam Sutras

신도 : Kojiki

이 신성한 경전들은 인류의 본질, 목적, 방향뿐만 아니라 신의 존재와 본성에 대한 질문들에 매우 다른 대답들을 가르치고 있다. 경전들에는 공통된 가르침도 있지만, 분명한 것은 여러 가지 중요한 점들이 다르며, 그 내용이 서로 모순된다는 것이다. 그것들은 단순히 하나의 진리에 대한 다른 버전이 아님을 알 수 있다. 그러므로 여러 종교가 모두 다 사실일 수 있다는 종교적 다원주의는 논리성이 약하다. 또한 이러한 접근은 각 경전이 주장하는 바를 다 설명할 수 없다. 그렇기에 우리가 할 수 있는 적절한 질문은 "이 모든 종교는 어떻게 우리를 하나님께 인도하는가?"가 아니라 "어떤 경전이 진리인가?"이다.

그룹 4 : 성경을 받아들이는 사람들이지만, 성경을 임의로 해석한다.

성경에 관한 신뢰는 필연적으로 사람들을 하나님에 대한 넓고도 깊은 이해와 믿음으로 인도한다. 그러나 때로 사람들이 성경을 믿는다고 말하더라도 그 해석에 따라서 하나님에 대한 그들의 믿음은 크게 다를 수 있다. 만일 성경을 '성경 중심적'으로 해석하지 않고 임의로 해석하는 경우에, 결과적으로 그러한 해석은 역사적으로 지켜 온 기독교의 중심 교리를 부정하는 경우가 생긴다.

여호와의 증인이 바로 이러한 예가 된다. 여호와의 증인은 교회가 수세기 동안 성경을 잘못 해석해 왔다고 믿고, 신세계 번역(New World Translation) 버전으로 다시 번역했다. 이러한 결과 그들은 그리스도의 신성과 그리스도의 육체적인 부활, 그리고 성령의 인격성을 부정한다. 이 범주의 또 다른 종교는 오순절주의(Oneness Pentecostalism)이다. 이들이 믿는 신학은 바로 하나님이 삼위일체가 아니라 창조의 아버지, 구속자 아들, 중생의 성령, 이 세 가지 모습으로 자신을 드러냈다고 주장하는 일신론이다. 이것은 17장에서 논의한 모달리즘(양태론)의 이단과 같은 맥락이다. 이러한 예들을 살펴볼 때, 우리는 기독교인으로서 바르고 분명한 분별력을 가져야 한다는 것을 다시금 깨닫게 된다. 교회가 '성경에 기초한 가르침'이라고 주장할 때조차도, 우리는 그 가르침이 무엇인지 정확하게 질문하고 확인해야 한다.

그룹 5 : 성경을 받아들이는 사람들이지만, 성경이 가르치는 모든 것을 믿지는 않는다.

많은 사람들이 성경을 믿지만 성경이 말하는 것과 일치하지 않는 믿음을 가지고 있는데 종종 이것은 의도치 않은 경우에 일어난다. 그들이 성경과 일치하지 않는 믿음을 가진 이유는 단순히 그들이 성경에 익숙하지 않은 경우가 많다. 때때로 이것은 하나님의 속성에 대한 균형 있고 전체적인 이해가 없는 경우에 일어난다. 예를 들어, 하나님의 사랑에만 초점을 맞추어 하나님의 정의는 배제한다. 또한 사람들이 성경을 통하여 믿음을 받아들일 때, 자신이 선호하는 부분들만 선택하여 받아들이기도 한다. 그러나 디모데후서 3 : 16은 '모든' 성경은 하나님의 감동으로 된 것임을 분명히 말한다. 즉, 우리는 성경을 선별할 입장이 아니다. 우리의 책임은 하나님의 말씀에 대하여 바른 균형을 갖고 이해할 때까지 연구하고 깨달아 가는 것이다. 이와 같은 범주의 지식과 이해를 갖게 될 때, 우리는 우리 자녀들이 세상 속에서 하나님에 대한 바른 믿음을 공유하는 데 필요한 통찰력을 갖추도록 도움을 줄 수 있을 것이다.

💬 **핵심 포인트**

- 무신론자들과 불가지론자들은 하나님을 긍정적으로 믿지 않고, 신의 영감을 받은 계시로서의 모든 경전을 거부한다. 반면, 자신을 '영적이지만, 종교적이지 않은 사람'이라고 말하는 사람들은 모든 경전을 거부하지만, 신은 존재한다고 믿는다.
- 종교적 믿음에 관한 한, 가장 핵심적인 분류 기준 중의 하나는 바로 각 종교가 가진 경전이다. 이 경전들은 여러 가지 중요한 점들이 서로 모순되므로, 모든 경전들이 하나의 진리에 대한 다른 버전이라고 이해하는 것은 옳지 않다.
- 때때로 사람들이 성경을 믿는다고 말할 때에도, 그들의 성경 해석이 다를 때 하나님에 대한 믿음이 크게 달라지게 된다.
- 많은 사람들이 성경을 믿는다고 말하지만, 성경을 충분히 연구하지 않았거나 의도적으로 자신이 믿고 싶은 것을 선택하여 믿음으로 인해 바르고 합당한 신앙을 갖지 못하게 된다.

💬 **대화 가이드**

대화 시작하기

- 우리는 지금까지 하나님이 자연과 성경에 자신을 어떻게 드러내셨는지를 살펴봤어. 그런데 사람들은 같은 하나님을 서로 다르게 믿는다는 것을 알 수 있었지. 이 이유가 무엇일까?

대화 진행하기

- 만일 우리가 다른 사람의 믿음에 대하여 더 깊이 이해할 수 있게

된다면 그것이 바른 믿음을 다른 사람들과 효과적으로 공유하는 데 도움이 될까?

- 만일 네가 무슬림과 믿음에 대하여 말하고 있다면, 어디에 초점을 맞출 거니? 신의 존재에 대한 증거? 아니면 성경과 코란이 말하는 진리? (무슬림은 이미 신의 존재를 믿고 있기에, 신의 존재 증명보다는 성경과 코란이 말하는 진리의 신뢰성에 더욱 집중하는 것이 좋다.)

- 만일 네가 무신론자와 믿음에 대하여 말할 기회가 있다면, 무슬림과 대화하는 방식과는 무엇이 달라져야 할까? (무슬림들과 달리 무신론자들은 하나님의 존재 자체에 대하여 부정적이기에, 하나님의 존재 증거에 관한 이야기를 하는 것이 중요한 출발점이 된다.)

- 만일 네가 여호와의 증인과 믿음에 대하여 말할 기회가 있다면, 어떤 주제를 중심으로 대화할 수 있을까? (여호와의 증인은 이미 하나님의 존재를 믿지만 그들만의 성경 번역을 믿기에, 번역의 타당성을 중심으로 대화를 진행하는 것이 좋다.)

- 만일 네가 '영적이지만, 종교적이지 않은 사람'과 믿음에 대하여 말할 기회가 있다면, 어떤 주제를 중심으로 대화할 수 있을까? ('영적이지만, 종교적이지 않은 사람'들은 하나님의 존재, 본성, 계시 등에 대해 여러 가지 믿음을 가지고 있을 수 있으므로, 먼저 그들이 믿고 있는 것이 무엇인지 정확하게 묻는 질문부터 시작하는 것이 중요하다.)

대화 적용하기

- 다음의 글에 대하여 어떻게 대답할지 생각해 보자. "어떤 종교가 우리에게 최선인지 혹은 진리가 될지에 관해 논하는 것은 시간 낭비일 뿐이다. 신은 어느 종교가 다른 종교보다 더 나은지에 별로 관심이 없을 것이다. 신은 각 종교가 사람들로 하여금 신에게 더 가

까이 나아가게 만들고, 각 종교의 신자들이 더욱 사람들을 사랑하고 섬기게 만드는 것에 관심이 있을 것이다."[4]

20

모든 종교는 같은 신을 숭배할까?

2015년에 휘튼 대학의 라리시아 호킨스(Larycia Hawkins) 교수는 SNS를 통해 무슬림과 기독교인은 같은 신을 숭배한다고 발언해 학교에서 정직 처분을 받았고, 이는 세계적인 논쟁의 중심이 되었다. 또한 휘튼 대학의 교직원들은 호킨스의 이러한 발언에 대하여 공개적인 대화를 하는 것이 대학의 복음적 신앙고백과 관련된 매우 중요한 신학적 문제라고 생각했다.[1] 곧 호킨스의 발언은 여러 기사와 TV 뉴스의 논쟁으로 이어지게 되었다.

사실 모든 (또는 대부분의) 종교가 같은 신을 숭배하는지에 대한 광범위한 문제는 대중문화에서 자주 제기된다. 예를 들어, 사람들은 다음과 같이 말한다.

- "나는 인간이 알라, 하나님 중 누구를 믿든지 결국 모든 종교가 같은 신을 숭배한다고 생각한다. 힌두교인들은 세상에는 많은 신들이 있으며, 각 부분과 상황에 맞게 그 신들이 나누어 책임을 진다고 생각한다."[2]
- "아브라함과 무함마드와 예수는 시크교에서 숭배하는 신과 같다. 우리는 단지 다른 관점과 다른 이해를 가지고 신에게 접근하고 있을 뿐이다."[3]
- "세상의 모든 신자들은 같은 신을 숭배하고 있지만, 자신의 특정한 역사, 전통 및 문화에 맞는 신을 숭배하는 방법을 선택해 왔다. 종교별로 창조신화나 선지자가 다를지라도, 기본적으로 그들이 믿는 신은 동일하다."[4]

위에서 언급한 내용들의 문제는 무엇인지 함께 살펴보자.

우리는 모두 같은 신을 숭배하고 있는가?

나의 아들에게는 굉장히 키우고 싶어 하는 거북이가 있었다. 아이는 이 거북이의 이름을 '올드 또르뚜'라고 불렀다. 그 거북이를 사러 매장에 갔을 때 거북이의 몸에는 '셸리'라는 이름이 붙어 있었다. 물론, 아들은 그 거북이를 집으로 데리고 온 이후에도 그 거북이를 '또르뚜'라고 불렀지만, 나의 딸은 심술궂게도 '셸리'라고 불렀다. '또르뚜'라는 이름과 '셸리'라는 이름은 결국 하나의 거북이를 가리키는 두 개의 이름이 되었다. (이는 마치 모닝 스타와 이브닝 스타가 모두 금성을 지칭하는 것과 같은 이치이다.) 내 아들이 키우는 거북이의 이름이 두 개라고 해서 두 마리의 거북이를 키우고 있다고 생각하는 사람은 아무도 없을 것이다. 한 마리의 거북이에게 다른 이름을 붙였을 뿐이다.

이러한 논리가 과연 우리가 다루려는 하나님에 대한 대화에 적용될 수 있을까? 예를 들어, 하나님과 알라는 같은 존재이지만 이름만 다른 것인가? 그렇지 않다. 이슬람교와 기독교의 하나님의 개념은 매우 다르다. 무슬림은 단순히 하나님을 믿는 반면 기독교인들은 삼위일체 하나님을 믿는다. 이것은 결코 사소한 차이가 아니다. 또 다른 예로 몰몬교에서는 세상에 많은 신들이 존재한다고 믿으며, 성부와 성자와 성령은 그 신들 중의 일부라고 말한다. 다시 말하지만, 이것은 사소한 차이가 아니다.

기독교, 이슬람교, 몰몬교에서 말하는 하나님의 개념을 비교해 보면 매우 큰 차이가 있다. 그렇다고 이 차이가 우리 모두가 다른 신을 숭배하고 있다는 것을 의미할까? 반드시 그런 것만도 아니다. 왜냐하면 같은 대상을 두고 다르게 이해하고, 다르게 묘사할 가능성도 있기 때문이다. 예를 들어, 내 아들은 자신의 거북이가 녹색 바탕에 갈색 껍질을 가졌다고 정확하게 묘사할 수 있지만, 나는 갈색 바탕에 녹색 껍질이라고 잘못 묘사할 수도 있다. 이러한 경우 같은 거북이에 대해 이야기하고 있지만, 둘 중 한 명은 그것을 잘못 묘사하고 있는 것이다. 일부 철학자들과 신학자들은 다른 종교가 하나님을 이해하는 방식이 이러하다고 설명하기도 한다.

이러한 논쟁은 좀 더 깊은 토론으로 이어지기도 한다. 만일 당신이 나와 내 아들에게 방에 있는 거북이를 묘사해 달라고 부탁했다고 상상해 보자. 그래서 아들은 갈색 껍질에 녹색 거북이라고 묘사했고, 나는 분홍색 껍질에 파란색 거북이라고 묘사했다고 치자. 누구의 묘사가 옳은지 확인하기 위해서 그 방으로 들어갔는데, 그 방에 한 마리가 아니라 두 마리의 다른 거북이가 있다면, 이제 이 문제는 누가 옳고 누가 그른지의 문제가 아닐 수 있다는 것이다. 이러한 관점에서 접근하는 일부 철학자들과 신학자들은 종교마다 신에 대해 가지고 있는 개념들이 근본적으로 너무 다르기 때문에 같은 존재로 언급할 수 없을 거라고 말한다.

그렇다면, 우리가 이해하고 있는 하나님의 개념과 다른 종교에서의 하나님은 어떤 관계가 있는가? 이 질문에 대한 답은 그렇게 단순하지 않다. 이제 우리는 이 질문이 왜 그렇게 간단하지 않은지에 대하여 근본적으로 이해하는 것이 중요하다. 불행하게도 지금까지 많은 기독교인들과 비신자들은 방금 논의한 이러한 문제들을 놓고 격렬하게 다퉈 왔다.

우리가 이해해야 하는 네 가지 기본적인 주장

많은 사람들이 모든 종교가 결국 같은 하나님을 숭배한다고 말할 때, 그 말 속에는 매우 상이한 주장과 이해를 가지고 있다. 그러므로 우리는 근본적인 답을 찾으려 하기 전에, 그들의 주장이 무엇인지 정확히 파악해야 한다. 이 주제를 다룰 때 다음의 대표적인 네 가지 주장이 있다.

1) 세상에는 오직 한 분이신 참된 하나님만 있다.

그리스도인으로서 우리는 오직 한 분이신 참된 하나님이 계심을 믿는다(17장 참조). 하지만 우리가 고백하는 오직 한 분이신 참된 하나님에 대한 모든 사람들의 이해가 동일하지 않은 것이 현실이다. 세상 사람들이 오직 한 분이신 참된 신이 있음을 인정한다고 해서 그 말이 모든 종교가 기본적으로 동일하거나, 사람들이 하나님에 관해 똑같은 것을 믿거나, 혹은 모든 예배가 우리가 믿는 하나님께 받아들여진다는 것을 의미하지는 않는다.

2) 모든 (또는 대부분의) 종교는 기본적으로 동일하다.

모든 (또는 대부분의) 종교가 기본적으로 동일하다는 주장은 결코 사실이 아니다. 왜냐하면 우리가 알고 있는 주요 종교들의 핵심신념은 논리적으로 양립할 수 없는 내용들이 많이 있기 때문이다. 예를 들어 힌두교는 윤회라고 불리는 중생의 순환을 주장하는 반면, 기독교는 한 사람이 하나의 생명을 가진다고 믿는다. 크리스천 사이언스는 죄의 실재를 부정하지만, 기독교는 죄의 실재를 확정하며 그것이 매우 중요한 문제임을 가르친다. 종교는 이러한 모든 종류의 중요한 차이가 있기에 우리가 어디서 왔는지, 왜 여기에 왔는지, 현실의 본질, 그리고 결국 우리가 어디로 향하게 되는지에 대해 매우 다른 주장을 한다. 따라서 종교 간에 어느 정도 공통적인 면을 찾을 수는 있지만, 종교가 기본적으로 동일하다고 말하는 것은 합당하지 않다.

3) 모든 (또는 대부분의) 종교는 동일한 신 개념을 가지고 있다.

모든 (또는 대부분의) 종교가 동일한 신 개념을 가지고 있다는 주장 역시 사실이 아니다. 각 종교들은 우리가 사는 이 세상의 현실에 대하여도 매우 다른 주장을 한다. 동시에 하나님의 본성에 관한 이해와 주장도 너무나 다르다. 예를 들어 몰몬교는 많은 신들이 존재한다고 가르치고, 기독교는 삼위일체 하나님을 가르친다. 기독교는 예수의 신성을 확정하는 반면, 이슬람교는 예수의 신성을 부정한다. 자이나교는 우주는 영원하며 창조주 하나님은 없다고 가르치고, 기독교는 우주가 유한하고 창조주 하나님이 창조물을 존재하게 하신다고 가르친다. 각각의 종교에서 하나님에 대한 구체적인 가르침을 살펴볼 때, 모든 종교가 결코 동일한 신 개념을 갖고 있지 않음을 알 수 있다.

4) 모든 종교의 예배는 하나님께 받아들여진다.

모든 종교의 예배가 하나님께 받아들여진다는 주장 역시 논리성이 떨어진다. 설령 우리 모두가 같은 하나님을 예배할 때에도, 우리는 하나님에 대한 모든 사람의 믿음이 진실한지 혹은 하나님이 그들 모두의 예배를 받아 주시는지에 대하여 아무것도 확신할 수 없다. 극단적인 예를 들자면, 내가 불신자들이 사는 집에 돌을 던지는 행위로 하나님께 예배한다고 말한다면 과연 대부분의 사람들이 이러한 예배를 합당하게 받아들이겠는가? 우리의 예배가 받아들여지기 위해서는 어느 정도의 도덕성을 갖추고 있어야 하는가? 사실 이러한 부분은 우리 스스로 정할 수 있는 영역이 아니다. 예배가 받아들여질 것인가에 대하여 합당한 선을 그을 수 있는 분은 오직 하나님뿐이다. 그러므로 우리가 정말 던져야 할 핵심적인 질문은 "하나님은 과연 자신과 원하시는 것을 성경을 통하여 드러내셨는가?"라는 질문과 "그렇다면 그 성경은 믿을 수 있는 진리인가?"라는 질문이다. 그러므로 모든 종교의 예배가 하나님께 받아들여진다고 말하는 것은 논리적으로 반드시 고려해야 하는 중요한 사항을 무시하는 주장이다.

핵심 포인트

- 서로 다른 종교가 같은 신을 숭배하는지에 대하여 철학자들과 신학자들 사이에 오랫동안 논쟁이 있어 왔다. 여기에 쉬운 답은 없다. 단, 기독교에서의 하나님의 개념과 세상이 말하는 신의 기준은 매우 다르며, 서로 다른 존재에 대해 이야기하는 것이다.
- 사람들이 모든 종교가 결국 같은 하나님을 숭배한다고 말할 때, 다음의 대표적인 네 가지 주장이 있다. 첫째, 세상에는 오직 한 분이신 참된 하나님만 있다. 둘째, 모든 (또는 대부분의) 종교는 기본적으로 동일하다. 셋째, 모든 (또는 대부분의) 종교는 동일한 신 개념을

가지고 있다. 넷째, 모든 종교의 예배는 하나님께 받아들여진다.

💬 대화 가이드

대화 시작하기

- 모든 종교가 같은 신을 믿는다고 생각하니? 그렇다면 그 이유를 말해 보자. (이 질문은 단순히 자녀들이 이 주제에 대해 생각해 보게 하는 기회가 된다.)

대화 진행하기

- 만일 모든 종교가 같은 신을 믿는다고 말하는 사람들이 있다면, 이 사람들에게 이것이 왜 중요할까?
- 만일 각 종교가 서로 다른 신을 믿는다고 말하는 사람들이 있다면, 이 사람들에게 이것이 왜 중요할까?
- 많은 사람들이 모든 종교가 같은 하나님을 믿는다고 말하곤 해. 하지만 실제로는 각 종교마다 서로 다른 구체적인 신념들을 주장하고 있지. 이 책에 나와 있는 네 가지 주장을 함께 읽고 어느 부분은 동의하고, 어느 부분은 동의하지 않는지 말해 보자.

대화 적용하기

- 시크교도가 다음과 같이 말했다고 생각해 보자. "아브라함의 신과 무함마드와 예수는 시크교가 믿는 신과 같다. 우리는 단순히 다른 관점과 다른 이해를 가지고 신에게 접근하고 있는 것이다."[5] 이 말에 어떻게 대답할 수 있을까?

21

우리의 믿음은
단순히 자라난 환경의 영향을 받아 형성된 것일까?

모든 부모는 자신이 아이들에게 최선을 다하는 부모가 되기를 바라며, 이를 위해 많은 시간을 아이들과 함께 보낸다. 조금 더 자세히 살펴보면, 우리 자녀들은 태어나면서 '우리집'이라는 특수한 환경 속에서 우리집만의 규칙과 전통을 믿고 따르며 자란다. 우리집만의 규칙과 전통의 예를 들면 다음과 같은 것들이다.

- 우리집에서 매우 춥다는 말은 온도가 21도 밑으로 내려갔을 경우이다.
- 우리집에서 아침마다 커피를 마시는 시간은 늘 즐겁지만, 엄마의 경우 가을에는 낙엽이, 겨울에는 눈사람이 그려진 (계절이 반영된) 머그잔에 커피를 마시지 않으면 그 시간은 즐겁지 않을 수도 있다.
- 우리 부부에게 멋진 저녁 데이트는 저녁식사 후에 나란히 앉아서 책을

함께 읽는 것이다.
- 우리집에서 영화를 보려면 여러 단계의 과정이 필요하다. 예고편을 적어도 30분 이상 보고, 신작 영화 목록을 확인하고, 어떤 영화를 보아야 할지 가족 모두와 함께 상의해야 한다. (결국, 아무것도 보지 말자고 결론을 내릴 수도 있다.)

이러한 나름의 규칙과 전통은 거의 모든 집에 있을 것이라고 생각한다. 이러한 관점에서 부모가 세상을 보는 방법은 자녀들이 세상을 보는 방법에 영향을 끼친다. 더 넓은 범위에서 볼 때, 우리가 자라난 문화가 세상을 바라보는 시각은 지금 우리가 세상을 바라보는 시각과 큰 연관성이 있다. 이러한 부분에 대하여 회의론자들은 사람들이 믿는 종교와 그 사람이 사는 지역은 연관성이 크다고 강조해 왔다. 예를 들어 사우디아라비아에서 자랐다면 무슬림이 될 확률이 매우 높다. 이것을 통하여 회의론자들이 주장하는 것은 종교와 믿음은 어떤 신성한 계시의 진리에 대한 반응이 아니라, 단지 그 사람이 태어난 지역이라는 배경에 영향을 받는다는 것이다.

이 장에서는 이러한 주장에 대하여 논의해 보고자 한다. 과연 "종교와 지역 사이에 관계가 있다."는 그들의 주장은 사실일까? 사실 우리는 그들이 이 질문을 제기하는 더 근본적인 이유를 분별할 필요가 있다. 이러한 이유를 이해하게 되면, 우리의 자녀들은 이 주제에 대해 더 비판적으로 생각하고 효과적으로 응답할 수 있을 것이다.

종교와 지역 사이에 관계가 있다는 것이 사실일까?

전 세계 지역에 따른 종교 분포도는 다음과 같다.

- 28개 국가는 인구의 95% 이상이 무슬림이다.[1]
- 남아메리카 히스패닉 국가의 80% 이상이 로마 가톨릭교인이다.[2]
- 인도와 네팔 인구의 약 80%가 힌두교인이다.[3]
- 체코, 에스토니아, 스웨덴 및 노르웨이 인구의 75% 이상이 무신론자이다.[4]
- 캄보디아, 태국, 미얀마, 부탄, 스리랑카 인구의 70% 이상이 불교인이다.[5]
- 미국 인구의 70% 이상이 기독교인으로 파악되고 있다.[6]

이 자료에 의하면, 인도에서 자란 경우 힌두교인이 될 가능성이 높으며, 체코에서 자랐다면 무신론자가 될 가능성이 높고, 태국에서 자란 경우 불교인이 될 가능성이 높다. 그러나 우리가 놓치지 말아야 하는 것은 종교적 다양성이 있는 나라들도 많이 있다는 것이다. 예를 들어, 싱가포르의 경우 인구의 34%가 불교인, 18%는 기독교인, 16%는 무종교인, 14%는 이슬람교인이며, 나머지는 그 외 종교를 가지고 있다.[7] 또한 많은 국가에서 보이는 현상은 종교를 바꾸는 사람들이 상당히 많다는 것이다. 예를 들어 미국에서는 현재 34%의 사람들이 어릴 적 가졌던 종교와 다른 종교를 가지고 있다.[8]

이것이 우리에게 무엇을 말해 주고 있는가? 물론, 전 세계적으로 종교와 지역 사이에 관계가 있고, 특정 지역에서는 더욱 뚜렷한 관계를 보이고 있다. 그러나 동시에 거의 모든 나라에서 종교적 다양성이 공존하는 것 역시 사실이다. 그렇기에 어떤 사람이 태어난 지역에 따라 그 사람이 갖는 종교가 결정된다고 말하는 것은 매우 불합리하다. 한 사람이 종교를 갖는다는 것은 여러 가지 요소가 함께 작용하는 것이며, 각 요소가 갖는 무게 역시 다양하다고 이해하는 것이 합당하다. 즉, 지역이 종교에 절대적인 영향을 미친다는 것은 세계 모든 지역에 공통적으로 적용할 수 있는 설명이라기보다는, 세계의 일부 지역에서 일어나고 있는 현상을 설명하는 정도로 동의할 수 있다.

회의론자은 왜 이러한 문제를 제기하는가?

우리는 회의론자들이 종교와 지역 사이의 관계에 대하여 문제를 제기하는 이유를 더욱 세밀히 이해할 필요가 있다. 일반적으로 회의론자들은 첫째, 종교는 문화에서 파생된 것에 불과하다고 믿는다. 둘째, 종교가 갖고 있는 증거들이 빈약하다고 믿는다. 셋째, 정말 하나님이 정의롭다면, 기독교만이 하나님에게 도달하는 유일한 길일 수 없다고 믿는다. 이제 각 주장에 대하여 함께 생각해 보자.

종교는 문화에서 파생된 것에 불과하다.

일부 회의론자들에게 있어서, 종교와 지역 간의 긴밀한 관계는 종교가 인간이 살아가는 문화 안에서 우연하게 파생된 것일 뿐이라고 주장하기에 매우 좋은 근거를 제시한다. 어떤 사람이 인터넷 블로그에 다음과 같이 글을 남겼다.

"가톨릭의 배경에서 자라난 아이들의 대부분은 가톨릭 신자로 남아 있고, 이슬람의 교리를 배우며 자라난 아이들은 대부분 무슬림으로 남아 있으며, 힌두교 배경에서 자라난 아이들은 대부분 힌두교인으로 남게 된다.

아마도 종교가 특정 지역과 문화에서 파생된 결과라는 것을 깨닫게 되면 종교는 마침내 사라지게 될 것이다."[9]

회의론자들이 사람들의 믿음은 본질적으로 문화의 영향을 받기 때문에 모든 종교는 신뢰할 만한 진리가 아니라고 말한다면, 이들은 '발생론적 오류'(타당성을 논리적으로 따지지 않고 그 원인이나 기원에 따라 타당성을 결정하는 오류)라고 불리는 논리적 오류에 빠지게 된다. 이와 같이 진실 혹은 거짓을 판단하는 기준을 그 기원에 둘 때 논리적 오류가 생겨난다. 일부 회의론자들은 모든 종교가 문화에서 파생되었기 때문에 신뢰할 수 없다고 말하지만, 설령 믿음의 기원이 문화에서 영향을 받았을지라도, 그것은 믿음 그 자체가 진실한지와는 아무런 관련이 없다. 진리에 대한 평가는 그것을 믿는 사람들의 지역적 분포가 아닌 그 진리 자체에 대한 평가로 분별되어야 한다.[10]

종교가 갖고 있는 증거들이 빈약하다.
어떤 회의론자들은 모든 종교가 지역의 문화적 산물이라고 주장하지는 않지만, 종교가 갖고 있는 증거가 너무나 빈약하다며 문제를 제기한다. 예를 들어, 다음의 글을 보자.

"나는 종교가 어떤 관습, 패션 또는 전통 음식과 같은 하나의 문화적 특성이라고 생각한다. 실제로 신이 있다면, 우리는 분명하고 풍성한 증거를 바탕으로 다른 모든 종교들을 뒤로하고 그 종교와 신을 믿게 되었을 것이다. 그런데, 우리의 현실을 보면 많은 아이들이 아직 비판적인 생각이 발달되기 전인 어릴 때의 환경에 영향을 받아 종교를 결정하게 된다."[11]

이 주장에 대해 우리가 기억해야 할 중요한 사실은 사람들이 일반적으로 어떤 종교에 대해 믿음을 갖지 않는 이유에는 단지 그 종교가 충분한 증거를 가지고 있지 않기 때문만이 아니라 그 외에도 많은 이유가 있다는 것이다. 우리가 알고 있듯이 어떤 종교가 특정 지역에 군집되어 있는 현상이 곧 그 지역의 모든 사람들이 해당 종교의 증거들을 충분히 연구해서 나온 결과가 아니듯, 지역과 종교 분포도는 해당 종교의 증거가 충분한가, 그렇지 않은가를 판단할 어떠한 근거도 제시하지 못한다. 백보 양보하여 모든 인간이 여러 종교의 진리에 대한 증거를 신중하게 평가했다 할지라도, 우리가 이미 1장부터 살펴보았듯 그 증거를 해석하는 방식이 너무나 다를 수 있다. 이러한 이유로 종교의 세계적인 분포를 살펴보는 것으로 어떤 종교가 합당하고 충분한 증거를 갖고 있는지, 그렇지 않은지에 대하여 말하는 것은 합당하지 않은 주장이다.

하나님이 정의롭다면, 기독교만이 하나님에게 도달하는 유일한 길일 수 없다.

사람들이 때때로 종교와 지역 사이의 관계에 대한 문제를 제기하는 이유 중 하나는, 하나님의 정의와 배타적인 기독교가 모순처럼 보이는 현상 때문이다. 그들이 생각할 때, 정말 하나님이 정의롭다면, 어떻게 다른 종교에 대하여 그렇게 배타적일 수 있겠느냐는 것이다. 이 견해를 가진 한 회의론자의 말을 생각해 보자.

"나는 인도에서 태어난 어떤 아이가 힌두교인 부모 아래에서 자라면서 기독교인이 될 가능성에 대하여 추측해 보았다. 아마도 다음과 같은 과정이 있을 것이다. 예수는 그를 기독교인으로 만들기 위해서 그에게 기독교인 유전자를 주입했든지 아니면 기독교에 대한 긍정적인 성향을 심어 놓았을 것이다. 한편, 예수를 계시된 진리를 받을 만한 신으로 여기지 않는 힌두교인 입장에서는 그들의 역사적인 힌두교 신앙을 스스로 버리고 하나님 앞으로 나오지 않았다는 이유로 지옥에 가야 한다고 정죄하는 기독교는 매우 정의롭지 못하고 모순적인 종교가 된다."[12]

기독교는 우리가 하나님을 믿는 것이 우리의 영원한 삶과 직결된다고 주장하기에, 아마도 많은 회의론자들이 종교와 지리의 문제를 제기하고 있다고 생각한다. 그들이 생각할 때 만일 예수님에 대한 믿음으로만 구원을 받는다면, 예수님에 대하여 결코 들어 본 적이 없는 사람들이 지옥에 간다는 것은 그 자체가 사랑의 하나님과 양립할 수 없다는 것이다. 그들은 하나님이 정말 정의롭다면, 마땅히 하나님에게 도달할 수 있는 다양한 종교적 길이 있어야 한다고 주장한다.

"*Keeping Your Kids on God's Side*"(자녀를 하나님 편에 서게 하기)라는 책은 예수님에 대하여 들어 본 적이 없는 사람들에게 어떤 일이 일어나는가에 대한 내용을 다룬다. 간단히 말하자면, 성경은 예수에 대해 결코 들어 본 적이 없는 사람들에게 어떤 일이 일어나는지에 대하여 명시적으로 자세히 설명하고 있지 않다. 그러나 우리는 하나님이 정의로우시다는 것을 믿기에 하나님이 심판날에 그들에게 정의롭게 행하실 거라고 확신할 수 있다. 단순히 하나님이 어떻게 결정하실지 모르기 때문에 하나님의 판결이 부당할 거라고 추측하는 것은 합당하지 않다.

💬 핵심 포인트

- 전 세계의 많은 지역(전부는 아니지만)에서는 종교와 지역 사이에 강한 관계가 있다. 회의론자들은 이 사실을 이용하여 하나님에 대한

믿음은 진리의 계시에 대한 반응이 아니라, 단지 그 사람이 태어난 지역이라는 배경에 영향을 받는다고 주장한다.
- 많은 회의론자들은 일반적으로 종교와 지역 사이의 관계에 관하여 다음과 같은 세 가지의 주장을 한다. 첫째, 종교는 문화에서 파생된 것에 불과하다고 믿으며, 둘째, 종교가 갖고 있는 증거들이 빈약하다고 믿으며, 셋째, 정말 하나님이 정의롭다면, 기독교만이 하나님에게 도달하는 유일한 길일 수 없다고 믿는다.
- 위에서 다루는 처음 두 가지 주장은 그 자체에 논리적인 오류가 있다. 특정 믿음의 기원이 본질적으로 문화적 영향을 받았을지라도, 믿음 그 자체가 진실인지 아닌지의 여부와는 아무런 관련이 없다. 그런데 세 번째 주장은 논리적 오류뿐 아니라 하나님이 정의로우시다는 성경말씀을 무시한 주장이다. 성경은 예수님에 대해 들어 본 적이 없는 사람들에게 어떤 일이 일어나는지에 대하여 명시하지 않지만, 우리는 하나님이 정의로우시다는 것을 알고 있기 때문에 하나님이 그들에게 정의롭게 행하실 거라고 확신한다.

💬 대화 가이드

대화 시작하기
- 아프가니스탄 사람들은 99%가 무슬림이야. 만일 네가 아프가니스탄에서 태어났다면 무슬림이 되었을까? 그렇다면 그 이유는 무엇일까?

대화 진행하기
- (이 장의 앞부분에 있는 종교와 지역 사이의 관계에 관한 통계를 읽으라.)

회의론자들은 때때로 이러한 통계자료를 통해 종교가 단지 문화에서 파생된 것에 불과하다고 말해. 그들은 왜 이렇게 말할까?

- 만일 어떤 종교를 믿을 만한 증거가 충분하다면, 모든 나라의 국민 대다수가 그 종교를 따르게 될까? 그렇다면 그 이유는 무엇일까? (사람들의 믿음을 형성하는 배경에는 증거 외에도 많은 이유가 있다는 것과 같은 증거를 보아도 전혀 다른 해석들이 있어 왔다는 것을 설명하라.)
- 어떤 사람들은 개인이 종교를 갖는 것이 그가 자라난 지역으로부터 영향을 받은 결과라고 한다면, 구원의 길이 하나뿐이라는 생각은 합당하지 못하다고 하지. 즉, 기독교만이 유일한 길이라면, 하나님은 그 자체로 정의롭지 못하다고 주장하는 거야. 너는 그들이 왜 이런 말을 한다고 생각하니? (이 질문은 예수님에 대해 들어 본 적이 없는 사람들에 대한 회의론자들의 불만과 연결되는 말이다. 이 장의 요점을 활용하여 대화를 진행하라.)

대화 적용하기

- 온라인에 게시된 다음의 질문에 어떻게 대답할 수 있을지 생각해 보자. "한 사람이 종교를 갖는 것이 그저 그가 자라난 지역과 문화의 결과라고 생각할 때, 당신은 어떻게 당신이 믿는 하나님만이 유일하며 절대적으로 옳다고 말할 수 있는가?"[13]

22

왜 기독교인들은
종종 하나님에 대한 믿음을 의심할까?

내가 블로그에 올린 글 중에 가장 많은 조회 수를 기록한 글은 바로 "믿음에 의심이 생길 때 해야 할 다섯 가지"이다.[1] 이러한 고민을 하고 있는 수천 명의 사람들이 이 자료의 도움을 받았다. 처음에는 독자들이 올린 질문에 답글을 다는 형태로 응답했지만, 지금은 해결되지 않는 영적 질문으로 어려움을 겪고 있는 기독교인들을 실제적으로 지원하는 그룹들이 함께 응답하고 있다.

여기에 그중 한 글을 소개한다.

"35년 동안 저는 항상 하나님이 계시다는 사실을 믿고 살았습니다. 저는 그리스도께서 저를 위해서 죽으셨다는 것도 알고 있었습니다. 그러나 어려움에 처한 사람들에게 믿음에 대한 의심이 찾아오는 것이 현실입니다.

사실 저는 그 경우는 아닙니다. 저는 축복받은 가정환경에서 저에게 필요한 모든 것들을 누리며 살아가고 있습니다. 그런데 지난 주 저는 갑자기 내가 알고 있던 모든 것에 의심이 가기 시작했습니다. 그래서 하나님께 울면서 단 한 마디라도 말해 달라고 기도했지만, 30분 동안 아무런 대답도, 신호도 없었습니다."

나의 블로그에는 자신의 마음을 표현한 이 사람처럼, 마음이 상해서 글을 올리는 사람들에게 자신의 생각을 남기는 사람들이 많이 있다. 그 중에 한 분은 그 사람을 격려하려고 이렇게 댓글을 달았다. "가서 하나님께 다 맡겨 드리세요. 아마도 괜찮아질 것입니다." 하지만, 나는 이 조언이 조금도 도움이 되지 않는다는 것을 알고 있다. 그리고 불행하게도 이러한 방식의 대답은 믿음에 의심이 생긴 사람들에게 기독교인들이 건네는 흔한 대답이었다. 즉, 사람들이 가지고 있는 심각한 문제를 너무나 사소하게 여기고, 그저 더 믿음을 가지라는 말로 답을 하곤 한다.

한편 회의론자들은 결국 신을 진심으로 믿지 않기에 사람들이 이렇게 계속 의심을 갖고 살아가는 것이 아니냐고 비판한다. 사실 이것은 둘 다 극단적인 반응이다. 그렇기에 우리는 이 장을 통하여 의심에 대한 합리적인 반응을 찾아보고자 한다. 첫째, 신앙생활을 할 때 어느 정도의 의심이 드는 것이 당연함을 받아들여야 한다. 둘째, 의심이 생기는 원인에 대하여 좀 더 깊이 대화해야 한다. 셋째, 그러한 의심에 대하여 어떻게 반응하고 있는지 평가해야 한다.

의심은 당연한 것이다.

믿음에 의심이 생겼을 때 가장 어려운 측면 중 하나는 바로 의심 자체가 정상적이지 않다고 생각하는 것이다. 그래서 우리는 믿음에 의심을 품으면 스스로 '진정한' 기독교인이 아니라는 착각에 빠진다. 그러나 믿음에 대한 의심 그 자체는 매우 정상적인 부분이다. 왜냐하면 우리가 무언가에 대하여 완전히 확신을 갖지 못할 때 의심의 여지가 있는 것이 당연하기 때문이다. 예를 들어, 비행기가 우리를 안전하게 목적지까지 데려다 줄 것을 믿을 수는 있지만, 반드시 그것을 보장한다고는 확신할 수 없기 때문에 어느 정도의 의심이 존재하게 된다. 믿음에 의심이 생기는 현상만으로 실제로 사람들이 하나님을 믿지 않는다고 주장하는 회의론자들의 논리는 매우 비논리적이며, 비현실적이다. 엄밀히 말하면, 회의론자들은 자신들이 품고 있는 회의론에 대하여도 의심하는 것이 정상이다.

성경은 믿음에 대한 의심이 정상적인 것임을 드러내고 있다. 그중 대표적인 예가 바로 누가복음 7장이다. 우리가 잘 아는 대로 유대 광야에서 메뚜기와 석청을 먹으며 지내던 세례 요한은 사람들에게 회개할 것을 외쳤고, 수많은 사람들이 그로부터 세례를 받았다. 또한 그는 예수님의 오심을 강력히 설교했다. 그런데 헤롯 안티파스의 부도덕한 행동을 비난한 죄로 결국 투옥되었을 때, 그는 의심을 품기 시작했다. 그래서 세례 요한은 자신의 제자 중 두 명을 보내 예수님께 물었다. "그들이 예수께 나아가 이르되 세례 요한이 우리를 보내어 당신께 여쭤어 보라고 하기를 오실 그이가 당신이오니이까 우리가 다른 이를 기다리오리이까 하더이다 하니"(눅 7 : 20). 이에 예수께서 대답하셨다. "너희가 가서 보고 들은 것을 요한에게 알리되 맹인이 보며 못 걷는 사람이 걸으며 나병환자가 깨끗함을 받으며 귀먹은 사람이 들으며 죽은 자가 살아나며 가난한 자에게 복음이 전파된다 하라"(눅 7 : 22). 이 장면에서 예수님은 세례 요한이 의심을 품었다고 비난하지 않으셨고, 대신 자신이 메시야임을 확인시켜 주셨다.

예수님은 의심 많던 제자 도마에게 어떻게 하셨는가? 도마는 예수님의 제자로서 많은 것을 배우고 많은 기적을 목격했지만, 예수님의 부활에 대한 이야기를 듣고 여전히 의심했다. "다른 제자들이 그에게 이르되 우리가 주를 보았노라 하니 도마가 이르되 내가 그의 손의 못 자국을 보며 내 손가락을 그 못 자국에 넣으며 내 손을 그 옆구리에 넣어 보지 않고는 믿지 아니하겠노라 하니라"(요 20 : 25). 예수님은 이러한 도마에게 일주일 후에 나타나셔서 말씀하셨다. "도마에게 이르시되 네 손가락을 이리 내밀어 내 손을 보고 네 손을 내밀어 내 옆구리에 넣어 보라 그리하여 믿음 없는 자가 되지 말고 믿는 자가 되라"(요 20 : 27). 즉, 예수님은 도마의 의심을 정죄하기보다, 도마가 진짜 믿어야 할 증거를 제공해 주시는 계기로 삼으셨다.

하지만, 의심이 우리 믿음에 부정적인 영향을 끼치는 경우도 분명히 있다. 예수님은 의심이 우리의 영적 생활을 방해할 수 있는 상황에 대하여 여러 번 말씀하셨다(마 14 : 31, 21 : 21, 막 11 : 23, 눅 24 : 38). 그렇기에 우리는 신앙에 의심이 생길 때 그 의심으로 인하여 더욱 주목해야 할 것이 무엇인지 인식해야 하며, 동시에 이러한 의심이 너무나 큰 파도가 되어 우리와 하나님과의 관계를 흔들지 않도록 보다 적극적으로 마음을 지켜야 한다. 그렇다면, 어떻게 해야 분별력 있는 의심을 할 수 있을까? 그것은 우리가 경험하는 의심의 종류에 따라 다를 것이다.

세 가지 종류의 의심

신약학자 게리 하버마스(Gary Habermas)는 자신의 저서 *Dealing with Doubt*(의심 다루기)에서 영적 의심에 대한 세 가지 유형, 즉 사실적 의심, 감정적 의심, 의지적 의심을 제시한다.[2] 이러한 유형적 이해는 우리가 현실적으로 마주하는 의심 앞에서 어떻게 반응해야 하는지 도움을 준다.

1) 사실적 의심

사실적 의심은 하나님의 존재 혹은 기독교 진리의 근거에 대한 것이다. 내가 알고 있는 기독교인 청년 중 한 명은 자신이 인문학 수업을 통해서 들었던 내용을 나에게 전했다. 그는 그 수업을 통해서 예수님이 스스로 신이라고 주장한 적이 없다는 것을 '배웠고', 기독교는 이전의 이교 신화에서 아이디어를 빌렸다는 것을 '배웠으며', 교회는 임의로 성경에 포함될 책을 선택했다는 것을 '배우게' 되었다고 말했다. 그는 이러한 배움을 통하여 많은 학생들이 충격을 받았고, 기독교를 불신하게 되었다고 말했다. 그 수업에서 교수가 이러한 사실들에 대하여 어떻게 느끼냐고 물었을 때, 한 학생은 자신이 들은 이야기를 부모님께 전하고 또한 자신의 생각을 목사님께 말하고 싶다고 말했다고 한다.

이와 같이 오늘날 우리의 자녀들은 온라인과 미디어 및 교실 안에서 하나님과 기독교에 대하여 서로 일치하지 않는 많은 정보를 제공받고 있다. 위의 학생과 같이 제공된 정보를 합당하게 평가할 준비가 되어 있지 않은 상태에서 많은 정보를 접했을 때 사실적 의심이 생겨나는 것은 당연하다. 이렇게 우리 안에 하나님과 기독교에 대하여 사실적 의심이 생겨날 때, 우리는 어떻게 대응해야 하는가?

- 먼저 그 의심이 사실에 근거한 의심인지에 대하여 확인하라. 종종 사람들은 어떠한 사실 때문에 신을 의심한다고 주장하지만, 실제로는 하나님에 대한 감정적 또는 의지적 반대를 하는 경우가 많다.
- 가장 근본적인 질문이 무엇인지 분별하라. 사실적 의심에는 대개 한 번

에 많은 질문들이 나타난다. 예를 들어, "하나님이 정말 존재한다면?" 이라는 질문의 답을 찾아낸다면 그 뒤에 따라오는 질문들이 자연히 해결될 수 있다. 그렇기에 이러한 경우에 우리가 할 수 있는 지혜로운 반응은 의심으로 인한 모든 질문들에 각각 답을 찾으려고 뛰어드는 것보다 근원적인 질문인 하나님의 존재 자체에 대한 증거를 연구하는 것이다. 만일 하나님의 존재에 대하여 우리가 분명한 확신을 갖게 되면, 그 뒤로 따라오는 많은 개인적인 질문에 새로운 시각으로 답을 찾을 수 있을 것이다.

- 하나님과 기독교에 대한 자료들이 신뢰할 수 있는 출처에서 나왔는지 확인하라. 인터넷에서 '하나님의 존재'에 대하여 검색하면 순식간에 약 7백만 개 이상의 결과물이 제시된다. 그러나 이러한 자료 모두가 신뢰할 만하다고는 할 수 없다. 왜냐하면, 그 자료의 상당히 많은 부분에 잘못된 정보가 섞여 있기 때문이다. 그렇기에 우리는 신뢰할 만한 전문가와 권위가 있는 기관을 통하여 제공되는 자료들을 분별하고 선택해야 한다.

2) 감정적 의심

감정적 의심은 우리의 삶 가운데 생겨나는 하나님에 대한 감정적인 변화로 인한 것이다. 이 장의 시작에서 언급한 글이 바로 감정적 의심의 한 예이다. 이 사람은 강한 믿음을 가지고 있었으나, 갑자기 생겨난 감정의 변화 앞에 하나님에 대한 모든 것을 의심하기 시작했으며, 결국 하나님에게 표적을 구했다. 그리고 표적을 받지 못하자 그는 하나님에 대하여 더 큰 의심을 품기 시작했다. 그 자신도 말했듯이, 이런 종류의 의심은 우리가 어려움을 만나 "하나님이 정말 계신다면, 어떻게 이렇게 나쁜 일들이 일어날 수가 있는가?"라고 질문할 때 가장 흔하게 생겨난다. 우리는 이러한 감정적인 의심이 생겨날 때 어떻게 대처해야 하는가?

- 먼저 기도하고 성경을 읽으라. 어떤 종류의 의심이라도 하나님의 말씀을 읽고 우리의 어려움에 대해 하나님의 도움을 간구하는 것이 중요하다. 이러한 감정적인 의심으로 인하여 하나님과의 거리감이 생기는 주된 요인 중의 하나는 바로 마땅히 성경을 읽지 않고 자신의 감정 안에서 기도하는 경우이다. 믿음의 가장 핵심적인 실천이 바로 성경 읽기와 기도하기임을 기억하라.
- 하나님의 존재에 대한 보다 객관적인 증거를 연구하라. 아직까지 그러한 경험이 없다면 이러한 상황에서 시도하라. 많은 사람들이 하나님을 믿을 때 하나님의 존재에 대한 체계적인 배움의 과정을 거치기보다는 개인적인 경험에 근거하여 믿는다. 이러한 경우에 감정적인 의심이 들면 그들의 믿음을 안전하게 붙들어 줄 기반이 흔들리게 된다. 그렇기에 개인적인 경험을 넘어서 하나님의 존재에 대한 보다 신학적이고, 성경적이고, 신뢰할 만한 내용을 연구하라. 감정적 의심이 들 때 이러한 하나님의 존재에 대한 객관적인 연구와 증거는 감정적인 폭풍 속에서 지적인 닻이 되어 줄 수 있다.

3) 의지적 의심

의지적 의심은 우리의 의지가 하나님의 뜻과 충돌할 때 생겨난다. 이러한 경우에 우리는 우리의 죄에 대해 인정하지 않으려는 경향이 있으며, 그로 인해 하나님을 거부하기 시작한다. 예를 들어, 10대들은 성적인 유혹과 죄가 잘못되었다고 믿고 싶지 않기 때문에 하나님을 거부하기도 한다. 이러한 경우에 대부분의 사람들은 하나님에 대한 의심을 자신의 의지적 문제라고 생각하기보다는 사실에 기반을 둔 의심이라고 생각한다. 우리는 이 두 차이를 어떻게 구별할 수 있을까? 사실의 문제에 대해 진지하게 질문하는 사람들은 그 질문의 답을 찾으려고 노력한 후에 스스로 답을 하려는 경향이 있다. 반면, 의지적 의심을 갖고 있는 사람들은 마치 그 질문이 해결되지 않기를 원하는 사람처럼 모든 질문의 답에 새로운 질문을 계속 제기하는 경향이 있다. 그렇다면, 우리는 이러한 의지적 의심이 생겨날 때 어떻게 대응해야 하는가?

- 먼저, 의심은 대부분 중립적이지 않다는 것을 인식하라. 우리는 일반적으로 하나님을 의심할 때 하나님을 멀리하거나 하나님을 믿지 않기 위해서 의심을 한다.[3] 만일 우리가 하나님에 대하여 의지적 의심이 생겨난다면 그 이유를 생각해 보아야 한다. 우리가 어떤 증거에도 상관없이 하나님을 믿고 싶어 하지 않는 근본적인 이유를 이해하는 것은 우리의 의심이 건강한 의심인지, 아닌지 드러내 주는 좋은 기준이 된다.
- 왜 성경이 정말로 하나님의 말씀이라고 믿을 만한 충분한 이유가 있는지 공부하라. 의지적 의심은 일반적으로 성경이 말하는 것과 충돌하는 방식으로 살고자 하는 자기중심적 욕망에 뿌리를 두고 있기 때문에, 핵심 쟁점은 바로 성경이 실제로 하나님의 말씀인지에 대한 인정 여부이다. 성경이 하나님의 말씀이라고 믿지 않는다면 의지적 의심을 가질 이유도 없다. 그러나 정말로 성경이 하나님의 말씀이라고 믿는다면 우리의 의지와 하나님의 말씀이 상충하는 것은 우리의 삶에 큰 영향을 미친다. 그렇게 되면, 우리가 행하는 것이 죄로 느껴지든지 그렇지 않든지 성경 자체가 우리에게 도덕적인 권위를 갖게 된다.[4]

삶의 상황이 메마르고 황폐해지면서 하나님에 대한 의심이 생겨나는 사람들 중에 행복하다고 말하는 사람은 거의 없다. 바로 이때 우리가 우리 자신의 의심은 어디서부터 시작되었으며, 그것이 어떠한 유형의 의심인지 인지하는 것은 영적인 여정을 걸어가게 인도해 준다.

💬 핵심 포인트

- 의심하는 것, 그 자체는 정상이다. 세례 요한과 제자 도마도 의심했다.
- 만일 우리가 우리 안에 생겨나는 의심을 적절하게 다루어 의심을 통해 더 깊은 신앙으로 인도된다면, 의심은 좋을 수 있다. 그러나 합당하게 분별하지 않고 방치한다면, 의심은 매우 위험한 파도가 되어 우리의 신앙을 덮칠 수도 있다.
- 우리는 의심을 합당하게 분별하기 위하여 의심의 세 가지 유형, 즉 사실적, 감정적, 의지적 의심을 이해해야 한다.
- 사실적 의심은 하나님의 존재 혹은 기독교 진리의 근거에 대한 것이다.
- 감정적 의심은 우리 삶의 환경으로 인하여 하나님에 대한 감정적인 변화로 생겨나는 것이다.
- 의지적 의심은 우리의 의지가 하나님의 뜻과 충돌할 때 생겨난다.

💬 대화 가이드

대화 시작하기

- 기독교인이 하나님의 존재에 대하여 의심하는 경우가 일반적인 현상이라고 생각하니? 아니면 드문 현상이라고 생각하니? 왜 그렇게 생각하는지 말해 보자. (우리가 절대적인 확신이 부족할 때마다 어느 정도의 의심을 품는 것은 정상이라는 것을 인정하는 기회로 삼으라. 더불어 세례 요한과 도마의 이야기를 들려줘라.)
- 하나님의 존재를 의심해 본 적이 있니? 그 이유는 무엇인지 말해 보자.

대화 진행하기

- 자신의 믿음에 대하여 의심을 갖는 것이 좋은 일일까? 아니면 나쁜 일일까? 왜 그렇게 생각하는지 말해 보자. (자녀의 대답에 대해 토론한 후, 의심의 장단점에 대해 이야기하라.)
- 사람들이 때때로 자신의 믿음에 의심을 품는 이유가 무엇일까?
- 사람들이 갖는 의심에는 세 가지 종류, 즉 사실적, 감정적, 의지적 의심이 있어. 바로 앞의 질문에 대한 너의 대답이 이 세 가지 의심 중에 어디에 속하는지 생각해 보자.
- 네가 사실적 의심을 가지고 있다면, 그것을 다루는 좋은 방법과 나쁜 방법은 무엇이라고 생각하니? (이 장의 요점에 대하여 자녀와 충분히 대화하라.)

대화 적용하기

- 한 기독교인이 온라인에 다음과 같이 글을 남겼어. "나는 지금까지 내가 지켜 온 모든 것을 한순간에 잃어버린 느낌이다. 두려움과 의심과 혼란으로 통제 불능의 상태에 빠진 것 같다. 왜 이슬람교(또는 다른 종교)를 믿는 사람들은 잘못되었고, 기독교를 믿는 나는 옳은 것일까? 나는 지금까지 내 안에 있는 자비심과 선한 마음에 대한 확신으로 인하여 기독교가 늘 옳다고 생각해 왔다. 그런데 만일 이러한 '선'이라는 나의 감각이 나의 개인적인 도덕성에서 온 것이라면 나는 정말 혼란스럽다. 기독교가 정말 옳은지 내가 어떻게 확신할 수 있는가?"[5] 이 사람은 어떤 종류의 의심을 가지고 있는 것일까? 너는 이 사람에게 어떤 말을 해 주고 싶니?

23

하나님이 우리의 기도에 응답하신다는 것을
어떻게 알 수 있을까?

나의 아이들이 어렸을 때 우리집 차고에는 러닝머신이 있었다. 내가 몇 번이고 주의를 줬음에도 불구하고 나의 아들은 러닝머신에 올라가서 동작 버튼을 누르고 말았다. 동작 버튼을 누르자마자 아들은 뒤로 넘어지게 되었고, 결국 돌아가는 러닝머신 발판에 다리가 쓸려서 화상을 입게 되었다. 그날 나는 아들을 데리고 병원에 가서 늦은 시간에야 집으로 돌아왔다.

우리 가족은 모두 모여서 하나님께 아들의 상처를 치료해 달라는 기도를 드렸다. 다음 날 저녁, 우리 가족은 다시 한 번 아들을 위하여 기도하려고 모였는데 옆에 있던 딸이 나에게 물었다. "왜 하나님은 우리가 어제 드렸던 기도를 들어주시지 않은 거죠? 동생 다리에 있는 상처가 아직도 없어지지 않았잖아요."

나는 그날 딸이 내게 했던 질문을 잊을 수가 없다. 하나님께 상처를 치료해 달라는 기도를 드린 것이 나의 딸에게는 어떤 의미였던 것일까? 반대로, 아들의 상처를 치료해 달라고 기도한 나는 그 상처가 바로 사라질 것을 기대하고 기도한 것일까? 하나님께서 우리의 기도를 들어주신다는 것은 과연 무엇을 의미하는 것인가?

사실 이런 질문은 기독교가 회의론자들에게 계속 도전받아 왔던 부분 중의 하나이다. 무신론자들의 대표적인 웹사이트인 "왜 하나님은 지체장애인들을 당장 고치지 않는가?"(www.whywontgodhealamputees.com)라는 사이트를 보면, 많은 회의론자들이 던지는 도전적인 질문들이 있다. 그들은 기독교인들이 구하는 대로 하나님이 응답하지 않는 것은 바로 하나님이 실제로 존재하지 않는다는 것을 반영하는 구체적인 증거라고 주장한다.

그러나 하나님이 실제로 존재하는지 아닌지에 대한 논의와 하나님이 우리가 기도하는 대로 응답하시는지 아닌지에 대한 논의가 별개의 문제임은 너무나 분명하다. 그렇기에 회의론자들이 던져야 할 질문은 "왜 하나님은 기도하는 대로 응답하지 않는가?"가 아니라, "우리가 하고 있는 기도는 성경에서 말하고 있는 기도와 일치하고 있는가?"가 되어야 한다.

이런 관점으로 이제 성경에서 기도에 대하여 어떻게 말하고 있는지 살펴보도록 하자.

하나님이 우리의 기도를 듣고 있다는 것을 우리는 어떻게 아는가?

창조주이신 하나님이 우리의 기도를 듣고 계시는지에 대해 알기 위해서는 주변의 세상을 주목하기보다 하나님의 말씀을 살펴보는 것이 마땅하다. 성경은 하나님이 우리의 기도를 분명히 들으신다는 말씀을 일관적으로 선언하고 있다.

- "여호와는 악인을 멀리 하시고 의인의 기도를 들으시느니라"(잠 15 : 29).
- "내 이름으로 일컫는 내 백성이 그들의 악한 길에서 떠나 스스로 낮추고 기도하여 내 얼굴을 찾으면 내가 하늘에서 듣고 그들의 죄를 사하고 그들의 땅을 고칠지라"(대하 7 : 14).
- "하나님이 죄인의 말을 듣지 아니하시고 경건하여 그의 뜻대로 행하는 자의 말은 들으시는 줄을 우리가 아나이다"(요 9 : 31).
- "주의 눈은 의인을 향하시고 그의 귀는 의인의 간구에 기울이시되 주의 얼굴은 악행하는 자들을 대하시느니라 하였느니라"(벧전 3 : 12).

위의 말씀들은 일관적으로 하나님의 기도 응답과 기도하는 사람의 믿음과 의가 긴밀히 연결되어 있음을 선언하고 있다. 이 말은 하나님이 의롭지 않은 자의 기도에 대해 알지 못하신다는 것이 아니라, 기도하는 자 안에 있는 회개하지 않은 죄의 문제가 하나님 앞에 합당한 기도로 올려지는 데 걸림돌이 된다는 것을 의미한다.

하나님이 우리의 기도에 응답하신다는 것을 어떻게 아는가?

다시 한 번, 하나님의 말씀을 살펴보자.

- "너희가 악한 자라도 좋은 것으로 자식에게 줄 줄 알거든 하물며 하늘에 계신 너희 아버지께서 구하는 자에게 좋은 것으로 주시지 않겠느냐"(마 7 : 11).

- "그러므로 내가 너희에게 말하노니 무엇이든지 기도하고 구하는 것은 받은 줄로 믿으라 그리하면 너희에게 그대로 되리라"(막 11 : 24).
- "내가 또 너희에게 이르노니 구하라 그러면 너희에게 주실 것이요 찾으라 그러면 찾아낼 것이요 문을 두드리라 그러면 너희에게 열릴 것이니"(눅 11 : 9).
- "지금까지는 너희가 내 이름으로 아무것도 구하지 아니하였으나 구하라 그리하면 받으리니 너희 기쁨이 충만하리라"(요 16 : 24).

하나님의 말씀을 신뢰하는 사람은 어느 누구도 하나님이 우리의 기도에 응답하시는가에 대하여 의심하지 않는다. 왜냐하면 성경은 이에 대하여 너무나도 분명히 말하고 있기 때문이다. 하지만, 우리가 더불어 생각해야 하는 것은 하나님은 우리가 원하는 대로만 응답하시는 분이 아니라는 것이다. 이러한 실망감을 경험하게 될 때, 우리는 성경의 언약에 대하여 의심하기도 한다. 그러므로 하나님이 우리가 원하는 대로 응답하시지 않는 상황에 대한 근본적 이해가 필요하다.

마가복음 11 : 24의 말씀에는 우리가 무엇이든지 기도하고 구하면 주시리라고 적혀 있지만, 여기서 말하는 '무엇이든지'라는 단어의 뜻을 우리는 좀 더 살펴볼 필요가 있다. 여기서 말하는 '무엇이든지'라는 단어는 '하나님의 본성과 일치되는 무엇이든지'라는 뜻으로 이해해야 한다. 성경은 하나님이 우리가 원하는 대로 응답하시지 않는 이유들에 대해 말해 주고 있다.

- 우리가 회개하지 않는 죄를 우리의 삶에 그대로 가지고 기도할 때
- 우리에게 유익이 되지 않는 것을 구할 때, "너희 중에 누가 아들이 떡을 달라 하는데 돌을 주며 생선을 달라 하는데 뱀을 줄 사람이 있겠느냐"

(마 7 : 9-10).
- 우리가 이기적인 마음으로 구할 때, "구하여도 받지 못함은 정욕으로 쓰려고 잘못 구하기 때문이라"(약 4 : 3).
- 우리가 하나님의 뜻에 어긋나게 구할 때, "그를 향하여 우리가 가진 바 담대함이 이것이니 그의 뜻대로 무엇을 구하면 들으심이라"(요일 5 : 14).

우리들 대부분은 위의 세 번째까지의 문제들을 받아들이는 데는 큰 어려움이 없으며, 이러한 것들이 언제 우리의 기도에 문제가 되는지 알 수 있다. 그러나 네 번째의 경우에는 그렇지 못할 수도 있다. 우리가 아무리 생각해 봐도 우리가 원하는 대로 응답되는 것이 왜 하나님의 뜻과 어긋나는 것인지 이해할 수 없는 경우가 있기 때문이다. 예를 들면, 사랑하는 사람을 고쳐 달라고 하나님께 간절히 기도했지만, 결국 그 사람이 죽음을 맞이하게 되는 경우이다. 아무리 냉정하게 하나님의 뜻이 아니었다고 인정하려고 해도 우리 안에 해결되지 않는 질문들이 생길 것이다. 우리는 이러한 상황 앞에서 답을 찾아보려고 하지만, 결국 인간의 한계 안에서 하나님의 뜻을 모두 다 이해할 수 없음을 인정해야 한다.

이에 대하여 누가복음 22 : 42에서 십자가 죽음을 앞두고 예수님이 하셨던 기도는 매우 중요한 통찰을 준다. "이르시되 아버지여 만일 아버지의 뜻이거든 이 잔을 내게서 옮기시옵소서 그러나 내 원대로 마시옵고 아버지의 원대로 되기를 원하나이다 하시니". 결국 예수님의 기도는 받아들여지지 않았고, 하나님의 뜻은 예수님의 죽음을 통하여 인류를 구원하시는 것이었다. 예수님의 기도에 대한 전적인 거부가 곧 인류의 전적인 유익으로 바뀌는 순간이 되었다.

이러한 관점에서 보면, 우리는 하나님이 영원이라는 관점에서 가장 좋은 방식으로 우리의 기도에 응답하실 것이라고 확신할 수 있지만, 그렇다고 해서 그 응답이 현재에서도 가장 좋아 보이지는 않을 수 있다.

지체장애인들을 향한 치유의 문제를 어떻게 이해해야 하는가?

다시 한 번 지체장애인들을 향한 치유의 문제를 어떻게 이해해야 하는지에 대하여 생각해 보자. 앞에서도 확인하였지만, 중요한 것은 하나님이 우리가 원하는 대로 응답해 주셔야 하는 것이 아니라 우리의 기도와 응답이 과연 성경에서 말하고 있는 것과 일치하고 있는가이다.

우리가 확인한 것을 다시금 정리하면, 먼저 하나님은 우리의 기도를 분명히 들으신다는 것이다. 그리고 우리가 원하는 대로 하나님이 우리의 기도에 응답하시지 않는 데에는 여러 가지 이유가 있다. 이러한 관점에서 보면, 사실 "왜 지체장애인들을 당장 고쳐 주시지 않는가?"라는 질문은 우리가 할 수 있는 수많은 질문들과 다르지 않다. "왜 하나님은 하늘에서 당장 돈벼락을 떨어뜨려 주시지 않는가?", "왜 하나님은 하늘을 날게 해 달라고 기도하는 아들의 기도에 응답하시지 않는가?", "왜 하나님은 화상 입은 동생의 상처를 오늘 당장 없애 주시지 않는가?" 그렇기에 하나님이 우리가 원하는 대로 응답해 주시지 않는다고 해서 그것이 성경에 언약된 대로 응답하시지 않는다는 것을 뜻하지는 않는다. 성경에서도 하나님이 모든 기도에 그들이 원하는 대로 응답하신 것은 아니었다.

그러나 수백만의 사람들이 기도에 대한 응답을 받은 경험이 있다고 고백하고 있다. 설문조사기관인 퓨 리서치에 따르면, 미국인의 삼분의 일은 매달 한 번 이상은 매우 구체적이고 분명한 하나님의 응답을 받으며 살아간다고 말하고 있으며, 오 분의 일은 매주 한 번 이상 하나님의 응답을 받으며 살아가고 있다고 말하고 있다.[1]

기독교인들이 하나님께서 기도에 응답하신다는 것을 증명할 방법이 없듯이, 회의론자들이 주장하는 내용, 즉 하나님이 우리의 기도에 응답하시지 않는다는 주장도 증명할 방법이 없다. 그러나 만일 첫째, 하나님이 존재하신다는 합당한 증거가 있고, 둘째, 성경이 하나님께서 우리의 기도를 다 듣고 있다고 말하고 있으며, 셋째, 하나님은 우리가 원하는 대로가 아니라 성경에서 언약하신 대로 응답하고 계신다는 것을 우리가 분명히 한다면, 우리는 기도에 대하여 보다 분명한 확신을 가질 수 있다. 그렇기에 "왜 하나님은 지체장애인들을 당장 고쳐 달라는 기도에 응답해 주시지 않는가?"라는 질문은 성경말씀에 대한 잘못된 이해에서 비롯된, 신학적으로 깊이가 얕은 질문이다.

핵심 포인트

- 성경은 매우 일관적으로 하나님은 우리의 기도를 들으시며, 또한 응답하신다고 말하고 있다. 우리는 이것을 어떻게 알 수 있는가?
- 성경은 하나님이 우리가 원하는 대로 모든 기도에 응답하신다고 말하고 있지 않다. 또한 하나님은 때로는 우리가 원하지 않는 방식으로 응답하실 수 있으며, 그 하나님의 뜻을 우리의 제한된 관점과 경험으로는 다 알 수가 없다. 그러나 우리가 분명히 확신할 수 있는 것은 하나님이 영원이라는 관점에서 가장 좋은 방식으로 우리의 기도에 응답하신다는 것이다.
- 만일 우리가 성경을 통해 하나님이 모든 기도에 우리가 원하는 대로 응답하시지는 않는다는 것을 이해하게 되면, 우리가 원하지 않는 방식으로 응답하시는 것에 대하여 실망하기만 할 것이 아니라 우리가 구한 것이 하나님의 지혜와 계획 안에서 가장 선하고 좋은

것이 아닐 수 있었음을 인정하는 기회로 삼을 수 있다.
- 하나님이 우리의 기도에 응답하시지 않는다고 오해하는 것은 성경과 모순된다. 우리가 잘 알듯이 수많은 사람들이 지금도 그리고 역사적으로도 하나님의 구체적인 응답을 경험해 왔다.

💬 대화 가이드

대화 시작하기
- 모든 기독교인에게는 하나님이 응답하신 기도와 그렇지 않은 기도가 있어. 너는 어떠니? 하나님이 응답하신 기도와 응답하시지 않은 기도는 무엇인지 말해 보자.

대화 진행하기
- 마가복음 11 : 24을 함께 읽어 보자. 예수님은 무엇이든지 구하면 들어주겠다고 하셨어. 그러나 우리는 하나님이 결코 들어주시지 않을 기도들도 있다는 것을 알고 있지. 성경에서 말하는 '무엇이든지'라는 단어의 뜻은 무엇일까? (이 장에서 살펴본, 구하여도 응답받지 못하는 기도의 예시에 대해 설명하고 하나님의 뜻에 맞게 기도해야 함을 가르치라.)
- 네가 경험한 응답받지 못한 기도에 대하여 다시 생각해 보자. 방금 알려 준 예시들을 통해 왜 너의 기도가 응답받지 못했는지 설명이 되었니? 왜 그렇게 생각하니?
- 역사를 통틀어서 어떤 사람이 기도의 응답을 통해 갑자기 날개가 생겨서 날았다는 기록은 없어. 이러한 사례로 너는 하나님이 실제로 존재하는지에 대해 의문이 생기니? 그렇다면 그 이유를 말해

보자. (하나님이 존재하시는지의 문제는 하나님이 우리의 기도에 어떻게 응답하시는가와 별개의 문제임을 분명히 하라. 최근의 통계에 등장하는 하나님의 기도응답을 경험하고 살아가는 많은 자들의 고백에 대하여도 함께 이야기를 나누라.)

대화 적용하기

- 한때는 기독교인이었다가 현재는 기독교를 떠난 사람들에게 그 이유를 묻는 설문조사를 했을 때 다음과 같이 대답했어. "내가 기독교를 떠난 이유는 하나님이 내 기도에 전혀 응답하시지 않았기 때문이다."[2] 네가 이 사람에게 어떠한 조언과 질문을 할 수 있을까?

24

볼 수도, 들을 수도 없는 하나님과의 관계를
어떻게 발전시킬 수 있을까?

몇 해 전에 우리는 매우 역동적인 다음세대 커리큘럼과 프로그램을 운영하는 교회를 방문한 적이 있다. 교회학교에서는 종종 일반회중들을 대상으로 한 집회를 했다. 이 집회에서 아이들이 자주 부르는 찬양 중의 하나는 바로 "주는 나의 친구"라는 곡이었다. 아이들은 매우 즐겁고 신나게 춤을 추며 찬양했다. 집회를 마친 어느 주일 오후에 친구 중 하나가 나에게 심각한 얼굴로 찾아와 말을 걸었다. "정말 하나님이 우리의 친구가 될 수 있을까? 나는 사실 이 부분이 잘 이해가 안 돼." 나는 친구의 말에 다시 물었다. "무슨 말이야? 아이들이 하나님과 친구라고 생각하는 게 뭐가 문제가 되지?" 이에 다시 친구는 대답했다. "바로 그게 나에게는 불편한 거야. 하나님은 하나님이시고, 우리는 그분의 창조물이잖아. 그런데 어떻게 우리가 하나님과 친구가 될 수 있겠어? 아무래도 그건 이상해."

나는 친구에게 나의 생각을 전했다. "글쎄, 분명한 것은 우리는 하나님과 관계를 맺으며 살아가게 되어 있잖아. 아마도 이러한 관점에서 강조하는 표현이라고 생각해. 그러니까 너무 신학적으로 따지지 말자."

이렇게 대답한 그날 나는 집으로 돌아와서 이러한 주제에 대한 성경의 가르침이 요한복음 15 : 13~15에 있다는 것을 확인하게 되었다.

"사람이 친구를 위하여 자기 목숨을 버리면 이보다 더 큰 사랑이 없나니 너희는 내가 명하는 대로 행하면 곧 나의 친구라 이제부터는 너희를 종이라 하지 아니하리니 종은 주인이 하는 것을 알지 못함이라 너희를 친구라 하였노니 내가 내 아버지께 들은 것을 다 너희에게 알게 하였음이라".

이 말씀을 통해서 우리가 분명히 볼 수 있는 것은 예수님이 우리에게 친구라고 말씀하셨다는 것이다. 그러나 여기서 말하는 '친구'가 과연 우리가 일반적으로 사용하는 의미에서의 친구인지는 분명히 확인할 필요가 있다. 본문에서는 한 가지 단서를 붙이는데, 그것은 바로 "너희는 내가 명하는 대로 행하면"이다. 즉, 여기서 말하는 친구는 인간적인 우정과는 본질이 전혀 다르다. 또한 예수님은 우리의 일반적인 친구들처럼 눈으로 볼 수 없고, 귀로 그 음성을 들을 수 있는 분도 아니다. 그럼에도 불구하고 지금도 전 세계의 수많은 아이들은 주일예배를 통하여 그들이 하나님과 관계를 맺고 있음을 자연스럽게 고백하고 있다. 그렇기에 우리의 자녀들이 하나님과의 관계를 보다 온전히 맺기 위해서는 단순히 예수님이 그들의 친구라고 말하는 것 이상의 조금 더 구체적인 영적인 지도가 필요하다. 이제 우리는 어떻게 하면 볼 수도 없고, 들을 수도 없는 하나님이 우리에게 말씀하시는 것을 알 수 있으며, 또한 그러한 하나님께 어떻게 응답할 수 있는지 살펴보도록 하자.

성경을 통해 하나님의 말씀 듣기

오늘날, 우리가 하나님과 소통할 수 있는 가장 기본적인 통로는 바로 성경이다.[1] 그렇기에 우리가 하나님과의 관계를 더욱 발전시키기 위해서는 바로 하나님이 말씀하신 성경말씀을 읽고 듣는 것에서부터 시작하는 것이 합당하다. 그러나 연구에 따르면, 불행히도 교회에 정기적으로 출석하는 교인 중 약 45% 정도만이 일주일에 성경말씀을 한 번 이상 읽는다고 답하고 있으며, 40% 정도의 교인들은 한 달에 한두 번 정도이고, 나머지 교인들은 성경을 전혀 읽지 않는다고 말하고 있다.[2] 하나님과의 관계를 더욱 발전시키는 데 있어서 성경말씀을 읽는 것이 얼마나 중요한지를 고려해 볼 때 이는 비참한 통계이다. 즉, 하나님의 말씀을 살아 있는 하나님의 음성이라고 여기기보다는 단지 정적인 정보를 제공하는 책으로 오해하는 경향이 큰 것 같다. 그러나 히브리서 4 : 12 말씀은 선언한다. "하나님의 말씀은 살아 있고 활력이 있어 좌우에 날선 어떤 검보다도 예리하여 혼과 영과 및 관절과 골수를 찔러 쪼개기까지 하며 또 마음의 생각과 뜻을 판단하나니". 또한 로마서 10 : 17 말씀은 선언한다. "그러므로 믿음은 들음에서 나며 들음은 그리스도의 말씀으로 말미암았느니라". 그렇기에 우리는 하나님과 관계를 맺기 위해서 지속적으로 성경말씀을 읽어야 한다. 히브리서 4 : 12 말씀은 성경말씀을 읽는 것이 한 번에 완성되는 것이 아니라 지속적으로 읽어서 그 말씀이 우리 안에서 계속 역사하도록 해야 함을 분명히 말하고 있다. 좀 더 구체적으로 하나님과의 관계를 세워 가는 성경말씀 읽기에 대해 다음의 네 가지 방법을 살펴보자.

1. 먼저, 우리는 성경을 통하여 하나님이 누구신지에 대해 배워야 한다.

우리가 누군가와 관계를 맺으려고 할 때 우선적으로 그 사람이 누구인지에 대하여 알아야 하는 것처럼, 우리가 하나님과 관계를 맺으려 할 때 우리는 먼저 하나님이 누구신지 알아야 한다. 우리는 성경을 통하여 하나님이 어떤 분인지(13장을 참고) 배워 가게 되는데, 성경에는 하나님이 어떤 분인지에 대한 합당한 지식들이 담겨 있다. 하나님과 진정한 관계를 맺기 위해서, 우리는 가장 근본적으로 성경에서 하나님에 대하여 어떻게 말하고 있는지 배워 가야 한다.

2. 우리는 성경을 통하여 하나님이 행하신 일을 배워야 한다. 성경에서 알려 주는 하나님은 천지를 창조하신 뒤에 물러나 계신 분이 아니다. 세계의 역사를 통하여 적극적으로 우리의 삶에 개입해 오신 분이다. 구약을 통하여 하나님은 선택한 백성들에게 자신을 드러내시고, 궁극적으로 그들을 구원하실 구원자 예수님을 보내시는 분임을 보이셨다. 신약을 통하여 하나님은 예수님을 보내 주시고, 예수님의 십자가에서의 희생과 부활을 통하여 우리에게 구원을 허락하셨으며, 초대교회의 시작과 성장을 주관하신 분임을 보이셨다. 하나님이 행하신 일을 이해하는 것은 하나님이 누구신지, 그리고 우리를 향한 하나님의 목적이 무엇인지 이해하는 데 매우 중요한 부분이다.

3. 우리는 성경을 통하여 하나님과의 관계에 대하여 배운다. 하나님과 우리 사이의 관계에는 수직구조가 내재되어 있다. 우리는 동등한 입장에 있는 친구가 아니며, 성경에 나타나는 하나님과 우리와의 관계적 구조의 모형은 바로 부모와 자녀의 관계이다. 사실 자녀들은 부모로부터 독립하고 싶어 하고, 자신이 하고 싶은 대로 살아가기 원하지만, 어리면 어릴수록 자녀는 더욱 그 부모를 의존하고 부모의 도움 안에 있어야 한다. 자녀들이 부모와의 관계를 존중하지 않고 존경심을 버리고 불순종하게 되면 그것은 누구보다도 그들 자신에게 가장 큰 해가 된다. 바로 이러한 원리가 하나님과 우리의 관계에도 그대로 적용된다.

우리가 하나님에 대한 합당한 존경심을 버리고 하나님이 말씀하신 순종의 삶을 벗어나게 될 때, 우리는 곧 영적인 위험에 빠지게 된다. 정기적으로 성경을 읽으며 얻을 수 있는 유익은 바로 하나님이 우리의 하나님이시며, 우리는 결코 하나님이 될 수 없음을 다시금 확인하는 것이다.

4. 우리는 성경을 통하여 우리를 향한 하나님의 깊은 사랑을 배운다. 자녀들이 우리가 그들을 얼마나 사랑하는지 깨닫게 될 때 부모와 자녀의 관계는 더욱 친밀해진다. 자녀들이 부모인 우리가 그들을 사랑하고 있다는 것을 알고 싶어 하듯이, 우리 역시 하나님이 우리를 사랑하고 계신다는 것을 알고 싶어 한다. 그런데 바로 그러한 하나님의 사랑이 성경에 적혀 있다. 단지 몇 구절 정도가 아니다. 성경의 시작부터 마지막까지 전체가 우리를 향한 하나님의 사랑 이야기이다. 하나님은 우리를 창조하셨고, 우리와 함께하시고, 우리를 구원하시고, 우리가 하나님과 영원히 함께할 수 있는 길을 만드셨다. 만일 우리가 하나님과 관계 맺으며 그 깊은 사랑에 대한 확신을 갖기 원한다면, 말할 것도 없이 우리는 성경을 읽어야 한다.

하나님이 우리에게 어떻게 말씀하셨는지를 살펴보았으니, 이제 우리가 하나님께 어떻게 응답해야 하는지에 대하여 살펴보도록 하자.

하나님께 반응하는 두 가지 방법

우리는 우선적으로 다음의 두 가지 방법으로 하나님께 응답할 수 있다. 하나는 말씀에 근거한 기도이고, 다른 하나는 믿음에 근거한 삶의 실천이다.

말씀에 근거한 기도

앞 장에서 우리는 하나님께 요청하는 기도에 대해 이야기했다. 한 번 더 확인할 것은 기도의 궁극적인 목적은 하나님과의 관계를 더욱 발전시키는 것이지 청원하는 것 자체가 목적이 되어서는 안 된다는 것이다. 우리가 누군가와 관계를 맺으려고 하는 것이 오직 내가 원하는 것을 얻어내려는 것에만 국한되어 있다면, 결코 그 관계는 건강할 수 없다. 이는 하나님과의 관계에서도 동일하게 적용되는 부분이다.

이것이 예수님이 우리에게 알려 주신 주님의 기도에 담긴 메시지일 것이다.

"그러므로 너희는 이렇게 기도하라 하늘에 계신 우리 아버지여 이름이 거룩히 여김을 받으시오며 나라가 임하시오며 뜻이 하늘에서 이루어진 것 같이 땅에서도 이루어지이다 오늘 우리에게 일용할 양식을 주시옵고 우리가 우리에게 죄지은 자를 사하여 준 것 같이 우리 죄를 사하여 주시옵고 우리를 시험에 들게 하지 마시옵고 다만 악에서 구하시옵소서 (나라와 권세와 영광이 아버지께 영원히 있사옵나이다 아멘)"(마 6:9-13).

주님의 기도에서 우리는 경배("아버지의 이름이 거룩히 여김을 받으시오며"), 고백("우리 죄를 사하여 주시옵고"), 청원("악에서 구하시옵소서")의 필요성을 본다. 더불어 다른 많은 성경구절들은 기도에 반드시 하나님에 대한 감사가 함께 따라야 함을 강조한다(골 4:2, 살전 5:16-18, 히 13:15). 기도를 설명할 때 우리는 종종 'ACTS'라는 약자를 사용하는데, 이는 다음과 같은 기도의 핵심요소를 기억하는 데 도움이 된다. 경배(Adoration), 고백(Confession), 감사(Thanksgiving), 그리고 간구(Supplication)이다. 우리는 기도할 때 이러한 방법으로 하나님과 대화해야 한다. 만일 우리가 오직 간구(청원)만 한다면, 경배에서 오는 겸손과 고백에서 오는 자유, 감사에서 오는 기쁨을 놓쳐 버릴 수 있다.

믿음에 근거한 삶의 실천

우리가 하나님과 건강한 관계를 가질 때, 우리는 믿음을 삶에서 실천한다. 왜냐하면 우리의 행동은 하나님에 대한 우리의 사랑을 반영하기 때문이다. 우리가 실천해야 할 신앙생활에 대하여는 너무나 많은 지침과 권면이 있지만, 지면의 한계상 다음의 세 가지 핵심내용만 정리해 보고자 한다.

1. 우리는 그리스도의 삶을 본받아 살려고 노력해야 한다. 에베소서 5 : 1에서 사도 바울은 우리에게 '하나님을 본받는 자'가 되어야 함을 강조한다. 물론 이것이 쉬운 일이 아니지만, 우리가 그리스도 안에 있어서 하나님의 새로운 창조물이 될 때(고후 5 : 17) 우리 안에 거하시는 성령님으로 인하여 일어나는 변화이다(롬 8 : 9). 성경은 아홉 가지 성령의 열매인 사랑, 희락, 화평, 오래 참음, 자비, 양선, 충성, 온유, 절제가 바로 우리 삶에서 맺혀야 한다고 말한다. 원죄를 가지고 살아가는 우리가 이러한 열매를 맺는 것은 결코 우리의 힘으로 가능한 것이 아니라 오직 하나님의 도우심 안에서만 가능하다.
2. 우리는 교회의 한 지체가 되어야 한다. 불행히도 오늘날 자신들이 기독교인이지만 교회에 속하고 싶지 않다고 말하는 사람들이 많아지고 있다. 그러나 이러한 생각은 합당하지 않다. 성경은 우리가 예수님을 믿을 때, 마땅히 그리스도의 몸인 교회의 한 지체가 되어야 함을 말하고 있으며(고전 12 : 27), 하나님이 주신 사명을 감당하기 위해서 교회의 모든 지체들이 함께 협력해야 함을 말하고 있다(고전 12 : 14-20).

우리는 교회의 한 지체로서 서로 가르치고(롬 15 : 14), 서로 봉사하고(갈 5 : 13), 서로 사랑하며(요일 4 : 12), 서로 격려해야 한다(히 3 : 13). 또한 히브리서는 어떤 사람들이 행하는 습관처럼 모이기를 폐하지 말라고 선언하고 있다(히 10 : 25). 즉, 하나님과의 관계는 영적 형제, 자매인 다른 기독교인들과 연결된다.

3. 우리는 다른 사람들에게 예수님을 전해야 한다. 우리가 누군가를 사랑할 때, 우리는 다른 사람들 역시 그 사람을 알기 바란다. 마찬가지로 우리가 예수님을 깊이 경험하고 알아 가게 될 때, 우리는 다른 사람들도 그 관계에서 오는 기쁨을 함께 누리기를 바라게 된다. 이에 대하여 성경은 우리에게 "모든 민족을 제자로 삼아 아버지와 아들과 성령의 이름으로 세례를 베풀고"(마 28 : 19)라고 권면하고 있음을 기억해야 한다.

우리는 종종 하나님과 우리의 관계가 다른 사람들이나 세상과의 관계와 분명히 구별된다는 사실을 잊어버리곤 한다. 우리가 그 구별점을 기억하고 자녀들에게 어떻게 하면 하나님과 건강한 관계를 세워 갈 수 있을지 가르칠 때, 우리는 한 가지를 명심해야 한다. 그것은 바로 하나님과의 관계에서 뻗어 나오는 신앙의 뿌리가 자녀들이 세상을 살아가면서 활용하게 될 유용한 믿음의 기반이 된다는 것이다.

핵심 포인트

- 하나님과의 관계는 기독교인의 신앙생활의 핵심적인 부분이지만, 우리 자녀들을 포함하여 다른 사람들이 하나님과의 관계에 대하여

당연히 잘 이해하고 있다고 여겨서는 안 된다.
- 하나님의 음성을 듣는 가장 주된 방법은 성경을 읽는 것이다. 성경을 읽으면서 우리는 하나님이 누구신지, 하나님이 우리에게 어떤 일을 행하셨는지, 우리는 하나님과 어떤 관계를 맺고 있는지, 우리를 향한 하나님의 사랑이 얼마나 깊은지에 대하여 알아 감으로써 하나님과의 관계를 발전시킬 수 있다.
- 우리는 말씀에 근거한 기도와 믿음에 근거한 삶의 실천을 통하여 하나님께 응답할 수 있다.
- 건강한 기도는 경배(Adoration), 고백(Confession), 감사(Thanksgiving), 그리고 간구(Supplication)가 포함된 ACTS 기도이다.
- 우리가 하나님과 건강한 관계를 맺어 나갈 때, 우리는 믿음을 삶에서 실천한다. 그러한 삶의 실천으로는 그리스도를 본받아 살아가는 것, 교회의 한 지체가 되는 것, 그리고 다른 사람에게 복음을 전하는 것이 포함된다.

💬 대화 가이드

대화 시작하기
- 예수님과 관계를 맺는다는 것은 무엇을 의미할까? (예수님과의 관계는 다른 사람과의 관계와 전혀 다르다는 것을 가르치라.)
- 너는 예수님과 관계를 맺고 있다고 느끼니? 그렇다면 그 이유는 무엇일까? 그렇지 않다면 그 이유는 무엇일까?

대화 진행하기
- 하나님이 우리에게 말씀하시는 가장 근본적인 방법은 바로 성경말

씀을 통해서야. 성경말씀을 읽는 것이 어떻게 하나님과의 관계를 발전시키는 방법이 될 수 있을까? (이 장에서 논의하였던 네 가지 방법에 대하여 설명하고 대화를 진행하라.)
- 우리가 하나님께 응답하는 방법 중의 하나는 기도하는 거야. 앞 장에서 하나님께 무언가를 요청하는 기도에 대해 다룬 것을 기억해 보자. 그러나 기도는 구하는 것을 넘어서야 해. 기도의 다른 중요한 부분들은 무엇일까? (주님의 기도를 읽고, ACTS 기도를 설명하라.)
- 우리가 하나님께 응답하는 또 다른 방법은 우리의 믿음을 실천하며 사는 거야. 우리의 행동은 하나님에 대한 우리의 사랑을 반영해야 해. 기독교인들이 할 수 있는 대표적인 실천은 무엇일까? (이 장에서 언급한 내용들을 상기시키며 대화를 진행하라.)

대화 적용하기

- 무신론자가 다음의 글을 게시판에 올렸다고 생각해 보자. "하나님은 단지 상상 속의 친구일 뿐이다. 그러니 상상을 버리고 좀 더 현실적인 것을 택하라. 그것이 우리의 삶에 더 도움이 될 것이다."[3] 누군가 너에게 이렇게 말하면서 볼 수도 없고 들을 수도 없는 대상인 하나님과 어떻게 관계를 맺을 수 있느냐고 질문을 받는다면 어떻게 대답할 수 있을까?

제5부

기독교적 세계관으로 세상을 바라보면 어떤 차이점이 있을까?

어느 해 여름, 우리 교회는 교회학교 여름성경학교에서 멕시코에 있는 어느 고아원을 돕기 위한 기금을 모으고 있었다. 그 행사가 진행될 즈음에 나의 딸은 자신의 방에 있던 돼지저금통을 들고 나왔고, 나는 매우 흐뭇해하며 아이를 칭찬해 주었다. "엄마는 네가 참 자랑스러워. 자신의 것을 이웃을 위해서 내어놓는 너의 모습이 참 멋져." 그런데 되돌아온 딸의 대답은 나를 당황하게 했다. "엄마, 이건 그냥 저금통에 들어 있던 거예요. 게다가 얼마 되지 않아서 별 의미도 없던 돈이고요."

나는 딸에게 돈의 가치에 대하여 다시금 말해 주고, 딸이 지금 누리고 있는 풍족한 삶이 얼마나 감사한 것인지에 대해서도 열심히 설명했다. 그런데 나의 그러한 설명에도 딸의 반응은 시큰둥했다. "얘야, 엄마는 지금 네가 누리고 있는 삶에 대한 감사나 이웃에 대한 태도가 이해되지 않는단다. 사실 지금 그 저금통에서 나온 돈은 적지 않은 돈이야. 그런데 너는 어떻게 그렇게 말할 수 있니?" 이 말에 나의 딸은 다시 자신의 저금통에서 나온 돈을 보더니 조금은 갸우뚱한 표정으로 나에게 말했다. "엄마, 이건 큰돈이 아니라니까요. 그저 몇 달러와 동전 조금이라고요."

나는 저금통의 돈을 바닥에 부은 뒤에 하나하나 세어 보았고, 그 돈이 8달러 36센트임을 알려 주었다. 놀란 표정의 딸은 지폐와 동전들을 재빨리 챙겨 자기 방으로 뛰어가 버렸다. 나는 이 일이 있은 뒤로 자녀에게 무엇인가의 가치를 정확하게 설명하고 확인하는 것이 무엇보다 중요함을 경험하고 반성했다. 내가 돈을 세기 전에도 저금통에는 8달러 36센트가 들어 있었다. 그러나 몇 분 후에 내 딸이 그것에 부여했던 가치는 달라졌다.

많은 아이들이 기독교 가정에서 자라날 때, 자신이 갖고 있는 믿음이 진리라고 믿으면서도 그 진리의 가치가 얼마나 귀한 것인지에 대하여 진지하게 이해하려고 하지 않고 당연하게 받아들이는 경향이 있다. 나 역시 그렇게 자라난 것 같다. 어려서부터 교회에서 많은 시간을 보냈지만, 기독교인이라는 이름표를 가지고 살아가는 것 외에 기독교인으로서 이 세상에서 어떻게 구별된 삶을 살아야 할지에 대하여 그다지 진지하게 생각해 보지 못했다. 한마디로 기독교적 세계관으로 내 삶을 고민하지 못했었다.

대학교에 들어가자 나는 뉴에이지의 영성에 뿌리를 둔 책에 심취하게 되었고, 심지어 다른 친구들에게 그 책을 꼭 읽어 보아야 한다고 권면하기도 했다. 당시 나의 신앙은 매우 얕았고, 그 책에서 말하는 흥미진진한 비성경적 철학과 사상이 내 삶에 큰 영향을 주었다. 슬프게도 당시 그 책은 내가 교회에 다니던 때보다 나의 삶의 의미에 대한 생각에 더 큰 영향을 주었었다.

이러한 관점에서, 이 책의 마지막에서는 우리의 삶에 영향을 미치는 여섯 가지 중요한 질문을 살펴보고자 한다. "삶은 우리에게 어떤 의미일까?", "우리에겐 정말 자유의지가 있을까?", "우리는 어떤 삶을 살아야 할까?", "기독교인으로서 우리의 책임은 뭘까?", "우리는 악의 존재를 어떻게 이해해야 할까?", "성경적 소망이 왜 중요할까?" 이는 곧 무신론적 세계관과 유신론적 세계관의 관점이 어떻게 다른지 확인하는 일이 될 것이다.

    우리가 세상을 보는 관점인 기독교적 세계관은 우리의 일상생활에 매우 중요한 의미와 기준을 제시하여 주며, 우리가 사는 세상을 진지하고 소중하게 여기는 방법을 알려 준다. 내 딸이 저금통 안에 있던 8달러 36센트를 이전과 다른 새로운 태도로 대하였던 것처럼, 우리 안에 있는 기독교적 세계관이 얼마나 가치 있는 것인지 발견할 때 우리 자녀들은 왜 믿음을 절대 놓지 말아야 하는지 이해하게 될 것이다.

기독교적 세계관으로 세상을 바라볼 때의 차이점을 다루기 위한 세 가지 핵심

1. 우리가 어떻게 이 세상을 살아가고 있는지에 대한 질문이 주제임을 설명하자. 많은 자녀들은 하나님에 대한 믿음이 그들의 삶에 얼마나 많은 차이점을 가져오는지 진지하게 고민하지 못하고 살아간다. 기독교 신앙을 갖는 것을 단지 죽음 이후에 천국에 가는 정도로 이해하는 아이들도 적지 않다. 사실은 아이들만이 아니라 어른들도 이러한 수준으로 기독교 신앙을 생각하는 경우가 적지 않음을 우리는 인정해야 한다.
    그러나 신앙생활을 한다는 것은 삶의 많은 부분에서 세상 사람들과 달라야 한다는 것을 자녀들에게 알려 주어야 한다. 또한 우리는 진리를 안다는 것에서 이제 진리를 적용한다는 논의로 옮겨 가야 함을 자녀들에게 설명해 주어야 한다.
2. 분명한 세계관을 가지고 세상을 살아간다는 것이 얼마나 중요한지를 강조하고, 많은 사람들이 그렇게 살지 못한다는 것을 설명해

주자. 기독교적 세계관이 우리 삶에 많은 영향을 주고 있음에도 불구하고, 우리는 종종 그 믿음대로 살아가지 못하고 있다.

3. 자녀들과 지금까지 다루어 온 주제 이외에 더 알고 싶은 부분이 있는지 이야기해 보자. 우리는 이 책을 통하여 많은 주제를 다루었지만 여기서 멈추어서는 안 된다. 앞으로 더 다루어야 할 주제들에 대하여 이야기를 나눠 보자. 지금까지 다룬 주제 중 가장 흥미로웠던 것은 무엇인지, 가장 흥미가 없었던 것은 무엇인지, 어떤 주제에 대하여 더 깊이 알아보고 싶은지에 대하여 대화해 보자. 결코 기독교와 믿음에 대한 대화를 멈추지 말기 바란다.

25

삶은 우리에게 어떤 의미일까?

내가 고등학교에 다닐 때, 나는 30명의 남학생들과 함께 물리학 수업을 듣는 4명의 여학생들 중 하나였다. 그때 내 주변에 있던 남학생들은 대부분 하나님을 믿지 않는 친구들이었기에, 내가 교회나 하나님에 대한 이야기를 하면 그들은 늘 나에게 "이제 그만 좀 말해라. 우리의 삶은 42야!"라고 말했다. 사실 나는 그 말의 의미를 전혀 알 수 없었다. 왜냐하면 그 말은 그 친구들끼리 하는 자기들만의 은어였기 때문이다. 후에 누군가가 그 말의 뜻을 알려 주었는데, 42는 더글러스 애덤스(Douglas Adams)가 쓴 공상과학 소설에 나오는 숫자로서 "인생과 우주와 모든 것에 관한 궁극적 질문에 대한 대답"이었다.[1] 슈퍼컴퓨터가 750만 년 동안 계산해 보았더니 바로 우리 인생과 우주와 모든 것에 대한 답이 '42'라는 것이다.

그러나 사실 그 숫자가 무엇을 뜻하는지 알지 못하기 때문에 그 답은 우리에게 전혀 의미가 없다. 그 말을 했던 친구들에 의하면, 마치 42라고 하는 숫자처럼 우리의 인생이 아무런 객관적 의미를 갖지 못한다는 것을 풍자해서 표현했다고 한다. 만일 하나님이 정말 존재하시지 않는다면, 어쩌면 그 친구들의 말이 맞을지도 모르겠다. 사람들이 스스로 어떤 의미를 부여할 수는 있지만, 그것이 모든 사람들에게 적용되는 것은 아닐 테니까 말이다. 그렇기에 다른 사람을 사랑하면서 사는 것이 결코 맛있는 것을 먹고, 재미있는 것을 보고, 즐기면서 사는 것보다 의미 있다고 단정적으로 말할 수 없다.

그러나 기독교적 세계관으로 세상을 보면 그 결과는 전혀 다르다. 만일 우리를 창조하시고 우리의 삶에 목적과 의미를 부여하신 하나님이 정말로 존재하신다면, 우리의 선택과는 별개로 우리에게 주어지는 객관적인 삶의 의미가 있어야 한다. 이 장에서 우리는 무신론적 세계관과 기독교적 세계관 사이의 차이를 살펴보며, 한 사람의 세계관이 어떻게 그 사람의 삶의 의미와 방식을 이끌어 나가는지, 그리고 기독교인으로서 우리가 어떻게 살아야 하는지를 살펴보고자 한다.

무신론적 세계관으로 우리 삶을 본다면?

무신론적 세계관으로 볼 때, 우주와 우주 안에 있는 것들은 우주 너머에 있는 어떠한 존재로 인하여 창조되거나 그 지혜로 인하여 유지되는 것이 아니라 그저 우연히 발전된 것으로 여겨진다. 그러한 우연의 인생이기에 거기에는 특별한 가치가 있지 않다.

무신론자들은 우주가 137억 년 전쯤에 우연히 생겨났다고 말한다. 그리고 45억 년 전에 지구가 형성되고, 그로부터 약 5억 년 후, 무생명체로부터 우연히 최초의 생명체가 나왔다고 설명한다. 생명이 계속 번식함에 따라 DNA에서 어떠한 변형이 일어났으며, 생존과 번식이 지속적으로 반복되고, 이러한 과정을 통하여 새로운 종이 나오게 되었다고 말한다. 그렇게 수십억 년이 넘는 과정을 거쳐 지구상의 모든 종들이 만들어졌다는 것이다. 이러한 과정에는 어떠한 외부적인 지혜나 개입이 있지 않았고, 인간 역시 이러한 진화의 결과물 중 하나로 여겨진다. 이러한 설명의 진위 여부와 상관없이 우리는 이 설명을 통하여 무신론적 세계관에서 이해하는 세상에 대한 두 가지 암시점을 발견할 수 있다.

첫째, 우리가 생명이라고 부르는 것이 결국은 분자활동의 결과물이며, 그 이상의 어떠한 의미가 있지 않다는 것이다. 유명한 천문학자인 칼 세이건(Carl Sagan)은 "우주는 과거에 존재했고, 지금 있으며, 앞으로도 있을 어떤 대상"[2]이라고 이해하며 다음과 같이 말했다.

"나는 칼 세이건이라고 불리는 물, 칼슘, 유기적 분자의 집합체이다. 당신 역시 나와 거의 같은 분자로 이루어졌지만, 다른 이름이 붙여진 집합체이다. 하지만, 이게 무슨 의미일까? 단지 분자의 집합체라고 하는 것이 받아들이기 힘든가? 어떤 사람들은 이러한 주장이 인간의 존엄성을 낮추어 이해하는 것이라고 말한다. 하지만 나는 이러한 이해가 우리 인간이 얼마나 정교하고 섬세한 분자 기계인지 설명하여 오히려 인간의 존엄성을 더 높여 준다고 생각한다."[3]

무신론자가 '분자 기계'로서의 인간의 섬세함과 정교함에 대한 아름다움을 찬양할 수 있을지는 모르겠지만, 결국 무신론적 세계관에서 이해하는 인간은 그저 기계라는 것이다. 그러나 우리는 인간을 기계로 이해하는 것을 받아들이기가 어렵다. 우리는 더욱 감성적이며, 더욱 직관적인 존재이다.

둘째, 무신론적 세계관에서는 인간의 삶에는 객관적인 의미가 없다고 말한다. 우리 인생을 지으신 분이 없다면, "이것이야말로 진정한 인생이다."라고 말할 수 있는 권한을 가진 자는 아무도 없다. 오늘날 많은 사람들이 이런 생각에 사로잡혀 있어서, 다른 사람이 자신에게 어떤 삶을 살아야 한다고 말하는 것을 반기지 않는다. 그들은 스스로 삶에 의미를 부여하고 살아가려고 한다.

예를 들어, 기금 지원 웹사이트인 "Kickstarter"에서 가장 많은 수익을 올린 출판 프로젝트 중에 하나가 바로 *A Better Life : 100 Atheists Speak Out on Joy & Meaning in a World without God*(더 나은 삶 : 100명의 무신론자가 신이 없는 세계에서 기쁨과 의미에 대해 말하기)이라는 책이었다. 이 책에서 많은 무신론자들은 기독교인들이 자신들에게 삶의 의미를 말할 수 없을 것이라고 주장하지만, 사실 자신들은 스스로가 발견해 내고 결정한 삶의 의미가 있다고 말한다. 바로 이러한 그들의 주장에 나는 다시 질문하고 싶다. 그것은 바로 "무신론적 세계관에서 결정한 삶의 주관적인 의미가 얼마나 진정한 의미를 가질 수 있겠는가?"이다. 이 질문에 대하여는 기독교적 세계관으로 본 인간의 삶의 의미에 대하여 살펴본 후에 다시 다루도록 하자.

기독교적 세계관으로 우리 삶을 본다면?

기독교적 세계관에서 볼 때, 인간의 삶은 목적이 있는 지혜자의 산물이다. 모든 생물체는 여기에 종속된다. 우연히 발전하여 만들어진 것이 아니라, 의도적으로 우리를 만든 생명의 창조자가 있으며, 바로 그 창조자만이 객관적인 삶의 의미를 말해 줄 수 있다. 기독교인들에게 있어서 이러한 삶의 의미는 성경에 계시되어 있으며, 성경적 세계관은 이 논의에 대해 두 가지 중요한 의미를 가지고 있다.

첫째, 우리의 인생은 소중하다. 성경은 우리가 하나님의 형상을 따라서 만들어졌다고 말한다(창 1 : 26). 인간은 하나님을 알 수 있으며, 하나님과 영원한 관계를 맺을 수 있는 영적인 존재이다. 인간은 무신론자들이 주장하는 것처럼 단지 특별한 방법으로 분류된 분자들의 집합체가 아니라, 하나님의 손으로 만들어진 창조의 절정이다. 여기에서 인간과 동물, 생명체와 비생물체가 구분된다.

둘째, 우리에게는 객관적인 존재 의미가 있다. 기독교적 세계관에서 볼 때, 우리 인생은 하나님이 창조하신 삶이기 때문에 오직 하나님만이 창조의 의미와 목적을 말씀하실 수 있다. 성경은 인생의 의미가 바로 '하나님을 알고 하나님을 예배하는 것'이라고 말한다. 요한복음 17 : 3에서 예수님은 "영생은 곧 유일하신 참 하나님과 그가 보내신 자 예수 그리스도를 아는 것이니이다"라고 선언하신다. 이것은 바로 우리 인생의 존재 의미에 대한 강력한 선언이다. 우리는 하나님을 알아야 하며, 그것은 궁극적으로 영원한 삶으로 이어진다.

또한 우리는 이러한 진리를 다른 사람들과 공유하여 그들 역시 영원한 생명을 얻도록 전할 책임이 있다. 마태복음 28 : 19~20을 통하여 예수님은 이 사명을 명령하신다. "그러므로 너희는 가서 모든 민족을 제자로 삼아 아버지와 아들과 성령의 이름으로 세례를 베풀고 내가 너희에게 분부한 모든 것을 가르쳐 지키게 하라 볼지어다 내가 세상 끝날까지 너희와 항상 함께 있으리라 하시니라". 그렇기에 기독교적 세계관에서 우리의 존재 의미는 하나님을 아는 것과 다른 사람들이 하나님을 알도록 전하는 것이다.

그렇다면 기독교적 세계관으로 산다는 것은 뭘까?

그렇다면 하나님을 믿으며 기독교적 세계관으로 산다는 것은 인간이 자신의 삶의 의미를 바라보는 시각에 어떤 차이점을 만들까? 사실 이것은 우리 삶에 엄청난 차이를 만들어 낸다. 기독교적 세계관으로 볼 때 우리의 존재 의미는 하나님을 아는 것과 하나님을 세상에 전하는 것이다. 그래서 우리가 이렇게 살아가지 않을 경우, 우리는 공허함을 느끼게 되어 있다. 왜냐하면 하나님은 우리의 마음에 영원을 사모하는 마음을 주셨기 때문이다(전 3 : 11). 그래서 우리가 인생의 진정한 의미를 깨닫고 살아감으로써 하나님을 알고, 하나님을 전할 때 우리는 진정한 성취감을 맛보며 더불어 참되고 영원한 기쁨을 찾을 수 있게 된다.

무신론적 세계관에서는 이러한 삶을 살아갈 수 없다. 왜냐하면 그들에게 있어서 인생에는 객관적인 의미가 없으며, 우연히 발전하고 있는 방대한 우주에서 인생의 의미는 단지 화학적인 결과물일 뿐이기 때문이다. 예를 들어 멸종 위기에 처한 거북이를 생각해 보자. 무신론적 세계관으로 보자면 결국 그 거북이도 다른 모든 생물과 같이 움직이는 분자일 뿐이므로 그 거북이를 구하는 일이 그렇게 절실하지 않게 된다. 만일 인간이 무생물체인 암석보다 더 본질적인 가치를 가지고 있지 않다면 그 생명에 절대적인 의미를 부여할 수 없게 된다. 지금 말하는 것이 너무 극단적으로 들리는가? 결코 그렇지 않다. 단지 무신론적 세계관으로 세상을 볼 때, 너무나 당연히 받아들여질 결과를 말하고 있을 뿐이다.

기독교 변증가이자 작가인 그레고리 쿠클(Gregory Koukl)은 자신의 책 "*The Story of Reality : How the World Began, How It Ends, and Everything Important that Happens in Between*"(현실의 이야기 : 세상의 시작과 종말, 그리고 그 사이에 일어나는 중요한 것들)을 통하여 이러한 부

분을 자세히 설명한다.

"무신론적 세계관을 진지하고 논리적으로 받아들이는 사람들에게 있어서, 인생의 의미는 결국 공허함이라고 이해할 수 있다. 공허하고 무의미하며 목적이 사라진 삶이다. 철학자들은 이를 '허무주의'라고 부른다. 이러한 허무주의를 가지고 자신과 타인들을 대하게 될 때, 우리의 인생에 그다지 유쾌하지 않은 일들이 일어나기 마련이다."[4]

물론, 무신론적 세계관에서 삶의 궁극적 의미를 발견하지 못한다고 해서 그 자체가 하나님이 존재하신다는 걸 증명해 주는 것은 아니다. 하지만, 궁극적인 삶의 의미 없이 우리 스스로가 만들어 낸 의미로 자신의 인생을 축하하고 스스로를 존귀하게 여길 수 있을까?

💬 핵심 포인트

- 무신론적 세계관으로 볼 때, 우리의 삶에는 객관적인 의미가 존재하지 않는다. 사람들이 스스로 인생의 의미를 만들기에, 모든 사람에게 적용할 수 있는 인생의 의미는 없다는 것이다.
- 기독교적 세계관으로 볼 때, 하나님은 목적을 가지고 우주와 생명을 창조하셨으며, 우리의 인생에 삶의 의미를 부여하셨다. 즉, 우리의 인생에는 하나님이 주신 삶의 객관적 의미가 있다.
- 성경에 따르면, 우리는 하나님을 알고 또한 다른 사람들에게 하나님을 알려 주도록 창조되었다. 하나님은 우리에게 영원을 사모하는 마음을 주셨으며, 우리가 그렇게 살지 못할 때 우리는 삶의 공허함을 느끼게 되어 있다.

- 만일 하나님이 없다면 우리는 그저 방대한 우주 안에 있는 화학적 물질에 불과하다. 우리 스스로 삶의 의미를 만들어 낸다고 할지라도, 그러한 의미는 영원한 가치를 가질 수 없다.

💬 대화 가이드

대화 시작하기

- 너는 모든 사람에게 적용되는 삶의 의미가 있다고 생각하니? 왜 그렇게 생각하니?

대화 진행하기

- 성경의 어떤 구절도 "우리 삶의 의미는 ○○이다."라고 정확하게 말해 주지는 않아. 그러나 성경에 대하여 우리가 이해하고 있는 것을 바탕으로 생각해 보면, 우리의 삶의 의미는 뭐라고 생각하니? (이 장을 통해서 나누었던 생각들을 기억하며 대화를 진행하고, 특히 기독교적 세계관에서 말하는 삶의 의미에 대해 이야기를 나눈다.)
- 만일 하나님이 존재하지 않는다면, 삶의 의미는 어떻게 달라질까? (무신론적 세계관이 이해하는 인생의 의미를 설명해 준다.)
- 지금까지 우리는 기독교적 세계관과 무신론적 세계관에 대해 이야기했어. 그런데 이런 세계관의 차이가 우리의 삶에 어떤 영향을 준다고 생각하니?

대화 적용하기

- 삶의 의미에 대해서 몇몇 무신론자들이 함께 기고한 글에 다음과 같은 문장이 있었어. "우리를 주관하는 외부적인 힘이나 존재는

없으며, 우리가 결정한 대로 사는 인생이 더욱 우리의 삶을 풍성하게 만든다는 사실을 발견했다. 우리 삶의 의미와 목적을 우리 스스로 만들고 살아가는 것이 전능한 어떤 신의 기쁨을 위해서 미리 쓰여진 글을 따라 사는 것보다 더욱 행복하고 풍성한 삶이라고 생각한다. 우리 모두가 단지 하나의 정해진 길을 따라 살아가는 것은 그다지 만족스러운 삶이 되지 못할 것이다. 나는 우리 스스로에게 더욱 의미 있는 인생을 살고 싶다."[5] 이 글에 대해 넌 어떻게 말하고 싶니?

26

우리에겐 정말 자유의지가 있을까?

나의 남편은 미국에서 꽤 규모가 있는 복음구호단체를 이끌어 가고 있다. 1800년대 후반 이래로, 구호선교는 굶주린 자들, 노숙자들, 학대받은 사람들 및 중독자들을 섬기기 시작했고, 남편이 일하는 구호단체 수혜자들도 1~2년 정도 해당 시설에 거주하면서 상담도 받고, 성경공부도 하고, 직장을 갖기 위해 필요한 훈련까지 받게 된다. 그리하여 이 과정을 마칠 때 쯤이면, 그들이 자급자족할 수 있도록 돕고 있다. 많은 사람들은 이 과정을 통해서 자신의 사고방식을 바꾸고, 상처들을 회복하고, 예수님에게 헌신하기로 결심한다.

이러한 구호사역이 갖고 있는 신념은 도움이 필요한 사람에게 합당한 지원을 제공할 때, 그들에게 이전과는 다른 삶의 방향을 결정할 수 있는 능력이 생긴다는 것을 믿는 것이다. 그러나 동시에 고려해야 하는 것은 그들이 그러한 선택을 자유롭게 할 수 있는 능력이 당연하게 주어진 것은 아니라는 것이다. 우리가 흔히 자유라고 부르는 것의 실재와 의미는 결국 하나님이 존재하시느냐에 달려 있는 것이다.

인간의 자유의지와 그 범위에 대한 합당한 정의는 많은 철학자들과 과학자들에 의해 오랫동안 논의되어 왔으며, 우리는 이 책에서 그것을 다 다룰 수는 없다. 그러므로 여기에서는 무신론적 세계관과 기독교적 세계관에서 이해하는 자유의지는 어떻게 구별되며, 자유의지는 우리의 삶에 어떠한 영향을 주는가에 중점을 두고 생각해 보려 한다. 먼저 두 관점에서 바라보는 자유의지의 정의에 대하여 살펴보자.

무신론적 세계관에서 바라본 자유의지는 뭘까?

우리는 앞 장을 통하여 무신론적 세계관에서는 우리의 삶을 단지 자연적인 힘의 산물일 뿐이라고 이해함을 확인했다. 만일 동일한 관점에서 우리 인간이 단지 분자들의 결정체일 뿐이라고 이해하게 되면, 그것은 우리의 삶 자체에 특별한 가치가 있을 수 없으며, 그러한 삶에는 객관적인 삶의 의미가 부여될 수 없기 때문에 결국 우리 인간은 자유의지로 살아갈 수 없다고 여겨지게 된다. 왜냐하면, 생물학적인 결과로 발전된 인간은 스스로 통제하고 결정할 수 없는 물리적인 자극에 의해서 움직인다고 이해되기 때문이다.

비록 많은 사람들이 그들의 삶을 분자들의 집합체로 이해하거나, 자신의 옆에 있는 사람들 역시 결국 분자들의 집합체라고 생각하지는 않을지라도, 무신론자들은 결국 이것이 우리 삶의 현실이라고 주장한다. 다음의 무신론적 관점을 가진 과학자들의 말을 들어 보자.

- 진화생물학자인 제리 코인(Jerry Coyne)은 말한다. "우리가 자유의지를 가지고 살아갈 수 있다고 말하는 것은 마치 우리가 우리 두뇌의 물리적 구조를 벗어나서 작동시킬 수 있다고 주장하는 것과 같다. 사실 그것은 불가능하다. 우리의 선택은 이미 프로그래밍된 컴퓨터의 출력물처럼 물리적으로 가능한 단 하나의 선택이다."[1]
- 식물생물학자 앤소니 캐시모어(Anthony Cashmore)는 말한다. "우리에게는 현실적으로 우리가 선택하여 행동할 수 있는 자유의지가 없다. 그저 그릇에 담긴 설탕과 다를 바가 없다. 왜냐하면 우리는 획일적인 자연의 법칙을 따라 살아가고 있으며, 이러한 법칙들은 자유의지의 개념을 가지고 있지 않기 때문이다."[2]
- 분자생물학자인 프란시스 크릭(Francis Crick)은 주장한다. "당신 안에 있는 기쁨과 슬픔, 기억과 야망, 그리고 개성과 자유의지 모두는 결국 방대한 신경세포와 분자들의 집합체로부터 나온 결과일 뿐이다."[3]
- 생물역사학자인 윌리엄 프로바인(William Provine)은 말한다. "만일 우리가 인간의 삶을 향한 하나님의 적극적인 개입하심과 죽음 이후에 영원한 삶이 있다는 희망을 포기한다면, 우리는 그 뒤로 많은 것을 어렵지 않게 포기할 수 있다. 인간 안에 있는 도덕성을 포기할 수 있고, 결국 인간의 자유의지도 포기할 수 있다. 우리가 진정으로 진화를 믿는다면, 인간 안에 자유의지는 있을 수 없으며, 우리 삶에 깊은 의미가 있어야 한다는 희망도 우리는 포기할 수 있다."[4]

우리 중 대부분은 매일 자유롭게 선택하며 살아간다고 생각하지만, 무신론적 세계관을 가진 과학자들은 그것은 단지 환상일 뿐이라고 말한다. 왜냐하면 자연주의적 결정론의 관점에서 보면 우리의 삶은 순전히 물질적인 세계에서만 이해되기 때문에 생물학을 벗어난 선택을 할 수 없다고 생각한다. 이러한 경우, 현재 우리의 삶은 과거의 사건들에 의해 전적으로 결정되기 때문에, 우리는 삶과 행동에 대한 도덕적인 책임을 감당할 이유가 없다. 즉, 비난과 칭찬은 무의미한 개념이 된다. 마치 쥐를 잡아서 처리하는 로봇을 비난하지 않는 것처럼, 우리는 살인을 저지른 인간을 비난하지 않게 된다. 그것은 그 사람이 생물학적으로 이미 '프로그래밍된' 방법을 실행했을 뿐이라고 이해하는 것이다.

일부 무신론자들은 자유의지가 물질적인 세계와 양립할 수 있다고 믿기도 하지만, 일반적인 무신론적 입장에서는 인간에게 자유의지가 없다고 이해되고 있다. 무신론적 입장에서 우리 인간은 영혼이 없는 물질적 존재일 뿐이기에, 우리가 선택한 결과에 대한 도덕적 책임을 그렇게 진지하게 다루지 않는 경향이 크다.

기독교적 세계관에서 바라본 자유의지는 뭘까?

반면, 기독교적 세계관에서는 인간에게 자유의지가 있으며, 이러한 자유의지로 인하여 자신이 택한 행동에 도덕적인 책임감을 갖게 된다고 이해한다. 성경에 나타난 구절을 함께 살펴보도록 하자.

- "사람이 하나님의 뜻을 행하려 하면 이 교훈이 하나님께로부터 왔는지 내가 스스로 말함인지 알리라"(요 7 : 17).
- "사람이 감당할 시험밖에는 너희가 당한 것이 없나니 오직 하나님은 미쁘사 너희가 감당하지 못할 시험 당함을 허락하지 아니하시고 시험 당할 즈음에 또한 피할 길을 내사 너희로 능히 감당하게 하시느니라"(고전 10 : 13).
- "그러므로 사람이 선을 행할 줄 알고도 행하지 아니하면 죄니라"(약 4 : 17).

게다가, 성경은 인간이 택한 행동에 대한 도덕적인 책임에 대하여도 말하고 있다.

- "내가 너희에게 이르노니 사람이 무슨 무익한 말을 하든지 심판 날에 이에 대하여 심문을 받으리니"(마 12 : 36).
- "나를 저버리고 내 말을 받지 아니하는 자를 심판할 이가 있으니 곧 내가 한 그 말이 마지막 날에 그를 심판하리라"(요 12 : 48).
- "네가 어찌하여 네 형제를 비판하느냐 어찌하여 네 형제를 업신여기느냐 우리가 다 하나님의 심판대 앞에 서리라 …… 이러므로 우리 각 사람이 자기 일을 하나님께 직고하리라"(롬 14 : 10, 12).
- "이는 우리가 다 반드시 그리스도의 심판대 앞에 나타나게 되어 각각 선악 간에 그 몸으로 행한 것을 따라 받으려 함이라"(고후 5 : 10).

이러한 구절들은 인간이 자유의지를 가지고 있으며 이에 대한 책임을 질 것이라고 말하고 있지만, 이러한 인간의 자유의지 역시 하나님의 절대적인 주권 아래 있다는 것에 대하여는 다양한 견해가 있다. 이에 대한 기본적인 질문은 이것이다. "모든 것이 하나님의 주권 아래 있다면(13장 참조) 어떻게 사람들이 자유롭게 선택할 수 있는가?" 사실 우리는 성경을 통하여 하나님이 인간의 의지를 무시하는 것처럼 보이는 경우를 보게 된다(예를 들어, 출 7 : 3-4, 요 6 : 44, 롬 8 : 29-30, 엡 1 : 5, 11).

성경은 하나님의 주권과 인간의 의지 사이의 관계에 대하여 몇 가지 중요한 신학적 근거를 제공하고 있지만, 궁극적으로 볼 때 하나님은 그 관계의 메커니즘을 설명하지 않으셨다. 그러나 분명한 것은 성경이 하나님의 절대적인 주권과 인간의 도덕적 책임에 대하여 분명히 가르치고 있다는 것이다. 그렇기에 우리는 하나님의 절대적인 주권 아래서 책임감 있는 자유의지적 삶을 균형 있게 살아야 한다는 신앙의 신비를 인정해야 한다.

기독교적 세계관으로 자유의지를 갖고 살아간다는 것은 뭘까?

앞에서 언급한 것처럼 무신론적 세계관에서 볼 때 인간의 자유의지와 물질적 인간론은 서로 양립하는 것이 어렵지만, 사실 무신론적 세계관을 갖고 있기에 자신의 삶에 선택의 여지가 없다고 생각하며 사는 사람은 거의 없다. 많은 사람들은 그들이 하나님을 믿든 그렇지 않든 간에 공통적으로 삶의 일상에서 중요한 선택을 하며 살아가고 있고, 그들의 삶에서 무엇을 해야 할지 결정하고 있다고 느낀다.

특히 기독교인들에게 있어서 이러한 선택은 매우 중요하며, 도덕적인 책임을 반드시 동반하게 된다. 자유의지에 대한 바른 이해는 우리의 삶의 방식에 큰 영향을 주게 된다. 이러한 질문은 바로 다음 장들에서 다루게 될 질문들과도 연결된다. "우리는 어떠한 삶을 살아야 할까?", "기독교인으로서 우리의 책임은 뭘까?", "우리는 악의 존재를 어떻게 이해해야 할까?" 이러한 관점에서, 그리스도인들이 참여하는 구호사역 및 프로그램은 매우 중요한 의미를 갖는다. 왜냐하면, 이러한 사역을 통하여 우리는 그 사역의 열매와 별개로 이미 예수님이 우리에게 원하시는 삶을 인격적으로 선택하며 따라가고 있기 때문이다. 우리가 섬기는 대상들은 분자로 이루어진 로봇이 아니라 하나님의 형상을 따라 지어진 하나님의 귀한 자녀들이다.

이렇듯 기독교적 세계관에서 자유의지로 누구나 할 수 있는 가장 중요한 결정은 하나님께 어떻게 반응하며 살아갈 것인가이다. 이것은 현실에 있어서 중요한 문제일 뿐 아니라 죽음 이후의 영원한 생명에 있어서도 중요한 문제이다.

핵심 포인트

- 무신론적 세계관에서는 인간이 자유의지로 살아갈 수 있다고 믿을 근거가 거의 보이지 않는다. 왜냐하면, 생물학적인 결과로 발전된 인간은 스스로 통제하고 결정할 수 없는 물리적인 자극에 의해서 움직인다고 이해되기 때문이다.
- 반면, 기독교적 세계관에서는 인간에게 자유의지가 있으며, 이러한 자유의지로 인하여 자신이 택한 행동에 도덕적인 책임감을 갖게 된다.
- 성경은 하나님의 주권과 인간의 도덕적인 책임에 대하여 동시에 가르치고 있다. 그래서 기독교인들은 이 두 가지 사이에서 균형을 잡고 살아야 한다. 이 둘이 어떻게 함께 작동하는지에 대한 것은 우리의 이해를 넘어선 부분이다.
- 그러므로 기독교적 세계관에서 우리가 자유의지를 가지고 할 수 있는 가장 중요한 결정은 하나님께 어떻게 반응하며 살아갈 것인가이다.

대화 가이드

대화 시작하기

- 로봇과 인간이 똑같은 상황에서 각각 어떠한 결정을 해야 한다고 상상해 봐. 로봇과 인간은 같은 방식으로 결정을 내릴까? (자유롭게 이야기하도록 한 후 그렇게 생각한 이유를 물어보자.)

대화 진행하기

- 만일 하나님이 존재하지 않는다고 가정한다면, 인간은 단지 물질적인 존재 혹은 영혼 없는 생물학적 물질로 이해될 수 있어. 만일 이렇게 인간을 이해한다면, 인간의 자유의지는 어떻게 이해해야 할까? (만일 무신론적 입장에서 본다면, 우리의 삶은 자유의지에 의해서가 아니라 우리가 만들어진 방식에 의해서 로봇처럼 행동하게 될 것이다. 이 의견에 대하여 함께 이야기해 보자. 이 장의 무신론자 과학자들의 인용문들도 함께 읽고 이야기해 보자.)
- 요한복음 7:17과 고린도전서 10:13, 그리고 야고보서 4:17을 읽어 볼까? (한 구절씩 찾아서 자녀와 읽어 본다.) 이 구절들은 인간의 자유의지와 선택에 대하여 우리에게 무엇을 말해 주니?
- 마태복음 12:36과 요한복음 12:48, 로마서 14:10, 12과 고린도후서 5:10을 읽어 볼까? 이 구절들은 선택의 중요성에 관해 무엇을 말해 주고 있니?
- 그렇다면 기독교적 세계관에서 바라볼 때, 사람의 인생에서 가장 중요한 선택은 무엇일까?

대화 적용하기

- (이 장에 나온 프란시스 크릭의 인용문을 읽어 준다.) 만일 너도 이 말에 동의한다면, 그 세계관이 네 삶에 어떻게 영향을 줄 것 같니?

27

우리는 어떤 삶을 살아야 할까?

그레타 보스퍼(Gretta Vosper)는 캐나다연합교회 소속의 목회자이다. 그런데 그녀가 자신이 무신론자임을 밝혀 큰 이슈가 됐다. 그녀가 소속된 교단은 교단심의위원회를 통하여 그녀가 목회자로서의 역할을 수행하기에 적절하지 않다는 것을 확인했다. 그런데, 문제는 그녀가 속한 교회의 신도들 이백여 명이 그녀가 목회를 내려놓는 것을 반대했다는 것이다. 그녀가 강단에서 더 이상 기독교와 복음에 관하여 전하지 않았음에도 불구하고 일부 교인들은 그녀가 떠나기를 원하지 않았다. 해당 교인 중 한 사람의 발언은 그들의 생각과 감정을 잘 반영하고 있다. "사실 저는 내 자신이 죄인이라는 말을 듣기 위해서 교회에 오는 것이 아닙니다. 그런 말은 우울한 마음만 들게 합니다. 그러나 보스퍼 목사의 말은 저에게 낙관적인 마음을 줍니다. 우리가 참여하는 예배는 매우 행복하고 즐겁습니다. 또한 우린 사회와 정의에 대해서도 더 많은 관심을 가지고 있습니다."[1]

그녀는 "*With or Without God : Why the Way We Live Is More Important Than What We Believe*"(하나님과 함께 혹은 하나님 없이 : 우리의 믿음보다 더 중요한 우리의 삶)라는 책 외에도 여러 권의 책을 저술했다. 그녀는 자신의 홈페이지를 통하여 다음과 같이 말한다. "더 나은 세상을 만들기 위해 우린 멈추지 않을 것입니다. 당신도 함께 동참해 주시기 바랍니다."[2] 그녀와 그녀가 속한 교회공동체는 분명히 자신이 사는 세상과 사회를 좀 더 나은 곳으로 만들기 위해서 많은 좋은 일들을 하고 있을 것이다.

그러나 우리가 여기서 분명히 짚고 넘어가야 하는 것은 '정말 우리가 어떻게 사느냐가 우리의 믿음보다 중요한 것일까?'라는 것이다. 이 시대를 살아가는 많은 사람들이 이렇게 생각하는 것 같다. 사람은 정의로워야 하고, 좋은 일을 해야 하고, 더불어 종교에 대한 것은 내려놓아야 한다고. 하지만 우리가 어떤 삶을 살아야 하느냐는 본질적으로 우리의 실존과 연결되어 있다는 것을 기억해야 한다.

이 장에서 우리는 하나님의 실존을 신뢰하고 세상을 바라본다는 것이 우리의 인생에 얼마나 큰 영향을 미치는지 살펴보고자 한다.

어떤 삶을 살아야 할까? : 무신론적 관점

무신론적 관점에서 볼 때, 이 질문은 일관적이고 공통적인 답을 찾기 어렵다. 왜냐하면 하나님이 존재하지 않는다면 우리가 주목하고 살아야 할 객관적인 근거도, 절대적 도덕과 책임도 있을 수가 없기 때문이다. 그러나 만일 무신론적 관점에서 이해하는 것과 같이 우리의 삶을 그저 분자들의 집합체로 이해한다면, 누구도 타인을 위해서 어떠한 삶을 살아야 한다는 것을 정할 수 없고, 그러한 주장을 위한 근거도 찾을 수 없을 것이다. 무신론적 관점에서 한 사람이 인생을 살아가는 목적은 단지 그 사람이 선택한 하나의 것일 뿐이며, 한 사람이 선택한 삶이 다른 사람이 선택한 삶보다 더 낫다고 말할 수 없다.

이러한 관점에서 우리가 어떻게 사느냐가 우리의 믿음보다 중요하다는 보스퍼의 발언을 다시 한번 살펴보자. 무신론적 관점에서 볼 때에도 그녀의 주장은 세 가지 문제점이 있다.

1. 만일 하나님이 존재하지 않는다면, 사람들이 타인을 위해서 살아야 한다고 말하는 것도 논리적인 근거를 찾기가 어렵다. 또한 사회정의를 위해서 헌신하며 살아온 사람으로서 그녀는 누군가를 해치는 것이 옳다고 말하지 않는다. 그러나 그녀의 말대로 어떻게 사느냐가 믿음의 문제보다 더 중요하다고 할 때, 그건 사람이면 따라야 할 어떤 객관적인 도덕적 기준을 갖고 말하는 것이 된다. 즉, 무신론적 관점에서 볼 때 모든 사람이 따라야 할 어떤 객관적인 기준을 갖는 것은 합당하지 않기에, 그녀의 주장은 논리적인 모순을 갖게 된다.

2. 그렇기에 우리가 어떻게 사느냐가 믿음의 문제보다 중요하다고 말하는 것 자체가 하나의 믿음이라는 것이다. 아이러니컬하게도, 그녀가 지금 갖고 있는 그 신념 자체도 하나의 믿음이기에, 우리가 어떻게 사느냐와 우리가 무엇을 믿느냐는 결코 분리해서 이해할 수 없는 개념이 된다.

3. 그녀의 주장은 인간이 자신의 삶을 스스로 결정할 수 있는 자유의지를 가지고 있다고 가정한다. 그러나 우리가 앞 장에서도 다루었듯이, 하나님이 존재하지 않는다는 전제 아래에서는 인간에게 주어진 자유의지는 설명되기가 쉽지 않다. 만일 우리가 단지 생물학적인 존재에 지

나지 않아서 자유의지가 결코 존재할 수 없다면, 우리가 어떤 삶을 살아야 할지에 대해 이야기하는 것은 별볼일없는 일이 된다. 즉, 무신론적 관점에서 우리는 무언가를 선택할 자유가 없다.

만일 하나님이 존재하지 않는다면 우리는 어떠한 삶을 살아가야 할까? 무신론적 관점에서 보면, 여기에 누구도 절대적인 답을 줄 수가 없다. 우리 인간이 단지 분자들의 생물학적인 집합체로 이해되는 한, 인간은 자유의지조차 가질 수 없는 존재들이 되기 때문이다.

어떤 삶을 살아야 할까? : 기독교적 관점

최근 나는 남편과 함께 차를 타고 가던 중에 "권위에 순종하기"라는 주제의 수요성경공부 광고를 보게 되었다. 그것을 보고 남편은 나에게 말했다. "저 제목으로 하면 사람들이 안 모일 것 같은데!" 사실 많은 사람들이 권위에 대하여 호의적이기보다 저항감을 느낀다. 또한 내 인생은 내가 원하는 대로 살 수 있다는 말은 매우 듣기 좋은 이야기처럼 들린다.

그러나 하나님이 존재하시며, 목적을 가지고 인간을 창조하셨다면, 우리 삶에 주어진 권위에 대한 우리의 응답은 매우 중요한 삶의 문제가 된다. 우리가 하나님께 감사하는 것은 하나님은 참으로 선하시고, 우리를 잘 아시고, 우리의 삶을 인도하고 계시기 때문이다. 그래서 우리는 하나님은 우리에게 무엇이 최선인지 알고 계시고, 우리를 가장 좋은 길로 인도하실 것을 믿는다.

성경말씀은 우리가 그리스도께서 보이신 삶을 따라서 사는 것이 하나님의 권위에 순종하며 사는 삶이라고 말한다. 우리가 믿음으로 예수님 안에 거할 때 우리는 새로운 피조물이 되며, 성령님은 우리를 통하여 우리 삶에 성령의 열매를 맺어 가신다(갈 5 : 22-23). 다시 말하자면, 우리가 무엇을 믿는다는 것은 우리가 어떻게 사느냐와 직접적으로 연관된다. 우리가 선하게 사는 것은 하나님에 대한 우리의 믿음, 지식, 그리고 하나님과의 관계로부터 나온 삶의 걸음이다. 이것을 사도 바울은 골로새서 1 : 9~10을 통해서 선언한다.

"이로써 우리도 듣던 날부터 너희를 위하여 기도하기를 그치지 아니하고 구하노니 너희로 하여금 모든 신령한 지혜와 총명에 하나님의 뜻을 아는 것으로 채우게 하시고 주께 합당하게 행하여 범사에 기쁘시게 하고 모든 선한 일에 열매를 맺게 하시며 하나님을 아는 것에 자라게 하시고".

기독교적 관점에서 볼 때 예수님이 말씀하신 영원한 삶에 대한 믿음은 우리의 삶에서 큰 의미를 갖는다. "하나님이 세상을 이처럼 사랑하사 독생자를 주셨으니 이는 그를 믿는 자마다 멸망하지 않고 영생을 얻게 하려 하심이라"(요 3 : 16). "네가 만일 네 입으로 예수를 주로 시인하며 또 하나님께서 그를 죽은 자 가운데서 살리신 것을 네 마음에 믿으면 구원을 받으리라"(롬 10 : 9). 예수님을 믿을 때 우리는 영원한 삶을 얻게 된다. 게다가 요한복음 14 : 6은 예수님만이 하나님께로 가는 유일한 길임을 선언한다. "예수께서 이르시되 내가 곧 길이요 진리요 생명이니 나로 말미암지 않고는 아버지께로 올 자가 없느니라". 성경이 사실이라면, 우리가 어떻게 사는가보다 우리가 무엇을 믿는가가 더욱 중요하다. 그러나 이것은 기독교인들이 어떠한 인생을 사느냐가 중요하지 않다는 말이 아니다. 도리어 성경은 행함이 없는 믿음은 죽은 믿음이라고 말한다(약 2 : 17). 하나님을 향한 진정한 사랑은 하나님의 영광을 위하여 선한 삶을 살아가게 한다. 그렇기에 기독교적 관점에서 볼 때 믿음과 행동은 함께 간다. 예수님에 대한 믿음 없이는 여전히 그 삶에 죄가 남아 있으며, 행함이 없는 믿음은 죽은 믿음이다.

그렇기에 보스퍼가 말한 어떻게 사느냐가 우리의 믿음보다 중요하다는 선언은 기독교적 관점에서, 심지어 무신론적 관점에서조차 합당하지 않은 주장이다.

그렇다면 기독교적 세계관으로 본 의미 있는 삶은 뭘까?

하나님에 대한 믿음이 있든 없든 상관없이, 사람들은 그들의 삶에서 선한 일을 할 수 있다. 예를 들면, 신앙인이든 아니든 사람들은 노숙자를 도울 수도 있고, 자선을 베풀 수도 있고, 환경보호운동에 참여할 수도 있고, 법정에서 정직하게 증언을 할 수도 있고, 그 외에도 다양한 선한 일을 할 수 있다.

하지만, 똑같이 선한 일을 했다고 하더라도 기독교인들과 무신론자들은 그 해석이 다를 수밖에 없다. 기독교인들에게 있어서 이러한 선한 일은 우리 삶을 향한 하나님의 목적에 합당하게 응답하는 삶이기에 하나님의 백성으로서 "순종의 문제"이지만, 무신론자들에게 있어서 이러한 선한 행동은 "선택의 문제"가 된다.

기독교적인 관점에서 볼 때, 선한 일을 하며 살아가는 것은 하나님을 향한 사랑의 열매가 되며, 이러한 순종은 성경을 통하여 계시된 객관적인 도덕적 기준을 따라가는 것이다. 그러나 모든 기독교인들이 그렇게 살아가고 있는 것은 아니다. 기독교인들도 여전히 때때로 죄를 짓는다(롬 3 : 10, 요일 1 : 8). 하지만, 동시에 요한1서 1 : 9은 우리에게 다음과 같이 말한다. "만일 우리가 우리 죄를 자백하면 그는 미쁘시고 의로우사 우리 죄를 사하시며 우리를 모든 불의에서 깨끗하게 하실 것이요". 기독교인은 '완전한 자들'이 아니라 '용서받은 자들'이다. 이 말씀은 '죄의 허용'이 아닌 '죄의 회개'에 초점이 맞춰져 있다. 삶에서 선한 일을 한다는 것은 기독교적 관점이나 무신론적 관점이나 유사해 보일 수는 있지만, 이러한 행동들이 우리 인간에게 전혀 다른 의미로 해석되는 것을 볼 때, 이 둘은 차이점을 지니고 있음을 알 수 있다.

결론적으로, 기독교인들에게 있어서 인생을 의미 있게 살아가는 것은 나의 선택이 아니라 하나님이 주신 믿음을 통해서만 가능함을 성경은 말해 주고 있다.

핵심 포인트

- 만일 하나님이 존재하시지 않는다면, 어느 누구도 다른 사람에게 어떻게 살아야 한다고 명령할 권한이 없다. 살아가는 방식은 단지 선택의 문제가 된다.
- 만일 하나님이 존재하시며 그분이 목적을 가지고 인간을 창조하셨다면, 하나님은 마땅히 인간의 삶에 대한 권위가 있으며, 인간의 삶은 그 하나님의 권위 앞에 어떻게 응답하며 살아가고 있는지가 중요하다.
- 기독교적 관점에서 볼 때, 우리의 믿음과 우리가 사는 삶에는 직접적인 관련이 있다. 우리가 선하게 사는 것은 하나님에 대한 우리의 믿음, 지식, 그리고 하나님과의 관계가 바탕이 되기 때문이다.
- 만일 성경이 사실이라면, 우리가 어떻게 사느냐의 문제보다 우리가 무엇을 믿느냐의 문제가 더욱 중요하다. 왜냐하면 우리가 무엇을 믿느냐의 문제는 우리가 영원히 살 수 있을지를 결정하기 때문이다. 동시에 잊지 말아야 할 것은 바로 그 하나님을 향한 사랑이 우

리가 하나님의 영광을 위하여 선한 일을 하며 살아가도록 인도한다는 것이다.

💬 대화 가이드

대화 시작하기

- 너에게 무엇을 하라고 지시할 수 있는 권위를 가진 사람들은 누구일까?
- 넌 그런 권위가 좋은 것이라고 생각하니, 나쁜 것이라고 생각하니?

대화 진행하기

- 만일 하나님이 존재하시며, 그분이 목적을 가지고 인간을 창조하셨다면, 우리는 그 하나님의 권위 앞에 마땅히 응답하며 살아가야겠지. 넌 이러한 하나님의 권위와 방금 니가 이야기했던 사람들의 권위가 어떻게 다르다고 생각하겠니? (하나님은 완전한 지혜와 완전한 선함을 가지신 분이기 때문에, 우리에게 가장 좋은 것이 무엇인지 아시며, 우리에게 가장 선한 것이 무엇인지 아신다. 반면에, 인간은 결코 완전한 권위를 가질 수 없다는 것을 아이의 눈높이에 맞춰 설명해 준다.)
- 만일 어떤 사람이 너에게 하나님께서 우리에게 원하시는 것이 무엇이냐고 묻는다면, 어떻게 답하겠니? (야고보서 2:17에 적혀 있는 기독교인의 삶에 대하여 쉽게 설명해 주자. 그리고 하나님을 믿는다는 것과 하나님의 영광을 위하여 선한 삶을 살아간다는 것 사이의 관계에 대해 이야기를 나눠 보자.)
- 만일 하나님이 존재하시지 않는다면, 사람들의 삶의 태도가 어떻

게 달라질 것 같니?
- 넌 기독교인들이 선한 일을 하며 살듯이 무신론자들이 선한 삶을 살 수 있다고 생각하니? 왜 그렇다고 생각하니? (사람들은 자신이 기독교인이든 무신론자이든 선한 일을 할 수 있다고 생각한다. 그러나 완전한 선이신 하나님의 인도하심 아래에서만 진정한 선함이 발견될 수 있음을 설명해 주자.)

대화 적용하기
- 한 무신론자 작가가 부모들에게 이런 글을 썼어. "부모들은 아이들에게 그들이 무엇을 믿는가보다 그들이 무엇을 하는가가 더 중요하다고 가르쳐야 한다."[3] 넌 이 글에 대해 어떻게 생각하니?

28

기독교인으로서 우리의 책임은 뭘까?

우리집의 쌍둥이 아이들이 4살, 막내가 2살이었을 때, 남편과 나는 그들을 데리고 인근 도심 지역의 노숙자봉사에 참여했다. 우리가 했던 일은 사과, 바나나, 감귤과 같은 과일을 작은 수레에 싣고, 노숙자들에게 나누어 주는 일이었다. 우리가 그날 나누어 주어야 할 과일은 150개였는데, 노숙자들 중에 몇몇은 마약에 취하여 과일을 나누어 주려고 해도 잘 반응하지 못했고, 어떤 이들은 과일을 좋아하지 않는다고 거절하기도 했으며, 어떤 이들은 치아가 약해서 사과를 먹을 수 없다고 말하기도 했다. 상황은 다양했으나 공통적인 것은 그들 모두 아이들의 진심 어린 봉사를 받아들였다는 것이다.

우리가 봉사를 마치고 그 장소를 떠날 때, 나는 자녀들에게 그들이 도와준 사람들을 얼마나 행복하게 만들었는지, 무엇보다도 하나님을 얼마나 기쁘시게 했는지에 대하여 설명해 주었다.

그런데 나의 말을 듣고 있던 4살짜리 딸이 울면서 말했다. "제 생각에는 우리가 그들을 행복하게 하지 않은 것 같아요. 그들에게 정말 필요한 것은 편안한 침대라고요." 이 말을 거들며 아들은 나에게 이런 제안까지 했다. "엄마, 제가 침대 가게가 어디 있는지 알아요. 우리가 침대를 사서 노숙자들에게 주면 좋겠어요." 나는 어린 자녀들의 말을 들으면서 기독교인으로서 타인에 대한 책임이 얼마나 복잡한 것인지 다시 생각하게 되었다. 침대와 같은 실질적인 도움까지 제공하고 싶었으나, 우리가 그 모든 것을 할 수 없는 것이 현실이었다.

결론적으로 든 생각은 우리가 노숙자들에게 진정으로 필요한 예수님을 함께 전하지 않는다면, 우리가 나누어 주는 것으로 그들의 문제들을 결코 해결해 줄 수 없다는 것이었다. 이전 장에서 우리는 기독교인으로서 우리가 '어떻게' 살아야 하는지 살펴보았다. 이 질문과 연관지어서 이번 장에서는 기독교인으로서 타인에 대해 가지는 책임을 다루고자 한다.

타인에게 아무런 책임과 의무가 없다: 무신론적 관점

무신론적 관점에서 볼 때, 어느 인간도 타인에 대하여 책임감을 갖지 않는다. 왜냐하면 무신론적 관점에서는 인간의 삶이 순전히 자연적 진화와 힘의 결과이기에, 인간은 서로에게 관계적 복종을 요구할 수 있는 근거가 없으며, 서로의 책임에 대한 의무도 그저 선택에 불과할 뿐이다. 이 책의 앞부분에서 지속적으로 보았듯이 물리적 분자는 다른 분자들에게 어떠한 도덕적 관계나 의무를 부여할 수가 없다. 그런데 이러한 무신론자들 중에서 스스로를 '인본주의자'라고 생각하는 사람들은 인간의 존엄성과 평등한 권리의 중요성을 강조하기도 한다. 예를 들어, "휴머니스트" 잡지는 이렇게 말한다.

"인본주의는 과학에 의해서 정보를 제공받으며, 예술에 의해 영감을 얻고, 연민에 의해 동기를 부여받는 이성적이고 합리적인 철학이다. 인본주의는 개개인의 존엄성을 인정하면서, 사회와 세상의 책임에 부합하는 개인의 자유와 기회의 극대화를 지향한다. 인본주의는 인권과 사회정의를 위한 열린 사회의 확대를 지지하고, 참여 민주주의의 확대를 찬성한다."[1]

이 말이 좋게 들릴지 모르지만, 나는 사실 여기에 논리적인 문제가 있다고 생각한다. 왜냐하면 인간을 창조하신 하나님이 존재하지 않는다면, 모든 사람에게 부여되어야 할 권리와 책임도 존재할 수 없기 때문이다. '권리'는 우리 인간이 스스로 만든 것이 아니라 우리에게 주어지는 것이기에, 절대적 타자가 인간에게 권리를 부여하지 않는 한 존재할 수가 없다. 만일 하나님이 존재하지 않는다면, 인간에게 권리를 부여해 줄 권한이 있는 타자가 누구인가? 정부는 시민들의 권리를 창출하는 법률을 제정할 수는 있지만, 그러한 권리가 모든 인간에게 자연적으로 적용되지는 않는다. 엄밀히 말하자면, 사람이 만들어서 부여하는 권리는 국가마다 다를 수 있다. 인본주의자는 근본적으로 인간은 평등하다는 생각을 가지고 싸우지만, 그들의 세계관을 고려할 때 절대적으로 객관성을 정당화할 수 있는 평등의 방법은 매우 찾기 어렵다. 약육강식의 진화론적 관점에서 볼 때 사람들은 하나님이 없는 세상에서 매우 불평등할 수밖에 없다. 왜냐하면 육체적인 기초를 가지고 비교했을 때, 어떤 사람은 강하게, 어떤 사람은 약하게 태어나기 때문이다.

몇 년 전, 프린스턴 대학교에서 철학을 가르치는 피터 싱어(Peter

Singer) 교수는 바로 이러한 세계관과 일치하는 진술을 함으로써 미국에 충격을 준 적이 있다. 그는 출생 후 30일까지는 신생아를 사람으로 간주해서는 안 되며, 의사는 장애를 가진 아기를 즉시 죽여야 한다고 제안했다.

"장애가 있는 유아를 죽이고, 행복한 삶을 누릴 수 있는 정상적인 유아가 탄생하게 되면 행복의 총량은 더 커지게 된다. 첫 번째 아기의 행복한 삶의 손실은 두 번째 아기의 행복한 삶의 이득으로 인해 보상된다."[2]

싱어 교수의 이 발언은 세상 사람들에게 도덕적인 분노를 불러일으켰지만, 사실 이 말은 무신론적인 세계관에서 나온 것이다. 무신론적 관점에서 생명은 그 자체로 내재적 가치를 지니고 있지 않기에, 강한 자가 승리하고 약한 자가 사라지는 것이 도덕적인 문제가 없다고 해석되기 때문이다.

타인은 돌봐야 할 이웃이다 : 기독교적 관점

기독교적 관점에서 보면 위에서 언급한 상황에 대한 해석이 달라지게 된다. 우리를 창조하신 하나님의 권위와 말씀 앞에 순종하며 책임감 있게 살아가려는 기독교인들의 삶에 대하여 우리는 25장에서 다루었다. 하나님의 목적에 따라 창조된 모든 인간의 삶은 그 자체로 가치가 있으며, 평등하다. 또한 모든 인간은 하나님의 형상대로 창조되었기에, 장애가 있는 신생아는 다른 사람과 똑같이 가치가 있으며, 소중하다. 인간으로서의 가치는 육체적 또는 지적 능력에 달려 있지 않고, 하나님의 형상을 가진 우리의 정체성에서 비롯되기 때문이다. 무신론적 세계관과는 다르게,

기독교적 세계관에는 모든 인간이 동등한 가치를 지녔다고 믿어야 할 객관적인 근거가 있을 뿐만 아니라 서로를 적극적으로 돌보도록 지시한 도덕적 권위의 근거도 있다.

　예를 들어, 마태복음 22 : 37~40 말씀을 보면, 예수님은 우리에게 "네 마음을 다하고 목숨을 다하고 뜻을 다하여 주 너의 하나님을 사랑하라"고 말씀하셨다. 이것은 크고 첫째 되는 계명이며, 둘째는 "네 이웃을 네 자신같이 사랑하라"고 말씀하셨다. 여기서 말하는 이웃(타인)을 자신같이 사랑한다는 것은 사람들의 육체적이고 영적인 필요를 온전히 돌보는 것을 의미한다. 이를 조금 더 자세히 살펴보자. 월드비전 인터내셔널 자료에 따르면 인류는 현재 8억 7천만 명이 식량 부족 상태이며, 5세 미만의 어린이 4명 중 1명은 성장장애 또는 발달장애를 겪고 있고, 필수영양소인 비타민과 미네랄 부족 현상은 20억 명이나 겪고 있는 것으로 보고되고 있다.[3]

　우리는 사람들의 영혼구원이 가장 중요하다는 것을 알고 있지만, 기독교인으로서 수백만 명이 넘는 사람들의 육체적 고통을 무시할 수 없다. 기독교 변증가인 노먼 가이슬러(Norman Geisler)는 "인간은 단지 영혼만으로 되어 있지 않다."[4]라고 말했다. 예수님은 마태복음 25 : 31~46에서 배고픈 사람들에게 음식을 제공하고, 목마른 사람에게 물을 주며, 헐벗은 사람에게 옷을 입히고, 병자를 돌보고, 감옥에 있는 사람들을 방문하여 섬길 것을 말씀하고 있다. 성경에 따르면, 우리가 하나님을 사랑할 때 우리는 마땅히 다른 사람들을 사랑해야 하며, 그 사랑은 반드시 다른 사람의 육체적 필요를 돌보는 데서 드러나게 된다. "누가 이 세상의 재물을 가지고 형제의 궁핍함을 보고도 도와줄 마음을 닫으면 하나님의 사랑이 어찌 그 속에 거하겠느냐"(요일 3 : 17). 즉, 기독교적 관점에서 다른 사람들에 대한 성경적 사랑은 육체적인 돌봄을 포함한 그 이상을 돌보는 실천이며, 영적 존재인 이웃들과 함께 창조주와 관계를 맺는 것이다. 우리는 하나님을 믿어 영광 속에서 영원을 보내거나, 하나님을 믿지 않아 지옥에서 영원한 분리에 직면하게 될 것이다. 만일 기독교인이 예수님에 대하여 전하지 않고 다른 사람들을 돌본다면 그것은 온전한 사랑이 아닐 것이다. 무신론자 펜 질레트(Penn Jillette)는 다음과 같이 말한다.

"나는 기독교인이면서 복음을 전하지 않는 사람들에 대하여 늘 불만이 있었다. 왜냐하면 정말 천국과 지옥이 있다고 믿음에도 불구하고 그것을 전하지 않는 것은 그만한 가치가 없다고 생각하는 것이기 때문이다. …… 내가 말하고자 하는 것은 진정한 기독교인임에도 불구하고 예수를 전하지 않는 것은 트럭이 달려오고 있다는 것을 믿으면서 동시에 그 트럭이 당신을 덮칠 것에 대하여는 믿지 않는 것과 같다. 이것이 내가 기독교인들에게 딴지를 거는 핵심이다."[5]

그의 주장은 바로 이 시대의 많은 기독교인들이 사람들의 영적인 필요를 무시하면서 그 사람의 육적인 필요만을 돌보는 모습은 마치 기차 선로에 앉아 있는 배고픈 사람에게 햄버거를 주면서도 지금 기차가 달려오고 있다는 것을 말하지 않는 것과 같다는 것이다. 성경은 기독교인들에게 육체적, 영적인 필요 모두를 돌보도록 요구하고 있으며, 만일 우리가 어느 쪽이라도 무시했을 때 사람들이 심각한 위험에 처할 수 있음을 기억해야 한다.

기독교적 세계관에서 타인은 하나님의 사랑을 전할 대상이다.

기독교인들뿐만이 아니라 무신론자들 역시 모든 사람들의 평등한 권리와 존엄성을 위해 열정적으로 싸울 수 있다. 그러나 앞에서도 언급했지만 무신론적 세계관을 기반으로 볼 때 무신론적 관점과 인간의 평등, 권리, 존엄성이 함께 주장되기에는 객관적인 논리의 한계가 있다. 반면에 기독교인들은 하나님으로부터 부여받은 타인에 대한 무거운 책임이 있다. 불행히도 많은 불신자들은 그 책임의 본질을 오해하고 있다. 그들은 "네 이웃을 네 자신같이 사랑하라"(마 22 : 39)는 예수님의 말씀을 단지 다른 사람들의 육체적인 필요를 돌보는 단순한 도덕적 지침으로 사용한다. 그러나 이 성경구절은 바로 앞의 명령을 무시한 해석에서 비롯된 오해이다. 성경은 이웃 사랑의 말씀 이전에 다음과 같은 말씀을 선언한다. "예수께서 이르시되 네 마음을 다하고 목숨을 다하고 뜻을 다하여 주 너의 하나님을 사랑하라 하셨으니 이것이 크고 첫째 되는 계명이요"(마 22 : 37-38). 하나님을 사랑하고 다른 사람들을 사랑하라는 계명은 이 순서 안에서 해석되어야 한다.

하나님을 향한 우리의 사랑은 우리가 타인을 어떻게 사랑해야 하는지에 대한 중요한 근거와 이유를 제공해 준다. 우리가 하나님을 사랑하게 될 때, 우리는 타인을 사랑하는 것이 단순히 도덕적이고 대중적인 봉사의 영역이 아니라 근본적으로 우리에게 은혜로 부어 주신 하나님의 진리를 나누어 주는 사명이라는 것을 깨닫게 된다. 복음 안에 사람의 영원이 달려 있다고 믿는다면, 복음을 전하는 것이 사회적으로 어색한 분위기를 조장하기에 전하지 않는다고 말하는 것은 변명에 지나지 않는다. 그렇기에 기독교인들은 하나님의 백성으로서의 마땅한 책임을 감당하기 위해 타인의 육체적, 영적인 필요 모두를 최대한 진지하게 다루어야 한다.

💬 핵심 포인트

- 무신론적 관점에서 볼 때, 인간에게는 어떠한 의무나 책임도 부여될 수 없다. 왜냐하면 인간의 생명과 삶은 순수한 자연적 진화와 힘의 결과이기에 인간은 서로에게 관계적 복종을 요구할 수 있는 기반이 없으며, 서로의 책임에 대한 의무도 그저 선택에 불과할 뿐이다.
- 무신론적 관점에서 볼 때, 평등한 인권의 객관적 기반은 찾기 어렵다. 이러한 관점에서 세속적인 인본주의는 논리적 일관성이 부족하다.
- 기독교적 세계관에서 볼 때, 하나님의 목적과 형상대로 만들어진 모든 하나님의 백성들의 삶은 그 자체로 가치가 있으며 평등하다. 그렇기에 기독교인들은 하나님으로부터 부여받은 평등한 인권과 상호 도덕적 책임에 관한 객관적 기반을 가지고 있다.
- 성경은 기독교인들에게 타인의 육체적, 영적인 필요 모두를 돌보도록 요구하고 있으며, 만일 우리가 어느 쪽이라도 무시한다면 사람들은 심각한 위험에 처할 것이다.

💬 대화 가이드

대화 시작하기

- 너는 인간이 서로에게 책임이 있다고 생각하니? 만일 그렇다면 어떤 종류의 책임을 말하니? 그렇지 않다면 그 이유는 무엇이니?

대화 진행하기

- 마태복음 22 : 37~40에서 말하는 이웃 사랑은 어떤 의미라고 생각하니? (이웃 사랑의 영역이 육체적인 것뿐인지, 아니면 영적인 것을 포함하는 것인지 함께 토론하는 기회로 삼으라. 본문에 나왔던 펜 질레트의 인용문을 읽고 진정한 기독교인이라면 영적인 필요를 돌보는 것이 중요하다는 점을 강조하라.)

- 마태복음 22 : 37~40에서 예수님의 첫 번째 명령은 하나님을 사랑하는 것이며, 두 번째 명령은 다른 사람들을 사랑하는 것이란다. 예수님은 왜 우리에게 이런 명령을 주었다고 생각하니? (하나님이 성경을 통하여 우리에게 다른 사람을 사랑해야 하는 근거를 주셨음에 대하여 함께 대화하라.)

- 만일 하나님이 존재하지 않는다면, 다른 사람에 대해 내가 책임져야 할 일이 있을까? (무신론적 인본주의의 논리적 모순에 대하여 살펴보고 대화하라.)

대화 적용하기

- 어떤 사람이 기독교의 진리에 대한 기사에 다음과 같은 댓글을 남겼어. "기독교인들과 달리 내가 생각하는 영적인 길은 매우 개인적이고 주관적이다. 나는 결코 내가 믿는 것을 타인도 믿어야 한다고 말하지 않을 것이며, 이를 따르지 않을 때에 영원한 고통의 결과가 따를 것이라고 말하지 않을 것이다. 또한 나는 기독교인들처럼 '예수만이 길'이라고 위협하지도 않을 것이다. 나에게 신은 바다와 같으며, 내가 걸어가는 영적인 길은 강과 같다고 믿는다. 어느 강이 바다에 도달하기에 가장 좋은지 결정하는 사람은 내가 아니라고 생각한다."[6] 예수님을 믿지 않으면 영원한 고통에 빠진다고 말하

는 기독교인들에게 부정적 감정을 갖고 있는 이 사람에게 너는 어떤 말을 해 줄 수 있겠니?

29

우리는 악의 존재를 어떻게 이해해야 할까?

나는 때때로 내 쌍둥이 자녀들이 얼마나 다른지를 보며 놀라곤 한다. 나의 쌍둥이 자녀들은 독특한 DNA를 공유하고 있고, 같은 날에 태어나 같은 가정 안에서 자라나고 있지만, 각자의 개성대로 하루하루를 다르게 살아간다. 피아노를 배우면서 연주하는 것만 보아도 서로의 성향이 다르다. 딸은 신중하게 각 음표를 파악하고 정확도에 집중하면서 새로운 곡을 배우는 반면, 아들은 정확도보다는 새로운 곡을 연주하는 것 자체에 행복을 느낀다.

지난 주 피아노 수업 때 선생님이 아들의 정확하지 않은 피아노 연주를 지적했지만, 아들의 반응은 당당했다. "선생님, 잘못된 연주는 없어요. 그것도 또 다른 음악이라고요!" 이러한 아들의 반응에 대하여 선생님은 다시 대답했다. "연주자는 악보대로 연주하는 것이 올바르단다." 만일 나의 아들이 악보를 연주할 목적이 아니라 그냥 장난식으로 피아노를 치는 것이었다면, 아들의 말이 옳을 수도 있다. 그러나 새로운 곡을 배우는 것이라면 객관적인 기준이 되는 악보의 음표를 따라서 연주하는 것이 올바르다.

　나는 이들의 대화가 마치 무신론자들이 악의 문제를 대하는 접근방식과 매우 유사하다는 생각을 하게 되었다. 악보에 그려진 피아노 음계처럼, 인간의 행동을 비교할 객관적인 기준이 없는 세상 속에서는 어떤 인간의 행동이 옳은지 혹은 그른지 판단할 기준이 없어지게 되며, 결국 악이라는 것이 우리 삶에 실제로 존재한다고 보기 어려워진다. 이제 이러한 관점에서 악의 문제를 좀 더 살펴보도록 하자.

무신론적 관점에서의 선과 악

우리는 앞 장들을 통하여 무신론적 관점에서는 많은 것들이 실제로 우리의 삶에 존재할 수 없다는 것을 살펴보았다. 하나님이 존재하지 않는다는 전제하에서는 삶의 객관적인 의미도, 자유의지도, 객관적인 삶의 방식과 윤리도, 서로에 대한 인간 본연의 책임도 있을 수 없다. 이제 여기에 하나의 목록을 더 추가하고자 한다. 그것은 바로 악의 문제이다.

　우리는 매일 일상의 삶에서 악으로 분류할 수 있는 사건들, 그리고 그와 관련된 사람들을 접하기도 한다. 그러나 엄밀히 말하자면 하나님이 없는 세상에서 악을 규정할 수 있는 객관적인 기준은 찾기가 어렵다. 이는 마치 앞에서 언급한 대로 피아노 음을 비교할 수 있는 객관적인 기준이 없으면 잘못된 음을 연주했는지 알 수가 없듯이, 사람들은 자신의 행동을 비교할 수 있는 객관적인 도덕적 기준이 없으면 악한 행동을 규정할 수가 없게 된다. 이것이 바로 무신론자들이 말하는 악의 모순된 점이다. 인간의 직감으로 어떠한 행동이 잘못됐다고 말할 수 있지만, 절대 선이신 하나님의 존재가 없는 상태에서는 인간의 어떠한 행동도 악하다고 말할 수 없다. 그런 상태에서는 우리가 말하는 악한 행동들, 예를 들면 살인, 아동학대, 강간에 대한 사람의 견해조차도 단지 하나의 주관적인 의견일 수 있다. 이 주제에 대해 어느 무신론자는 다음과 같이 말했다.

> "타고난 절대적인 선이나 절대적인 악은 없다. 단지 선과 악은 인간이 사물을 범주화하는 데 사용하는 두 단어일 뿐이다. 대다수의 사람들이 사랑, 가족, 친절은 선한 것으로, 살인, 강간, 마약 남용은 악한 것으로 여기겠지만, 그것은 우리가 선과 악을 그렇게 배워 왔기 때문이다. 사실은 그 자체로 선함도 악함도 규정될 수 없다. 단지 인간의 눈에 그렇게 보일 뿐이다."[1]

물론 이러한 견해는 진화론적 세계관과 연결된다. 만일 모든 생명체가 보이지 않는 진화의 힘에 의해 하나의 단세포에서 발전되었다면, 인간은 단지 또 다른 진화동물일 뿐이다. 우리가 4장에서 이미 논의했듯이, 동물의 행동에는 도덕적 범주를 부여하지 않는다. 예를 들면 강아지가 누군가를 물었다고 해서 이를 도덕적인지 아닌지 논하지 않는 것과 같다. 이와 유사하게 만일 하나님이 없다면, 인간의 행동에 도덕적 범주를 부여할 이유가 없어지게 된다. 진화론적 관점에서 우리는 도덕적 범주를 부여할 수 없는 동물일 뿐이며, 선과 악은 의미가 없어지게 된다.

기독교적 관점에서의 선과 악

무신론자들은 선하신 하나님이 만든 세상에 어떻게 이렇게 많은 악이 존재할 수 있느냐고 말한다. 하나님이 정말 선하신 분이라면 그러한 끔찍한 일들이 일어나서는 안 된다는 것이다. 많은 기독교인들은 어떻게 악이 존재하는지에 대해 설명해야 하는 도전에 직면해 있다. 이러한 질문은 수세기 동안 많은 철학자들과 신학자들에 의해 다루어져 왔다. 이러한 어려운 주제를 기독교적 관점에서 다루기에 도움이 되는 두 가지 접근이 있다.

첫째, 하나님과 악의 공존은 논리적으로 가능하다는 접근이다. 물론 일부 철학자들은 성경 속 하나님의 속성 중 하나를 배제하지 않고는 악의 문제를 해결할 논리적인 방법이 없다고 주장하여 왔다.

- 만일 하나님이 선하시다면, 하나님은 악을 제거하실 것이다.
- 만일 하나님이 전지전능하시다면, 하나님은 악을 제거하실 수 있다.
- 악은 존재하고 있다.
- 그러므로 (1) 하나님은 존재하지 않으며, (2) 만일 존재한다면 하나님이 완전히 선한 것은 아니며, (3) 만일 존재한다면 하나님은 전지전능하지 않다.

위와 같은 결론을 따르지 않고 하나님과 악의 공존이 가능하다는 것을 증명하기 위해서, 우리는 처음 두 진술 중 하나가 반드시 사실일 필요가 없음을 증명해야 한다. 기독교 철학자 앨빈 플랜팅가(Alvin Plantinga)는 그의 고전적인 작품인 *"God, Freedom, and Evil"*(하나님, 자유, 그리고 악)이라는 책을 통해서 이러한 증명을 설명했다. 플랜팅가는 인간에게 자유의지가 존재하는 것이 더 큰 선이라면, 선하신 하나님이 반드시 악을 제거하실 필요가 없다고 주장하며 다음과 같이 설명한다.

"자유의지가 있는 삶의 세계는 자유의지가 없는 삶의 세계보다 가치가 있다. 그렇기에 선하신 하나님은 자유의지가 있는 피조물을 창조하실 수 있지만, 반드시 옳은 것을 행하도록 미리 결정하시지 않는다. 그렇게 되면 창조물들이 자유롭게 옳은 일을 하며 살아갈 수 없기 때문이다. 그러므로 하나님은 인격적으로 선을 행할 수 있는 창조물, 즉 자유의지가 있는 창조물을 만드셔야 한다. 그렇기에 피조물에게는 악을 행할 수도 있는 자유의지가 부여되었으며, 이를 통해 인간은 악을 선택할 수 있게 되었다. 이것이 인간의 악의 근원이다. 하지만 이러한 자유의지를 부여하신 하나님의 창조 자체가 하나님의 전능하심이나 선하심을 제한하지는 않는다."[2]

플랜팅가의 자유의지에 관한 설명은 악의 존재가 하나님의 존재를 반증하지 않는다는 것을 보여 주며, 오늘날 대부분의 철학자들은 이러한 주장을 인정한다.

선하신 하나님이 존재하는데 어떻게 악이 공존하는가에 대한 두 번째 기독교적 접근은 악의 존재가 바로 하나님의 존재를 증명하는 증거가 된다는 것이다. 이 책의 제1부에서 함께 생각해 보았던 주제들을 상기해 보라. 우주의 기원, 생명의 기원과 발전, 그리고 내재적인 도덕성에 대한 이해 등은 모두 하나님이 존재하신다는 증거가 된다.[3] 이 모든 강력한 증거들은 우리가 여기서 말하는 악의 존재와 함께 설명할지라도 여전히 설명 가능한 증거들이 된다. 그렇기에 기독교인들이 악의 존재를 선하신 하나님의 도덕적 권위를 통해서만 설명할 수 있다는 것을 기억한다면, 악의 존재는 곧 선하신 하나님의 존재를 증명하는 매우 효과적인 접근이 될 수 있다. 악은 실제로 하나님이 존재하신다는 증거가 된다.

기독교적 세계관에서 악은 하나님의 법에서 벗어나는 것이다.

무신론자들 역시 기독교인들만큼 세상의 악에 대하여 도덕적인 분노를 느낄 수 있다. 그러나 무신론자들의 한계는 그들이 느끼는 분노를 다른 사람들도 함께 느끼고 참여하게 할 객관적인 근거가 없다는 것이다. 단지 그들이 가지고 있는 악에 대한 주관적인 견해를 근거로 자신이 사는 세상 속에서 나름대로의 법과 정의를 실현하려고 노력할 뿐이다. 여기서 우리는 하나님이 없는 세상에서는 타인의 행동에 대해 도덕적으로 비난할 수 있는 권한이 아무에게도 없다는 것을 기억해야 한다.

그러나 기독교인들에게 있어서 악은 하나님의 완전한 법을 거스르기 위해 자유의지를 사용할 때 일어나는 결과로 이해된다. 우리는 인간이 죄에 속박되는 것을 안타까워한다. 그리고 악에 대한 해결방법은 악의 존재를 부정하는 것이 아니라 십자가에서 악을 다스리시고 이기신 예수님을 의지하는 것이다. 요한계시록 21 : 1~5은 새 하늘과 새 땅의 창조를 통해 영광스러운 날이 임할 것임을 선포한다.

"또 내가 새 하늘과 새 땅을 보니 처음 하늘과 처음 땅이 없어졌고 바다도 다시 있지 않더라 또 내가 보매 거룩한 성 새 예루살렘이 하나님께로부터 하늘에서 내려오니 그 준비한 것이 신부가 남편을 위하여 단장한 것 같더라 내가 들으니 보좌에서 큰 음성이 나서 이르되 보라 하나님의 장막이 사람들과 함께 있으매 하나님이 그들과 함께 계시리니 그들은 하나님의 백성이 되고 하나님은 친히 그들과 함께 계셔서 모든 눈물을 그 눈에서 닦아 주시니 다시는 사망이 없고 애통하는 것이나 곡하는 것이나 아픈 것이 다시 있지 아니하리니 처음 것들이 다 지나갔음이러라 보좌에 앉으신 이가 이르시되 보라 내가 만물을 새롭게 하노라 하시고 또 이르시되 이 말은 신실하고 참되니 기록하라 하시고"

이와 같은 기독교적 세계관은 악의 존재에 대하여 무신론자들이 할 수 없는 방식으로 설명할 뿐만 아니라, 더 나아가 악은 결국 영원히 제거될 것이라는 희망을 제시한다. 이제 이 책의 마지막 장에서는 왜 소망이 우리 인간의 삶에 그토록 중요한 주제인지에 대해 다룰 것이다.

핵심 포인트

- 무신론자들 역시 인간이 저지르는 악의 문제에 대하여 인식하고 심각히 다루고는 있으나, 그들의 한계는 그러한 행위들을 악이라고 분류할 객관적인 기준이 없다는 것이다. 그렇기에 살인, 아동학대, 강간 등에 대한 그들의 견해는 단지 주관적인 판단과 의견의 영역으로 다루어질 위험성이 있다.
- 기독교인들은 선하신 하나님의 말씀을 근거로 악에 대한 객관적인 기준을 가지고 있으나, 어떻게 선하신 하나님과 악이 공존하는지 설명해야 하는 어려움에 직면해 있다.
- 인간을 향한 하나님의 뜻은 근본적으로 인간의 자유의지를 제거하여 악을 행할 가능성을 없애는 것이 아닌, 인간에게 자유의지를 부여하심으로 그들이 인격적으로 하나님의 뜻에 순종하며 살아가는 것임을 기억할 때, 선하신 하나님과 악이 논리적으로 공존할 수 있음을 알게 된다.
- 악의 존재는 선하신 하나님의 도덕적 권위를 통해서만 설명할 수 있다는 것을 기억할 때, 악의 존재는 곧 선하신 하나님이 존재하신다는 가장 강력한 증거이자 설명이 될 수 있다.

💬 대화 가이드

대화 시작하기

- 너는 '악'이라는 단어를 들으면 어떠한 행동들이 떠오르니? 왜 그러한 것을 악이라고 생각하니?

대화 진행하기

- 사람들은 세상에서 악을 목격할 때, 하나님이 더 이상 존재하지 않는다고 생각해. 그 이유가 무엇일까? (하나님이 선하시고 전지전능하시다면, 세상에 악한 일이 있어서는 안 된다고 가정하기 때문이다.)
- 선하신 하나님이 왜 악한 일이 일어나도록 허용하신다고 생각하니? (자녀의 대답을 경청한 뒤에 자유의지에 대하여 설명하라. 선하신 하나님에게 있어서 악의 제거보다 인간에게 자유의지를 부여하여 순종하게 하심이 더 큰 선일 수 있음을 설명하라.)
- 제1부에서 다루었던 하나님의 존재 증명에 관한 내용들을 떠올려 보자. 우리는 우주의 기원, 생명의 기원과 발전, 그리고 인간의 내재적인 도덕성에 관한 이해가 곧 하나님의 존재를 설득력 있게 가리키는 강력한 증거임을 나누었어. 그렇다면 악의 존재는 과연 하나님이 존재하시지 않는다는 증거일까? 아니면 하나님이 존재하신다는 증거일까? 그렇게 생각한 이유가 뭐니? (악에 대한 객관적인 증명은 선이신 하나님의 존재가 있어야만 가능함을 기억할 때, 악의 존재는 곧 선하신 하나님이 존재하신다는 강력한 증거가 될 수 있음을 설명하라.)
- 하나님이 존재하시지 않는다면 여전히 악이 존재할 수 있다고 생각하니? 그 이유는 무엇이니? (이 장의 시작에서 나누었던 피아노 악

보 비유를 다시금 기억하고, 선하신 하나님의 말씀만이 악을 분류하기 위한 객관적인 근거가 될 수 있음을 나누라.)

대화 적용하기

- 온라인에 한 사람이 다음과 같은 글을 남겼어. "무신론자들은 인간의 행위를 보고 도덕적인지 악한 것인지 어떤 기준으로 구분하는가?" 이에 대해 한 무신론자가 다음과 같이 대답했지. "어떤 사람의 행위를 보고 악하다고 판단하는 근거는 가치체계에서 나온다. 기독교인들은 성경을 기반으로 한 가치체계를 기준으로 삼기에 더 나은 기준이 있다고 말하곤 한다. 하지만, 성경이기 때문에 더 가치가 있고 다른 기준이기 때문에 덜 가치가 있다고 여기는 것은 문제가 있다. 무신론자들 역시 그들의 부모, 공동체, 그리고 개인의 목표에 의해 정립된 나름대로의 가치기준을 가지고 있다. 이러한 가치들이 결코 종교가 가지고 있는 가치들보다 열등하다고 생각하지 않는다."[4] 이 장에서 함께 생각해 본 내용들을 고려할 때, 여기에 나오는 무신론자의 의견에 대하여 너는 어떤 말을 해 주고 싶니?

30

성경적 소망이 왜 중요할까?

내 자녀들이 다니는 기독교 학교에서는 매달 학생들에게 기독교 성품에 관한 시상을 한다. 지난달에 시상한 기독교 성품의 주제는 바로 '소망'이었다. 어느 날 아침, 아들은 나에게 물었다. "소망? 왜 그게 기독교 성품이에요?" 나는 아들의 질문이 기특하단 생각이 들었다. 왜냐하면 아들의 의문처럼 소망은 기독교인이나 비기독교인 모두가 사용하는 긍정의 의미이기 때문이다.

일반적으로 소망이라는 단어는 다음의 두 가지 범주 안에서 이해된다. 첫째, 소망은 중요한 무언가와 연결되는 단어이다. 중요한 무언가에 소망을 두는 것은 그것이 우리에게 얼마나 중요한지에 따라 우리의 행위를 결정한다. 둘째, 소망은 정당한 무언가와 연결되는 단어이다. 정당한 무언가에 소망을 두는 것은 얼마나 합당한 근거를 가지고 있는지가 중요하며, 그 근거는 곧 소망에 대한 우리의 확신을 결정한다.

이러한 두 가지 범주를 고려할 때, 우리는 다음의 네 가지 종류의 소망을 확인할 수 있다.

1. 중요하지도 않고 정당하지도 않은 소망 : 그다지 중요하지 않은 희망 사항 정도의 소망이다. 예를 들면, 우리가 가게에 도착했을 때 좋은 주차 자리가 있기를 바라는 것과 같다.
2. 중요하지 않지만 정당한 소망 : 그러한 일이 일어나기를 바라지만, 실제로 일어나지 않아도 그다지 신경쓰지 않는 소망이다. 예를 들면, 일기예보에 따라서 내일 비가 오기를 바라지만, 실제로 비가 오지 않아도 그다지 신경쓰지 않는 경우이다.
3. 매우 중요하지만 정당하지 않은 소망 : 그러한 일이 일어날 정당한 근거가 없음에도 불구하고 그 일이 일어나기를 간절히 바라는 소망이다. 이러한 일이 일어나지 않을 때 우리는 실망하거나 심각할 경우에는 망상에 빠지기도 한다.
4. 매우 중요하고 정당한 소망 : 그러한 일이 일어날 것으로 확신할 만한 합당한 근거가 있고 매우 중요한 의미를 갖는 소망이다. 이것이 기독교에서 말하는 성경적 소망이다.

우리는 성경적 소망이 왜 다른 세 종류의 소망과 구별되는지 그 이유를 이해할 필요가 있다. 이를 위해 먼저 무신론적 관점에서 이해하는 소망에 대하여 살펴보도록 하자.

무신론적 관점에서 본 소망의 끝은 절망이다.

무신론적 관점에서 볼 때, 소망은 인간이 추구하는 삶의 본질적인 기반으로 이해되기 어렵다. 무신론적 관점의 주장은 다음과 같다.

- 생명은 우연의 결과이기에 특별한 가치나 객관적인 의미를 갖지 않는다.
- 인간은 광대한 우주 안에 있는 작은 화학적 존재이자, 긴 역사의 시간 안에 잠시 머무는 존재이다.
- 인간에게는 객관적인 도덕적 기준이 없기에 특별한 삶의 방식을 따라서 인생을 살아야 할 이유가 없다.
- 인간은 단지 도덕적 의무 없이 살아가는 분자에 불과하기 때문에, 타인에 대하여 어떠한 의무적인 책임도 지니지 않는다.
- 인간에게는 객관적인 도덕적 기준이 없기 때문에, 심지어는 사회적인 악한 행위에 대하여도 객관적으로 비난할 근거가 없다.

좋은 주차 자리가 나거나 비가 오기를 바라는 수준이라면 무신론자들도 역시 소망을 가질 수 있다. 그들도 누군가와 결혼하는 일이나 직업을 갖는 일, 질병을 치료하는 일과 같은 중요한 일들에 대하여 소망할 수 있다. 하지만 이러한 소망들도 인간이 직면해야 할 마지막 종착점인 죽음을 면할 수 없다. 무신론자이자 철학자였던 버트런드 러셀(Bertrand Russell)은 신이 없는 세상의 궁극적인 절망감을 다음과 같이 표현했다.

"인간은 무언가를 이루어 내지만 결코 그 일을 모두 예측하여 이루어 내지는 못하는 존재이다. 인간은 우연적인 사건들의 결과로 살아가는 존재로서 인간이 태어남이 그렇고, 성장이 그렇고, 희망과 두려움이 그렇고, 사랑과 신념이 그러하다. 인간의 삶이 얼마나 열정적이든, 영웅과 같이 살았든 상관없이 그 인생이 마지막으로 마주하는 종착점은 바로 무덤이다. 모든 인내도, 헌신도, 영감도 결국 광대한 태양계 안에서 한 줌의 흙으로 사라지게 된다. 이러한 절망의 현실에 대한 인정과 용납 위에서만 인간의 영혼은 비로소 안전히 거할 장소를 찾을 수 있다."[1]

당신은 러셀이 언급한 이러한 절망의 현실에서 인생을 살고 싶은가? 나는 대부분의 사람들이 무신론자들이 말하는 절망의 현실을 바라보며 살아가고 있다고 생각하지 않는다. 하지만, 무신론자들이 말하는 이 절망적인 운명을 받아들이는 것 외에 어떠한 선택이 우리의 인생에 있을 수 있을까? 이제 기독교적 관점에서의 소망을 살펴보도록 하자.

기독교적 관점에서 본 소망의 끝은 영원한 생명이다.

성경말씀을 근거로 한 기독교적 관점에서 보는 세상은 다음과 같다.

- 생명은 목적을 가진 창조주가 부여하신 소중한 것이다. 모든 호흡이 있는 것들은 우연의 결과가 아니라 하나님의 창조물이다.
- 모든 인생은 하나님을 알아 가고, 하나님을 알려야 하는 객관적인 의미를 가지고 있다.
- 인간은 자유의지를 가지고 무언가를 선택할 수 있고, 더불어 자신의 행동에 대한 도덕적 책임을 갖는다.
- 선한 삶을 산다는 것은 하나님에 대한 믿음과 지식, 그리고 하나님과의 관계로부터 나오는 자연스런 결과이다.
- 인간은 하나님의 형상을 따라 만들어졌기에 모두 평등하며, 동등한 가치와 권리를 갖는다.
- 악은 정죄받아야 할 객관적인 실체이며, 결국은 하나님에 의해서 소멸하게 될 것이다.

위에서 언급한 부분에 덧붙여 성경은 구원자이신 예수님을 믿는 자들은 그 인생이 죽음으로 끝나지 않고 고통과 아픔이 없는 천국에서 영원히 주님과 함께 살게 될 것이라고 언약한다(계 21 : 4). "우리 주 예수 그리스도의 아버지 하나님을 찬송하리로다 그의 많으신 긍휼대로 예수 그리스도를 죽은 자 가운데서 부활하게 하심으로 말미암아 우리를 거듭나게 하사 산 소망이 있게 하시며 썩지 않고 더럽지 않고 쇠하지 아니하는 유업을 잇게 하시나니 곧 너희를 위하여 하늘에 간직하신 것이라"(벧전 1 : 3-4).

이것이 성경적 소망이다. 고린도전서 15 : 54~57은 사도 바울이 고대하였던 성경적 소망이 실현되는 날에 대하여 이렇게 설명한다.

"이 썩을 것이 썩지 아니함을 입고 이 죽을 것이 죽지 아니함을 입을 때에는 사망을 삼키고 이기리라고 기록된 말씀이 이루어지리라 사망아 너의 승리가 어디 있느냐 사망아 네가 쏘는 것이 어디 있느냐 사망이 쏘는 것은 죄요 죄의 권능은 율법이라 우리 주 예수 그리스도로 말미암아 우리에게 승리를 주시는 하나님께 감사하노니"

기독교에서 말하는 소망은 매우 중요한 차원의 소망이다. 그러나 동시에 우리가 꼭 기억해야 할 것이 있다. 그것은 바로 그 중요한 차원의 소망이 정당해야 한다는 것이다. 만일 하나님을 믿을 만한 합당한 이유가 없다면, 기독교가 말하는 소망이 얼마나 의미가 있겠는가? 사도 바울은 이 부분을 고린도전서 15 : 19에서 다음과 같이 설명했다. "만일 그리스도 안에서 우리가 바라는 것이 다만 이 세상의 삶뿐이면 모든 사람 가운데 우리가 더욱 불쌍한 자이리라". 사도 바울은 잘못된 소망이 의미 없는 소망이 될 수 있음을 알고 있었다. 그렇기에 우리는 마지막으로 다음과 같은 질문을 해야 한다. "하나님이 존재하시며, 그 하나님이 우리에게 성경에서 언약한 소망을 주신다는 것을 우리는 어떻게 확신할 수 있는가?" 이제 우리는 앞에서 이미 다루었던 하나님의 존재를 증명하는 많은 증거들을 다시 한번 살펴보며 이러한 질문에 답을 찾아보도록 하자.

- 우주는 우연히 시작되지 않았고, 하나님을 통해서만 그 시작이 설명된다.
- 미세조정과 같은 현상을 통하여 우리는 우주가 목적을 따라 정교하게 창조되었고, 생명이 살고 번성하기에 알맞게 만들어졌음을 알 수 있다.
- 생명의 복잡성은 우연히 진화된 결과가 아니라 목적을 가진 창조자를 통하여 만들어진 창조의 결과로 설명할 때, 보다 합리적이다.
- 도덕적인 기준을 제시하시는 하나님은 인간이 객관적인 도덕적 법칙이 존재한다고 믿는 타당한 근거가 된다.
- 하나님은 인간에게 진리를 발견할 수 있는 이성적인 능력을 주셨다.

위와 같은 내용들은 하나님의 존재와 기독교의 진리에 관한 핵심적인 내용 중의 일부이다.[2] 이러한 내용들은 매우 중요하며, 동시에 매우 정당한 소망들이다. 하나님의 존재를 믿는 근거는 매우 정당하며, 이는 또한 우리의 삶에서 매우 중요한 소망이 된다.

기독교적 세계관에서 본 소망은 삶의 특권이다.

대부분의 무신론자들은 그들의 세계관이 인간에게 제한된 소망을 준다는 것을 인정한다. 하지만 그들은 기독교 역시 그저 상대적인 소망을 근거로 두고 있다고 믿기에, 예수님을 믿으려 하지 않는다. 그들은 불행히도 기독교 진리에 대하여 그 증거와 말씀을 진지하게 고려하기보다는 궁극적인 절망의 삶을 살게 된다. 그렇기에 우리의 마음에 그리스도를 주로 삼아 거룩하게 하고, 소망에 관한 이유를 묻는 자에게 대답할 것을 항상 준비하는 것이 중요하다(벧전 3 : 15).

왜 기독교가 진리이며, 또한 왜 하나님을 믿어야 하는지에 대하여 사람들에게 대답할 준비를 하는 것은 우리가 만나는 많은 사람들에게 영광스럽고 영원한 성경적 소망을 전할 수 있는 구체적인 걸음이 되기 때문이다. 기독교인으로서 우리는 이러한 소망의 빛 아래서 살아가는 특권을 부여받았다. 선하신 하나님이 우리의 삶을 다스리시며, 결국 우리의 모든 삶을 진리와 은혜 아래서 인도하실 것을 믿고 살아가게 된다. 하지만 이러한 소망을 갖고 살아간다는 것이 우리가 이 세상을 살아가는 동안 겪는 고통의 경험들을 제하여 주거나 면제시켜 주는 것을 의미하지는 않는다. 대신 그러한 고통의 자리에 있을지라도 그 고통에 매몰되지 않고 영원한 삶을 향한 눈을 가지고 살아가는 능력이 생긴다는 것이다. 사도 바울은 이러한 고백을 로마서 15 : 13 말씀을 통하여 선언한다.

> "소망의 하나님이 모든 기쁨과 평강을 믿음 안에서 너희에게 충만하게 하사 성령의 능력으로 소망이 넘치게 하시기를 원하노라"

핵심 포인트

- 소망은 어떤 의미로 이해되느냐에 따라서 기독교의 전부가 될 수도 있고, 아무런 관련이 없을 수도 있다.
- 소망은 중요성과 정당성의 두 가지 범주로 이해될 수 있다.
- 무신론자들은 인간의 삶의 소망에 대해 제한적으로 말할 수 있지만, 결국 모든 인생의 종착점이 죽음이라고 말하기에 절망적인 세

계관이다.
- 기독교인들에게 있어서 소망은 예수님을 믿는 믿음을 통하여 주님의 영광스런 임재 안에서 영원토록 함께 거하는 매우 중요한 진리에 근거를 둔다.
- 정당한 근거가 결여된 중요한 소망은 망상이 될 수도 있다. 그러나 기독교에서의 소망은 하나님은 존재하시며, 그 하나님이 성경을 통하여 우리에게 계시하신 대로 마침내 이루어 주신다는 참으로 정당한 근거 위에 세워진 소망이다.

대화 가이드

대화 시작하기
- 네가 최근에 소망했던 일은 무엇이니?
- 그 소망은 너의 삶에서 매우 중요한 소망이었니? 아니면 그다지 중요하지 않은 소망이었니? 그 이유는 무엇이니?
- 그 소망이 이루어져야만 하는 정당한 이유(혹은 근거)는 무엇이니?

대화 진행하기
- 기독교인들이 예수님 안에 소망을 둔다고 말할 때, 그 말의 의미는 무엇이라고 생각하니? (요한계시록 21 : 4과 베드로전서 1 : 3-4을 함께 읽고 기독교의 소망에 대하여 자녀들과 이야기를 나누어 보라.)
- 기독교에서 말하는 소망이 너의 인생에 있어서 큰 영향을 끼치고 있니? 그 이유는 무엇이니? (기독교의 소망은 인간이 가질 수 있는 가장 중요한 소망이다. 하나님을 믿지 않아도 가질 수 있는 소망들, 예를 들면 시험을 잘 보는 것, 친구를 사귀는 것, 좋은 직장을 구하는 것과 같은

소망들과 비교하면서 이야기를 나누어 보라.)
- 네가 만약 기독교가 진리라고 믿기에는 그 근거가 빈약하다고 생각한다면, 예수님에게 소망을 두는 것이 정말 가치 있을 거라 생각하니? (성경에서도 만일 기독교가 진리가 아니라면, 예수님에게 소망을 두는 것은 불쌍한 일이라고 말하고 있음을 설명하라. 소망이라고 하는 것은 정당한 근거가 있을 때 가능하다. 하나님의 존재와 기독교의 진리에 대한 많은 증거들이 왜 우리의 삶에서 중요한지에 대하여도 함께 대화하라.)
- 이 장에는 앞에서 다루었던 무신론적 세계관에서 이해하는 인생에 대한 요약들이 적혀 있어. 무신론자들이 가질 수 있는 소망의 한계는 무엇이라고 생각하니? (무신론자들이 인간의 소망에 대해 제한적인 설명을 할 수는 있지만, 결국 모든 인생의 종착점이 죽음이라고 말하기에 절망적인 세계관임을 자녀들과 대화하라.)

대화 적용하기
- 한 무신론자가 무신론자들도 소망을 가지고 있다는 것을 보여 주기 위해 다음과 같은 글을 남겼어. "무신론자들은 기독교인들이 가지고 있는 소망보다 더 제한적인 소망을 갖고 있지만, 그것은 마치 크리스마스 전날에 아이들이 갖는 소망보다 어른들이 갖는 소망이 더 적은 것과 같은 이치라고 생각한다. 즉, 무신론자들이 갖는 소망은 기독교인들의 소망보다 더욱 현실적이라는 것이다. 나는 더 나은 세상을 꿈꾸고, 우리가 함께 힘을 합하면 더욱 좋은 세상을 만들 수 있다는 소망이 있다."[3] 너는 이 사람이 자신의 인생에 대해 어떤 소망을 품고 있다고 생각하니? 이 장에서 함께 생각해 본 내용들을 고려할 때, 너는 이 무신론자에게 어떤 말을 해 주고 싶니?

<미주>

들어가는 말

1. 워너 월리스는 이러한 주제에 대하여 방대하고 심도 깊은 연구를 많이 해 왔다. "Are Young People Really Leaving Christianity?," Cold-Case Christianity, updated January 8, 2017, coldcasechristianity.com/2016/are-young-people-really-leaving-christianity/.
2. Natasha Crain, *Keeping Your Kids on God's Side: 40 Conversations to Help Them Build a Lasting Faith* (Eugene, OR: Harvest House, 2016).

제1부. 하나님이 정말 존재하실까?

1. Daniel Dennett, *Darwin's Dangerous Idea: Evolution and the Meanings of Life* (New York: Simon & Schuster, 1996), 18.
2. 내가 본 책에서 무신론자라는 단어를 사용할 때, 그것은 하나님이 존재하지 않는다고 믿는 사람들을 일컫는 것이다. 나의 개인적인 경험으로 볼 때 대부분의 무신론자들은 단순히 신성에 대한 믿음이 적은 정도를 말하기보다는 진심으로 신이 존재하지 않는다고 믿고 있다.

1. 하나님이 존재하신다는 것을 우리는 어떻게 알 수 있을까?

1. Dan Barker, *Losing Faith in Faith* (Madison, WI: FFRF, 1992), 87.

2. 우주는 어디서 왔을까?

1. Alexander Vilenkin, *Many Worlds in One: The Search for Other Universes* (New York: Hill and Wang, 2007), 177.
2. See this article for more background on Einstein's "fudge factor": Karen Wright, "The Master's Mistakes," *Discover*, September 30, 2004, discovermagazine.com/2004/sep/the-masters-mistakes.
3. 젊은 지구 창조론을 믿는 기독교인들은 우주로부터 날아오는 방사선이 우주의 시작점에서 기인된 잔여 열이라고 믿지 않는다. (젊은 지구 창조론에 대하여는 8장을 참조하라.) 그렇기에, 젊은 지구 창조론주의자들은 우주의 시작에 대한 과학적

근거로 우주로부터 날아오는 방사선을 인정하지 않는다. 보다 자세한 내용은 다음의 책을 참조하라. Danny R. Faulkner, "Comments on the Cosmic Microwave Background," *Answers in Genesis*, March 19, 2014, answersingenesis.org/astronomy/cosmology/comments-on-the-cosmic-microwave-background/).

4. 좀 더 자세한 내용을 위해서 다음의 글을 참조하라. "Mathematics of Eternity Prove the Universe Must Have Had a Beginning," *MIT Technology Review*, April 24, 2012, www.technologyreview.com/s/427722/mathematics-of-eternity-prove-the-universe-must-have-had-a-beginning.

5. William Lane Craig and Quentin Smith, *Theism, Atheism, and Big Bang Cosmology* (Oxford: Clarendon, 1993), 135.

6. "Humanist Manifesto," American Humanist Association, americanhumanist.org/Humanism/Humanist_Manifesto_I.

7. Stephen Hawking and Leonard Mlodinow, *The Grand Design* (New York: Bantam, 2010), 180.

8. 이러한 내용에 대하여 좀 더 깊은 연구는 다음의 책에 잘 나타나 있다. John Lennox, *Gunning for God: Why the New Atheists Are Missing the Target* (Oxford: Lion Hudson, 2011), chap. 1.

9. Lawrence M. Krauss, *A Universe from Nothing: Why There Is Something Rather Than Nothing* (New York: Free Press, 2012).

10. "How Can Atheists Argue That the Universe Came from Nothing without Redefining Nothing?" Quora, www.quora.com/How-can-atheists-argue-that-the-universe-came-from-nothing-without-redefining-nothing.

3. 생명은 어디서 왔을까?

1. "우리가 알고 있는 것처럼" 생명체는 탄소를 기반으로 한 분자생명체이다. 만일 비탄소 기반 생명체가 존재할 수 있는 법칙이 존재한다면 다른 생명체 역시 우주에 존재할 수 있기 때문에 회의론자들은 이 장에서 논의된 미세조정 주장이 의미가 없다고 주장한다. 그러나 우리가 깨달아야 할 것은 단지 탄소 기반 생명체만이 아니라 어떠한 생명체가 존재하기 위해서라도 우주의 미세조정은 필수요건이라는

것이다.

2. 우주 미세조정에 관한 좀 더 자세한 내용을 위해서는 다음의 책을 참조하라. Hugh Ross, *Creator and the Cosmos: How the Latest Scientific Discoveries of the Century Reveal God* (Colorado Springs: NavPress, 2001), chap. 14.
3. Hugh Ross, "Fine-Tuning for Life on Earth," Reasons to Believe, June 8, 2004, www.reasons.org/articles/fine-tuning-for-life-on-earth-june-2004.
4. Hugh Ross, "Probability for Life on Earth," Reasons to Believe, April 1, 2004, www.reasons.org/articles/probability-for-life-on-earth.
5. See, for example, Brian Greene, *The Elegant Universe: Superstrings, Hidden Dimensions, and the Quest for the Ultimate Theory* (New York: W. W. Norton, 2010).
6. William A. Dembski and James M. Kushiner, eds., *Signs of Intelligence: Understanding Intelligent Design* (Grand Rapids: Brazos, 2001), 110.
7. For a detailed look at this research and its difficulties, see Stephen C. Meyer, *Signature in the Cell: DNA and the Evidence for Intelligent Design* (New York: HarperOne, 2010).
8. Stephen C. Meyer, "Word Games: DNA, Design, and Intelligence," chap. 8 in *Signs of Intelligence*, ed. Dembski and Kushiner.
9. Ibid., 110.
10. Daphne Sashin, "Godless Mom Strikes a Chord with Parents," *Belief Blog*, January 18, 2013, religion.blogs.cnn.com/2013/01/18/godless-mom-strikes-a-chord-with-parents/comment-page-69/.

4. 인간의 도덕적 이해는 어디서 왔을까?

1. Francis J. Beckwith and Gregory Koukl, *Relativism: Feet Firmly Planted in Mid-Air* (Grand Rapids: Baker, 1998).
2. Richard Taylor, *Ethics, Faith, and Reason* (Englewood Cliffs, NJ: Prentice-Hall, 1985), 83-84.
3. Sam Harris, *The Moral Landscape: How Science Can Determine Human*

Values (New York: Free Press, 2011), 1.
4. William Lane Craig, "Navigating Sam Harris' *The Moral Landscape*," Reasonable Faith, www.reasonablefaith.org/navigating-sam-harris-the-moral-landscape.
5. Sean Carroll, "The Moral Landscape," *Discover*, January 18, 2011, blogs.discovermagazine.com/cosmicvariance/2011/01/18/the-moral-landscape/#.WQy-89wpCUI.

5. 하나님과 '날아다니는 스파게티 괴물'과의 차이점은 뭘까?
1. Bobby Henderson, "Open Letter to Kansas School Board," Church of the Flying Spaghetti Monster, www.venganza.org/about/open-letter.
2. 핸더슨이 지적설계와 종교를 비교하는 것은 지적설계이론을 바르게 이해하지 못한 데서 나온 오류라고 생각한다. 지적설계는 우주의 생명체들이 어떠한 지적인 원인으로 가장 잘 설명된다는 이론이지만, 지적설계이론 자체는 지적인 원인의 정체성에 대하여 어떠한 주장도 하지 않는다.
3. William Lane Craig, "God and the Flying Spaghetti Monster," Reasonable Faith, December 3, 2007, www.reasonablefaith.org/god-and-the-flying-spaghetti-monster.
4. Richard Dawkins, *The God Delusion* (New York: Houghton Mifflin, 2008), 77.

6. 얼마나 많은 증거가 있어야 하나님의 존재를 믿을 수 있을까?
1. 다음의 웹사이트를 참조하라. ratiochristi.org.
2. Eric Chabot, "The Most Common Objection to God's Existence on a College Campus," ThinkApologetics.com, September 23, 2016, chab123.wordpress.com/2016/09/23/the-most-common-objection-to-gods-existence-on-a-college-campus.
3. Leo Rosten, "Bertrand Russell and God: A Memoir," *Saturday Review*, February 23, 1974, 25-26, emphasis mine.
4. Greta Christina, "6 (Unlikely) Developments that Could Convince This

Atheist to Believe in God," Alternet, July 4, 2010, www.alternet.org/story/147424/6_%28unlikely%29_developments_that_could_convince_this_atheist_to_believe_in_god.

5. Blaise Pascal, *Pensées* (New York: E. P. Dutton, 1958), 118.
6. J. Warner Wallace, *God's Crime Scene: A Cold-Case Detective Examines the Evidence for a Divinely Created Universe* (Colorado Springs: David C Cook, 2015), 201.
7. 나는 이 책에서 소개하고 있는 하나님 존재 증명에 관한 설명뿐만 아니라 이 책에서 모두 다루지 못하는 추가적인 하나님의 존재 증명에 관한 자료들을 더 알기 원하는 독자들에게 월리스의 책 *God's Crime Scene*을 읽기를 추천한다.

제2부. 과학과 하나님은 어떤 관계일까?

1. www.americanhumanist.org/about/faq/.
2. David Kinnaman, *You Lost Me: Why Young Christians Are Leaving Church… and Rethinking Faith* (Grand Rapids: Baker Books, 2011), chap. 7.
3. Ibid.
4. 이러한 트렌드를 더 살펴보려면 다음의 자료를 참조하라. "'Nones' on the Rise," Pew Research Center, October 9, 2012, http://www.pewforum.org/2012/10/09/nones-on-the-rise/.

7. 과연 과학이 하나님의 존재를 증명할 수 있을까?

1. 캠프 퀘스트의 사명, 비전, 목적, 가치에 대하여 알아보려면 campquest.org를 살펴보라.
2. Richard Dawkins, "The Great Unicorn Hunt," *Guardian*, July 29, 2009, www.theguardian.com/science/2009/jul/29/camp-quest-richard-dawkins.
3. Amir Aczel, *Why Science Does Not Disprove God* (New York: William Morrow, 2014), 242.
4. Jerry A. Coyne, *Faith versus Fact: Why Science and Religion Are*

Incompatible (New York: Penguin, 2015), 29.

5. Richard Dawkins, "Why There Almost Certainly Is No God," *Huffpost* (blog), May 25, 2011, www.huffingtonpost.com/richard-dawkins/why-there-almost-certainl_b_32164.html.

6. Thomas D. Williams, "Fellow Scientists Reprimand Atheist Richard Dawkins for 'Misrepresenting Science,'" Breitbart, November 3, 2016, www.breitbart.com/big-government/2016/11/03/fellow-scientists-reprimand-atheist-richard-dawkins-misrepresenting-science/; and David R. Johnson, Elaine Howard Ecklund, Di Di, and Kirstin R. W. Matthews, "Responding to Richard: Celebrity and (Mis)representation of Science," Public Understanding of Science, October 10, 2016, pus.sagepub.com/content/early/2016/10/06/0963662516673501.abstract.

7. Richard Dawkins, *The God Delusion* (New York: Houghton Mifflin, 2008), 72.

8. "Can Science Disprove God?," Debate.org, www.debate.org/opinions/can-science-disprove-god.

8. 과학과 종교는 서로 모순될까?

1. 이러한 대표적인 예가 바로 몰몬교가 주장하는 것이다. 몰몬교에 대한 역사적이고 고고학적인 도전에 관한 훌륭한 요약이 워너 월리스의 책에 잘 나타나 있다. J. Warner Wallace, "Investigating the Evidence for Mormonism in Six Steps," *Cold-Case Christianity*, June 27, 2014, coldcasechristianity.com/2014/investigating-the-evidence-for-mormonism-in-six-steps/.

2. 퓨 리서치(Pew Research)가 조사한 바에 따르면 기독교인으로서 과학과 신앙 사이에 가장 이슈가 되는 영역은 진화론과 우주 창조(36%)였다. 이에 관한 좀 더 자세한 내용을 위해서 다음의 글을 참고하라. Cary Funk and Becka A. Alper, "Religion and Science," Pew Research Center, October 22, 2015, www.pewinternet.org/files/2015/10/PI_2015-10-22_religion-and-science_FINAL.pdf.

3. Frank Newport, "In U.S., 46% Hold Creationist View of Human Origins,"

Gallup, June 1, 2012, www.gallup.com/poll/155003/Hold-Creationist-View-Human-Origins.aspx for further data. http://www.huffingtonpost.com/2012/06/05/americans-believe-in-creationism_n_1571127.html.
4. Crain, *Keeping Your Kids on God's Side*, 206-207.
5. William Lane Craig, "Who Speaks for Science?," Reasonable Faith, June 10, 2012, www.reasonablefaith.org/who-speaks-for-science.
6. 바이오로고스(Biologos)는 유신 진화론적인 관점에서 대표적인 기관이다(biologos.org).
7. Reason to Believe는 오랜 지구 창조를 주장하는 대표적인 기관이다(reasons.org).
8. 유신 진화론적인 관점을 잘 정리한 바이오로고스 홈페이지(biologos.org)에 게재된 다음의 소논문을 참조하라. "Were Adam and Eve Historical Figures?," www.biologos.org/common-questions/human-origins/were-adam-and-eve-historical-figures.
9. 이에 대한 다음의 논문의 내용은 좋은 예가 된다. Michael Behe, *Darwin's Black Box: The Biochemical Challenge to Evolution* (New York: Free Press, 2006); and Michael Behe, *The Edge of Evolution: The Search for the Limits of Darwinism* (New York: Free Press, 2008).
10. 이에 대한 자세한 내용은 다음의 책을 참조하라. Alvin Plantinga, *Where the Conflict Lies: Science, Religion, and Naturalism* (New York: Oxford University Press, 2011).
11. "Why Do Christians Hate Science?," Dangerous Talk, February 12, 2010, www.dangeroustalk.net/?p=846.

9. 과학과 종교는 서로를 보완할 수 있을까?

1. John C. Lennox, *God's Undertaker: Has Science Buried God?* (Oxford: Lion Hudson, 2009), 58.
2. Paul Davies, "Physics and the Mind of God," *First Things*, August 1995, www.firstthings.com/article/1995/08/003-physics-and-the-mind-of-god-the-templeton-prize-address-24.

3. Thomas Nagel, *Mind and Cosmos: Why the Materialist Neo-Darwinian Conception of Nature Is Almost Certainly False* (New York: Oxford University Press, 2012), 26.
4. Frank Turek, *Stealing from God: Why Atheists Need God to Make Their Case* (Colorado Springs: NavPress, 2015), 37.
5. whisper.sh/whisper/050bc680a81e7f484927d1cc28e090f1c9d8ec/No-its-not—Science-doesnt-need-religion-to-answer-anything--We-don.

10. 하나님은 과학이 알지 못하는 것을 설명하기 위해 만들어진 개념일까?

1. www.stephenjaygould.org/ctrl/barker-howe.html.
2. "Can Science Disprove God?," Debate.org, www.debate.org/opinions/can-science-disprove-god?ysort=3&nsort=5.

11. 인간이 하나님을 믿는 이유를 과학이 설명할 수 있을까?

1. David G. McAfee and Chuck Harrison, *The Belief Book* (London: Dangerous Little Books, 2015), 4.
2. Aku Visala, *Naturalism, Theism, and the Cognitive Study of Religion: Religion Explained* (New York: Routledge, 2016), 6.
3. Justin L. Barrett, "Are We Born Believing in God?," Big Questions Online, March 5, 2013, www.bigquestionsonline.com/2013/03/05/are-born-believing-god/.
4. Deborah Kelemen, "Are Children 'Intuitive Theists'?," *Psychological Science* 15, no. 5 (May 2003): 295-301, www.bu.edu/cdl/files/2013/08/2004_Kelemen_IntuitiveTheist.pdf.
5. Ibid.
6. Justin L. Barrett, "Cognitive Science of Religion and Christian Faith: How May They Be Brought Together?," *Perspectives on Science and Christian Faith*, November 16, 2015, www.csca.ca/wp-content/uploads/2015/11/Barrett2015.pdf.
7. Charles Taliaferro, Victoria S. Harrison, and Stewart Goetz, eds., *The*

Routledge Companion to Theism (New York: Routledge, 2013), 229-31.
8. Justin L. Barrett, "Cognitive Science of Religion: What Is It and Why Is It?," *Religion Compass* 1, no. 6 (2007): 768-86.
9. J. Wentzel Van Huyssteen, *Evolution, Religion, and Cognitive Science: Critical and Constructive Essays* (Oxford: Oxford University Press, 2014), 135.

12. 과학자들은 하나님을 얼마큼 믿을까?

1. Sam Harris, "10 Myths—and 10 Truths—about Atheism," *LA Times*, December 24, 2006, www.latimes.com/news/la-op-harris24dec24-story.html.
2. James H. Leuba, *The Belief in God and Immortality: A Psychological, Anthropological, and Statistical Study* (Boston: Sherman, French & Co., 1916).
3. 사람들은 하나님을 믿을 때 때로는 하나님을 지적인 신념이나 감정적인 소통이 가능한 분으로 여기기도 한다. 예를 들면 주관적이거나 감정적인 어떠한 응답을 기대하며 하나님께 기도하는 것이다. 그러나, 최근 많은 연구가들은 이러한 정의에 신학적 문제가 있음을 지적한다. 왜냐하면, 이러한 정의를 따를 경우 하나님은 어떤 사람에게는 모든 기도에 긍정적으로 응답해 주시는 것처럼 보이지만, 동시에 어떤 사람에게는 기도에 전혀 응답하지 않는 하나님으로 오해될 수 있기 때문이다.
4. Edward J. Larson and Larry Witham, "Scientists Are Still Keeping the Faith," *Nature* 386 (April 3, 1997): 435-36.
5. Edward J. Larson and Larry Witham, "Leading Scientists Still Reject God," *Nature* 394 (July 23, 1998): 313.
6. Elaine Howard Ecklund and Christopher P. Sheitle, "Religion among Academic Scientists: Distinctions, Disciplines, and Demographics," *Social Problems* 54, no. 2(2007): 289-307, www.owlnet.rice.edu/~ehe/doc/Ecklund_SocialProblems_54_2.pdf.
7. Ibid.

8. Ibid.
9. David Masci, "Scientists and Belief," Pew Research Center, November 5, 2009. www.pewforum.org/2009/11/05/scientists-and-belief/.
10. Elaine Howard Ecklund, "Religious Communities, Science, Scientists, and Perceptions: A Comprehensive Survey," February 16, 2014. www.aaas.org/sites/default/files/content_files/RU_AAASPresentationNotes_2014_0219%20(1).pdf.
11. yahoo.com/question/index?qid=20100115000850AA3zhcL.

제3부. 하나님의 본성은 무엇일까?

1. whisper.sh/whisper/05187fb235642a3099947f945d8d3be780fa63/Im-a-Christian-conservative-but-I-think-that-God-wants-us-to-be-happy.
2. yahoo.com/question/index?qid=20100523222431AA2TnzK.

13. 하나님에 대하여 성경은 무엇을 말해 주고 있을까?

1. A. W. Tozer, *The Knowledge of the Holy* (New York: HarperCollins, 1961), preface and 79.
2. Stanley N. Gundry and Dennis Jowers, eds., *Four Views on Divine Providence* (Grand Rapids: Zondervan, 2011).
3. C. S. Lewis, *Mere Christianity* (New York: HarperOne, 2015), 39.
4. yahoo.com/question/index?qid=20111109224533AAbllXD.

14. "하나님은 사랑이시다."라는 말은 무엇을 의미할까?

1. D. A. Carson, *The Difficult Doctrine of the Love of God* (Wheaton: Crossway, 2000), 11-12.
2. Ibid., 39.
3. 하나님의 구원의 사랑과 선택의 사랑이 결국은 같은 것인지 아닌지에 대한 신학적인 논쟁이 있다. 몇몇의 기독교인들은 이 둘의 사랑이 결국 하나의 사랑이라고 결론짓기도 하나, 사실 이러한 논쟁은 이 장에서 다루고자 하는 주제와는 별개의 주

제이기에 여기서는 칼슨의 다섯 가지 틀에 관한 부분만 소개하려고 한다.
4. www.idcministries.org/what-we-believe-about-god/.

15. "하나님은 정의로우시다."라는 말은 무엇을 의미할까?

1. 당신의 자녀들과 지옥에 관하여 대화를 하려거든 *Keeping Your Kids on God's Side*의 4장을 참고하고, 왜 예수님이 우리 죄를 위해서 죽으셔야만 했는지에 대하여 대화하려거든 *Keeping Your Kids on God's Side*의 20장을 참고하라.
2. "Why Does God Sound So Mean in the Bible?," Yahoo Answers, answers.yahoo.com/question/index?qid=20110515103519AAnLFIj.

16. 구약성경에 나타난 하나님은 왜 그렇게 잔인할까?

1. 노아의 홍수가 지구 전체의 홍수사건이었는지 아니면 지구의 일부 지역만 물로 덮었던 사건이었는지에 대하여는 의견들이 분분하다. 하지만, 우리가 다루려는 의도에서 보면 그 차이는 그렇게 중요하지 않다. 더욱 중요한 것은 노아의 홍수 사건에 나타나신 하나님이 과연 선하신 하나님이신지이다.
2. 가나안 지역과 문화에 관한 좀 더 구체적인 연구에 관한 자료는 *Keeping Your Kids on God's Side*의 3장에 잘 나타나 있다.
3. Steve Wells, "The Flood of Noah: All Flesh Died that Moved upon the Earth," *Dwindling in Unbelief* (blog), January 24, 2009, dwindlinginunbelief.blogspot.com/2009/01/gods-killings-1-all-flesh-died-that.html.

17. 어떻게 삼위일체 하나님이 가능할까?

1. 삼위일체라는 단어 자체는 성경에 나타나지 않는다. 삼위일체라는 단어는 초대교회의 터툴리안에 의해서 명시적으로 사용된 용어이다. 그렇다고 이 개념이 예수님이 돌아가시고 수백 년 후에 만들어진 것은 아니다. 왜냐하면 삼위일체라는 단어는 하나님의 본성에 관하여 성경이 이미 계시한 내용을 요약하기 위해 만들어졌기 때문이다.
2. 몰몬교에서는 다신을 인정하고 있지만, 그들은 오직 하나님, 예수님, 성령님께만 예배를 드린다는 점을 강조한다.
3. 이러한 토론의 중요한 부분은 예수님이 스스로 하나님이심을 말씀하셨다는 것이

다. 이 부분에 대하여 더 자세한 내용을 참고하려면 *Keeping Your Kids on God's Side*의 18장을 참고하라.
4. "Am I Crazy for Thinking the Trinity Is Illogical?," Quora, October 4, 2015, www.quora.com/Am-I-crazy-for-thinking-the-Trinity-is-illogical.

18. 왜 하나님은 성경에서 자신을 더 드러내시지 않을까?
1. "The Bible as Truth," The Rational Response Squad, June 27, 2007, www.rationalresponders.com/forum/sapient/atheist_vs_theist/8388.

제4부. 하나님을 믿는다는 것은 뭘까?
1. See this article as one exeample: Anonymous, "Introducing Cognitive Dissonance," *Debunking Christianity* (blog), November 25, 2007, debunkingchristianity.blogspot.com/2007/11/introducing-congnitive-dissonance.html.

19. 사람들은 왜 같은 하나님을 서로 다르게 믿을까?
1. 한 가지 예를 들자면 여호와의 증인 신도들이 읽는 글에는 자신들의 주장과 다른 글들을 읽으면 왜 위험한지에 대한 자료들이 있다. 다음의 자료가 그러한 글 중의 하나이다. "Fight the Fine Fight of the Faith," *The Watchtower*, 2004, wol.jw.org/en/wol/d/r1/lp-e/2004126.
2. 몇몇 불가지론자들은 어떠한 정경이 진실인지 아닌지에 대하여 실제로 알 수가 없다는 가능성을 말하곤 하지만, 사실 그들의 주장은 인간은 하나님에 대하여 알 수 없다는 것으로 결론이 난다.
3. "Religion and the Unaffiliated," Pew Research Center, October 9, 2012, www.pewforum.org/2012/10/09/nones-on-the-rise-religion/.
4. Lee and Annette Woofenden, "If There's One God, Why All the Different Religions?," Spiritual Insights for Everyday Life, November 5, 2012, leewoof.org/2012/11/05/if-theres-one-god-why-all-the-different-religions/.

20. 모든 종교는 같은 신을 숭배할까?
    1. Christine Hauser, "Wheaton College Professor Is Put on Leave after Remarks Supporting Muslims," *New York Times*, December 16, 2015, www.nytimes.com/2015/12/17/us/wheaton-college-professor-larycia-hawkins-muslim-scarf.html?_r=0.
    2. "So Much Arguing, So Little Belief…," Planet Think Tanks 2, www.planetthinktanks2.com/forums/viewtopic.php?f=18&t=2241&start=40.
    3. "Sikhism 101," Debate.org, www.debate.org/forums/religion/topic/5078/.
    4. "Are the Gods of Different Religions the Same?," Quora, January 20, 2013, www.quora.com/Are-the-gods-of-different-religions-the-same-If-not-what-are-the-differences-between-them.
    5. "Sikhism 101," Debate.org, www.debate.org/forums/religion/topic/5078/.

21. 우리의 믿음은 단순히 자라난 환경의 영향을 받아 형성된 것일까?
    1. *Wikipedia*, s.v., "Islam by Country," en.wikipedia.org/wiki/Islam_by_country#Countries.
    2. *Wikipedia*, s.v. "Culture of South America," en.wikipedia.org/wiki/Culture_of_South_America.
    3. *Wikipedia*, s.v. "Hinduism by Country," en.wikipedia.org/wiki/Hinduism_by_country.
    4. *Wikipedia*, s.v. "Demographics of Atheism," en.wikipedia.org/wiki/Demographics_of_atheism.
    5. *Wikipedia*, s.v. "Buddhism by Country," en.wikipedia.org/wiki/Buddhism_by_country.
    6. "Religious Landscape Study," Pew Research Center, www.pewforum.org/religious-landscape-study/.
    7. "Table: Religious Diversity Index Scores by Country," Pew Research Center, April 4, 2014, www.pewforum.org/2014/04/04/religious-diversity-index-scores-by-country/.
    8. "Chapter 2: Religious Switching and Intermarriage," Pew Research Center,

May 12, 2015, www.pewforum.org/2015/05/12/chapter-2-religious-switching-and-intermarriage/#fnref-23318-16.

9. "Religion as an Accident of Geography," *My Case against God* (blog), September 16, 2007, mycaseagainstgod.blogspot.com/2007/09/religion-as-accident-of-geography.html.

10. 어떤 나라에서는 무신론이 지배적으로 문화의 근간이 되기도 한다. 또한 어떤 나라들은 신앙이 있는 자들과 신앙이 없는 자들이 혼재되어 있기도 하다. 그렇기에 신앙과 지리적 상관관계에 관한 일관적인 인과관계를 끌어낸다는 것은 무리가 있다.

11. Bob Seidensticker, "Your Religion Is a Reflection of Your Culture—You'd Be Muslim If You Were Born in Pakistan," Patheos, June 8, 2015, www.patheos.com/blogs/crossexamined/2015/06/your-religion-is-a-reflection-of-your-culture-youd-be-muslim-if-you-were-born-in-pakistan/.

12. "'One True Religion': Revelation or Just an Accident of Birth?," *The Atheist Camel* (blog), May 23, 2009, atheistcamel.blogspot.com/2009/05/one-true-religion-revelation-or-just.html.

13. "Given that a Person's Religion...," Quora, September 3, 2015, www.quora.com/Given-that-a-persons-religion-is-most-often-a-simple-accident-of-geography-how-can-religious-people-be-so-convinced-that-their-particular-one-just-happens-to-be-the-only-one-that-is-right-and-the-others-are-all-wrong-at-best-and-downright-evil-at-worst.

22. 왜 기독교인들은 종종 하나님에 대한 믿음을 의심할까?

1. Natasha Crain, "5 Things to Do When You're Struggling with Faith Doubts," June 16, 2014, christianmomthoughts.com/5-things-to-do-when-youre-struggling-with-faith-doubts.

2. www.garyhabermas.com/books/dealing_with_doubt/dealing_with_doubt.htm.

3. Bobby Conway, *Doubting toward Faith: The Journey to Confident*

Christianity (Eugene, OR: Harvest House, 2015).

4. www.christianmomthoughts.com/recommended-apologetics-books-on-the-reliability-of-the-bible/.
5. Crain, "5 Things to Do When You're Struggling with Faith Doubts."

23. 하나님이 우리의 기도에 응답하신다는 것을 어떻게 알 수 있을까?

1. www.pewforum.org/files/2008/06/report2religious-landscape-study-key-findings.pdf.
2. Michael Lipka, "Why America's 'Nones' Left Religion Behind," Pew Research Center, August 24, 2016, www.pewresearch.org/fact-tank/2016/08/24/why-americas-nones-left-religion-behind/.

24. 볼 수도, 들을 수도 없는 하나님과의 관계를 어떻게 발전시킬 수 있을까?

1. 하나님은 성령을 통하여 우리에게 말씀하신다(요 14:17; 고전 3:16). 그리고 그 성령님은 하나님의 말씀과 함께 역사하신다. 그렇기에 우리는 하나님의 말씀이라는 진리 안에서 성령님의 뜻을 잘 분별해야 한다.
2. Ed Stetzer, "The Epidemic of Bible Illiteracy in Our Churches," The Exchange, July 6, 2015, www.christianitytoday.com/edstetzer/2015/july/epidemic-of-bible-illiteracy-in-our-churches.html.
3. Billy Hallowell, "'God Is an Imaginary Friend': Atheist Billboard Ignites Controversy in Colorado," The Blaze, January 25, 2012, www.theblaze.com/news/2012/01/25/god-is-an-imaginary-friend-atheist-billboard-ignites-controversy-in-colorado/.

제5부. 기독교적 세계관으로 세상을 바라보면 어떤 차이점이 있을까?

25. 삶은 우리에게 어떤 의미일까?

1. Douglas Adams, *The Hitchhiker's Guide to the Galaxy* (New York: DelRey, 1995).
2. Carl Sagan, *Cosmos* (New York: Random House, 1980), 1.

3. Ibid., 134.
4. Gregory Koukl, *The Story of Reality: How the World Began, How It Ends, and Everything Important that Happens in Between* (Grand Rapids: Zondervan, 2017), 55.
5. Tom Chivers, "I Asked Atheists How They Find Meaning in a Purposeless Universe," BuzzFeed, August 11, 2015, www.buzzfeed.com/tomchivers/when-i-was-a-child-i-spake-as-a-child?utm_term=.idAXqAM0m#.hlkvaRbKO.

26. 우리에겐 정말 자유의지가 있을까?
1. Jerry A. Coyne, "You Don't Have Free Will," *Chronicle of Higher Education*, March 18, 2012, www.chronicle.com/article/jerry-a-coyne-you-dont-have/131165.
2. Anthony Cashmore, "The Lucretian Swerve," *Proceedings of the National Academy of Sciences* 107, no. 10 (January 12, 2010): 4503.
3. Francis Crick, *The Astonishing Hypothesis* (London: Simon & Schuster, 1994), 3.
4. Nathan Frankowski, *Expelled: No Intelligence Allowed* (Premise Media, 2008).

27. 우리는 어떤 삶을 살아야 할까?
1. Moira Welsh, "Flock Sticks with Atheist United Church Minister," *The Star*, September 11, 2016, www.thestar.com/news/gta/2016/09/11/flock-sticks-with-atheist-united-church-minister.html.
2. Gretta Vosper, "Words," April 21, 2017, www.grettavosper.ca/words/.
3. Wendy Thomas Russell, "'It's Not What You Believe but What You Do in Life That Matters': An Explainer," Patheos, August 24, 2015, www.patheos.com/blogs/naturalwonderers/its-not-what-you-believe-but-what-you-do-in-life-that-matters-an-explainer/.

28. 기독교인으로서 우리의 책임은 뭘까?

1. "Definition of Humanism," American Humanist Association, americanhumanist.org/what-is-humanism/definition-of-humanism/.

2. Peter Singer, *Practical Ethics* (New York: Cambridge University Press, 2011), 163.

3. "Hunger Statistics," World Vision, www.wvi.org/food-and-livelihood-security/hunger-statistics.

4. Norman Geisler, *Ethics: Alternatives and Issues* (Grand Rapids: Zondervan,1979), 179.

5. Penn Jillette, "Not Proselytize," November 13, 2009, www.youtube.com/watch?v=owZc3Xq8obk.

6. Natasha Crain, "Is Spiritual Truth a Matter of Opinion? An Open Letter to a Relativist," April 12, 2016, christianmomthoughts.com/is-spiritual-truth-a-matter-of-opinion-an-open-letter-to-a-relativist/.

29. 우리는 악의 존재를 어떻게 이해해야 할까?

1. "Is There Such a Thing as Good and Evil?," Debate.org, www.debate.org/opinions/is-there-such-a-thing-as-good-and-evil.

2. Alvin Plantinga, *God, Freedom, and Evil* (Grand Rapids: Eerdmans, 1989), 30.

3. 이 부분에 관한 좀 더 자세한 자료는 *Keeping Your Kids on God's Side*의 21장부터 24장을 참고하라.

4. "How Does an Atheist Justify Experiencing Moral Outrage?," Quora, www.quora.com/How-does-an-atheist-justify-experiencing-moral-outrage.

30. 성경적 소망이 왜 중요할까?

1. Bertrand Russell, "A Free Man's Worship," in *The Basic Writings of Bertrand Russell*, ed. Robert E. Egner and Lester E. Denonn (New York: Simon & Schuster, 1961), 67.

2. Parts 3 and 4 of *Keeping Your Kids on God's Side* discuss the strong

historical evidence for Jesus's resurrection and the reliability of the Bible.
3. Luke Muehlhauser, "Do Atheists Have Less Purpose and Hope?," Common Sense Atheism, July 17, 2009, commonsenseatheism.com/?p=1708.

 부모가
하나님에
대하여
답하다

초판인쇄	2020년 9월 15일
초판발행	2020년 9월 25일
지 은 이	나타샤 크레인
옮 긴 이	신형섭
펴 낸 이	채형욱
펴 낸 곳	한국장로교출판사
주 소	03129 / 서울시 종로구 대학로 19, 409호(연지동, 한국기독교회관)
전 화	(02) 741-4381 / 팩스 741-7886
영 업 국	(031) 944-4340 / 팩스 944-2623
등 록	No. 1-84(1951. 8. 3.)
ISBN	978-89-398-4403-2 / Printed in Korea

편 집 장 정현선
교정·교열 오원택   **표지·본문디자인** 최종혜
업무부국장 박호애   **영업부국장** 박창원
값 15,000원

※ 이 출판물은 저작권법에 의해 보호를 받는 저작물이므로 무단전재와 무단복제를 할 수 없습니다.